21세기
사이버 대학
가이드

김호근·최성지음

한국경제신문

우리 시대의 가장 뚜렷한 특징 중 하나는 변화의 가속화라고 한다. 즉 생활 환경이 너무나 빨리 변화한다는 것이다. 생활 환경이라고 하면 어떤 사람은 주변의 상황을 생각할지 모르지만, 변화의 주체는 오히려 인간 그 자신일지도 모른다.

인간은 물론 그 환경이나 언어도 숨가쁘게 변화하고 있다. 이러한 변화에 따라 언어관도 점점 새롭게 바뀌고 있다. 언어는 객관적인 세계와 주관적인 표상 사이를 연결하는 도구, 즉 이름에 지나지 않았다. 따라서 언어는 우리가 아무리 소중히 여겨도 이 두 세계를 연결하는 수단에 지나지 않는다는 것이다.

그러나 이제는 언어관도 많이 달라졌다. 지금껏 언어철학 연구를 통해 밝혀진 바에 따르면 언어는 단순히 이름의 역할뿐만 아니라, 객관적인 세계와 주관적인 표상을 이끌어가는 주체적인 역할도 한다는 것이다. 즉 객관적인 세계와 주관적인 표상을 창조한다는 것이다. 물론 여기에서 「창조」한다는 것은 「무」에서 「유」를 창조한다는 뜻이 아니라 인간의 사유를 이끌어간다는 의미다. 인간의 삶을 합리적이고 윤리적으로 이끌어간다는 말이다. 요즘 언어의 이러한 기능을 중시하는 철학자들 중에는 「말 놀이(language game)」라는 표현을 즐겨 사용하는 사람들이 많다. 「놀이」에는 여러 가지가 있다. 인간의 사회적인 삶을 놀이에 비유하는 것은 어떤 의미에서는 흥미롭고 적절한 것 같다. 이데올로기, 사회적인 규제, 윤리적인 규범, 율법적인 규칙들은 모두 전통적인 역할을 할 수 있기 때문이다.

대학에도 여러 가지 규칙이 있다. 그리고 그 규칙들을 어기면 대학 생활을 할 수 없다. 그런데 그러한 규칙 중에는 그 대학의 전통을 물려받은 것도 있고, 이 나라의 교육 정책을 따르는 법적인 규정도 있고, 사회적인 규정들도 있다. 학생들은 이러한 규정을 지키면서 4~5년 동안 생활하면 졸업장을 받을 수 있다. 교육뿐 아니라 사회 생활의 모든 규범을 언어철학자들은 이렇게 이해하려고 한다.

문화의 여러 영역 중에서도 특히 어려운 과정은 교육이다. 교육은 1970년대부터 선진국들이 제도의 내용과 방법을 서로 앞을 다투면서 개척하기 시작했다. 교육이란 늘 새로운 지식을 개발해 다음 세대에 넘겨주는 것이기 때문에 보수적인 성격을 버릴 수 없었다. 그런가 하면 교육은 전체적으로 새로운 지식의 개발과 세계의 추구에 있어 진보적인 정보통신 기술의 정열과 노력을 무시할 수 없다.

이 책에서 소개된 사이버 교육 및 대학은 저자가 직접 미국의 캠퍼스에서 공부를 하면서 보고 듣고 느낀 것을 바탕으로 하고 있다. 또 미국 버튼 대학에서 16년 간 교수 연구를 한 다음, 다시 한국에서 교수 및 학장 또는 총장의 직위를 수행하면서 얻은 지식을 토대로 했다.

　나는 한국에서 만날 수 있는 가장 믿을 수 있는 사이버 교육의 전문가이며, 실제적인 경험을 갖춘 분으로 이 책의 저자인 김호근 박사를 추천하고 싶다. 모든 교육 행정가들과 교육 현장에서 일하는 교육자들뿐 아니라 사이버 교육에 관심 있는 자, 그리고 학생들에게 이 책을 권한다.

전 문교부 장관
이 규 호

 앞으로 10년 동안 대학 교육은 지난 50년보다 훨씬 더 큰 변화를 겪
게 될 것이다. 어떻게 하면 오늘날의 기술을 이용해 예전보다 더 나은
경영을 실행할 수 있을까? 기술은 대학 교육을 어떻게 변형시킬 것인
가? 어떤 방식으로 기술을 이용해야 앞으로 5~10년 후에도 살아남을
수 있을까?

 1980년대는 품질(quality)의 시대요, 1990년대가 리엔지니어링
(reengineering)의 시대였다면, 2000년대는 속도(speed)의 시대가 될
것이다. 교육방법이 매우 빠른 속도로 바뀔 것이고, 교육 과정의 처리
속도 또한 빨라질 것이기 때문이다. 아울러 정보화의 흐름에 따라 학
생의 생활 양식과 대학 교육에 대한 그들의 기대치가 바뀔 것이고, 따
라서 교육의 질적인 향상과 교육 과정의 개선도 훨씬 더 빨라질 것이

다. 이런 변화는 「디지털 정보의 흐름(flow of digital information)」이라는 뜻밖의 단순한 개념 때문에 생겨난 것이다. 지난 30년 간 우리는 「정보시대(information age)」를 살아왔지만, 대학 간의 정보 이동은 주로 서류를 통해 이루어진 탓에 학생들의 대학 생활에는 큰 변화가 없었다. 대부분의 대학은 디지털 도구(digital tool)를 이용해 학교의 전체 시스템을 가동하고, 학생과 가정에 보낼 서류를 발부하고, 각 부서를 관리하는 등 기초적 운영을 제어하고 있지만, 이는 대개 예전의 작업 과정을 자동화한 것에 불과하다.

앞으로는 새로운 프로세스에 디지털 기술(digital technology)을 이용해 업무의 효율성을 빠르게 향상시키고 교직원들의 능력을 최대한 활용하는 한편, 점점 떠오르는 정보 고속화 세계에서 경쟁하는 데 필요한 대응 속도를 갖추어나가는 대학이 되어야 한다.

그러나 심지어 정보 기술에 많은 예산을 투자한 대학들조차 마땅한 성과를 얻지 못하고 있는 것이 또한 현실이다. 이는 그 실현 가능한 것이 무엇인지 이해하지 못하거니와 적절한 정보를 대학 내 모두에게 신속히 전달하는 기술을 이용할 때의 잠재력을 알지 못하는 데서 생겨난 결과다.

21세기를 맞이한 우리는 이제 디지털 시대의 연결성과 도구를 이용해 새로운 방식으로 정보를 얻고 공유하며 활용할 수 있는 방법을 갖게 되었다.

21세기 지식 정보화 물결은 우리 사회에 많은 변화를 가져다 주고 있다. 정보통신 기술의 급격한 발달에 따라 교육 환경도 지금까지 교실 내에서만 주로 이루어지던 전통적인 방식에서 벗어나 교육 수요자가 원하는 시간과 장소에서 교육을 받을 수 있는 사이버 교육 시스템이 새로운 교육 환경으로 떠오르고 있다. 즉 정보통신 기술의 발달로 시간과 공간의 제약 없이 좀더 많은 교육 수요자들에게 다양한 지식과 정보를 제공할 수 있게 되었다. 특히 고등교육 분야에서 정보통신 기술과 교육의 만남은 사이버 대학이라는 새로운 학교 모델을 제시하고 있다.

사이버 교육은 인터넷과 같은 통신망을 활용해 멀리 떨어져 있는 교수와 학생을 연결하는 시스템이다. 수강 신청, 과제물 제출, 시험, 학사 행정 등도 모두 온라인으로 처리된다.

근래에 정보통신 기술의 발전과 인터넷 사용이 보편화하면서 다양한 학문 분야에서 정보화·국제화가 이루어져 왔다. 특히 인터넷과 관련된 여러 기술을 적극적으로 통합하고 활용하고자 하는 인트라넷 (Intranet)의 발전은 여러 학문 분야에서 정보 기술의 효율성을 더욱 높이고 있다. 그러나 교육 현장에서 수행되는 이러한 정보통신 기술의 활용 방안에 대한 연구는 대부분 실질적으로 그 이론적 배경 및 효과에 대한 깊은 이해 없이 단지 경제적 부가가치만을 강조하고 있다. 따라서 예전의 교육방법에 대한 대안 또는 보조 역할로서의 가능성만 제시하고 있는 형편이다.

따라서 이 책에서는 첫째, 인트라넷을 이용한 사이버 교육 시스템의 효율적인 구축 방안을 제시한 다음 이를 바탕으로 기반 기술의 개발 및 시스템 모델을 완성하고자 한다. 그리고 둘째, 이렇게 구축된 시스템을 기초로 성공적인 운영이 가능한 대안을 물색하고자 한다. 마지막으로 이러한 결과물을 토대로 사이버 교육을 운영한 결과를 검증해 보면서 장차 사이버 교육 시스템의 발전 방향을 제시하고자 한다.

대표적인 사이버 대학으로는 10여 년 전부터 미국 웨스턴 사이버 대학을 비롯해, IBM사의 「글로벌 캠퍼스」, 영국의 「온라인 교수 학습 (TLO)」, 유럽 연합의 「멀티미디어 원격 학교(MIS)」, 독일 메르세스 벤츠의 「AKUBIS」 등을 꼽을 수 있다. 현재 국내에서 운영되는 사이버 대학도 몇십 개에 이른다. 그리고 이른바 명문 대학들이 한결같이 사이버 대학을 개설하겠다고 준비 중에 있다. 따라서 현실의 기존 대학과 사이버 대학이라는 두 세계가 치열하게 경쟁을 펼칠 것으로 전망된다. 미국의 〈타임(Time)〉지는 『사이버 대학의 출현에 따라 앞으로 강단은 사라질 것이며, 교수는 사이버 대학의 보조자로 전락할지도 모른다』라고 예측했다. 우리의 교육 시장도 10년 내에 학생 수가 감소하면서 경영난에 봉착할 것이다.

우리 대학은 구조 조정의 거센 바람으로부터 가장 안전한 지대로 여겨지고 있지만 머지않아 정보통신 혁명에 따른 사이버 교육의 확대로 그 존립 기반이 밑에서부터 흔들리게 될 것이다. 지금 심각한 문제에 직면한 재벌처럼 덩치만 키워온 대학은 새로운 환경에 적응하려는 피나는 노력 없이는 살아남기 어려울 것이다. 다시 한 번 강조하지만, 다가올 10년 동안 성공을 거둘 대학은 전반적인 업무 방식을 혁신하기 위해 디지털 도구를 활용하는 대학일 것이다. 이러한 대학은 빠른 결정을 통해 효율적으로 움직이면서 긍정적인 자세로 기꺼이 변화를 받아들여야 할 것이다.

제1장 「21세기의 정보 콘텐츠와 문화」에서는 사이버 교육의 연결 매체가 될 인터넷에 대해 자세하게 소개했다. 멀티미디어 혁명은 우리 사회의 지표를 변화시킬 것이다. 또 정보 콘텐츠 개발 산업의 중요성을 강조했다. 아울러 소프트웨어 문화, 슈퍼 문화, 언어 문화와 같은 새로운 사회 변화와 언어 생활을 살펴보았고, 마지막으로 사이버 세계

에서의 죄악성 등을 경고했다.

제2장 「대학의 변화와 역할, 그리고 비전」에서는 근대 대학의 발전 과정, 정보기술 혁명과 교육 시스템, 대학의 생존 경쟁과 몰락, 디지털 글로벌화 대학의 사명, 평생교육의 필요성, 글로벌화의 강조, 산·학 협동의 강화, 지구 환경과 사회의 공헌, 에듀테인먼트, 그리고 다양한 학습방법 등에 관해 기술했다.

제3장 「사이버 교육 및 사이버 대학의 개요」에서는 용어 정립, 교육 패러다임, 개념, 발전 과정, 성격, 설립 목적과 필요성, 이론적 접근, 그리고 교실 교육과 사이버 교육을 비교했다.

제4장 「미국의 사이버 교육」에서는 범세계적 상황, 미국의 사이버 교육 현황 및 특성, 초·중·고등학교의 사이버 교육, 대학에서의 사이버 교육, 직업 훈련에서의 사이버 교육, 사이버 교육과 인터넷 등에 대해 논했다.

제5장 「유럽의 사이버교육」에서는 유럽 사이버 교육의 동향, 교육 정보화, 유럽 각국의 사이버 교육에 대해 사례를 중심으로 살펴보았다. 사이버 교육의 주요 공헌, 한계점, 활용 방안, 그리고 한국 사이버 교육에 미치는 시사점을 소개했다.

제6장 「한국의 사이버 교육」에서는 평생교육법령의 제정, 시범 및 실험 사이버 대학, 한국 대학의 사이버 교육 현황, 사이버 대학의 주요 내용, 전망, 특성, 한국 사이버 대학에서의 문제점 분석과 제언, 그리고 한국 사이버 교육의 시장을 조사했다.

제7장 「사이버 교육의 모듈에 따른 세부기능 구현」에서는 강의교재 작성 도구, 사이버 강의 운영, 주문형 강의, 정보 유통, 정보 서비스, 그리고 통합관리 시스템을 살펴보았다.

제8장 「사이버 교육 시스템의 구성과 운영 방안」에서는 사이버 교육 시스템의 구성, 구성 기능의 설명, 그리고 사이버 교육 시스템의 운영 환경에 대해 살펴보았다.

　　제9장 「강의 자료 제작 · 저장 · 관리 시스템」에서는 실질적인 사이버 교육의 교재 제작 시스템의 구축을 위한 강의자료 제작, 저장, 관리 시스템에 관하여 서술했다.

　　제10장 「사이버 교육 시스템의 향후 발전 방향」에서는 사이버 교육의 목적, 시스템의 구성 및 운영, 그리고 사이버 교육방법의 발전 양상에 대해 서술했다.

　　그리고 「부록」에는 본문뿐 아니라, 정보 기술과 컴퓨터에 관계되는 용어에 대한 해설도 실려 있다. 이는 독자들로 하여금 사이버 교육과 대학에 관한 이해를 높이기 위한 것이다. 또 국내 · 외의 교육 사이트 가운데 필요한 교육 서비스와 콘텐츠 웹 사이트를 소개했다.

　　사이버 교육 체제의 궁극적 목표는 단순히 사이버 교육을 활성화하는 데 매달리지 않고, 한 걸음 더 나아가 교육의 방법과 질을 개선함으로써 교육의 전체적인 발전을 도모하는 데 있다. 따라서 어떤 형태든 사이버 교육을 위한 노력은 초 · 중 · 고등교육의 발전을 위한 실천적 대안을 통해 교육 전체로 환원되어야 한다.

　　끝으로 이 자리를 빌려 평소에 존경하는 전 문교부 장관 이규호 박사님께서 추천의 말을 써주신 데 대해 진심으로 감사드린다.

2002년 4월

김 호 근

차례

제2장 대학의 변화와 역할, 그리고 전망 · 50

제3장 사이버 교육 / 사이버 대학 개요 · 72

21세기 정보 콘텐츠와 문화

우리는 정보화 사회에 살고 있다. 지금은 어느 때보다도 더욱 거대한 양의 정보를 좀더 먼 거리로 신속하게 이동시키는 것이 우리의 절실한 요구 중의 하나가 되었다. 따라서 우리가 성공하는 길은 눈부신 과학 기술의 진보를 누가 먼저 알고 실천하느냐에 달려 있을 것이다. 세계의 연구가들은 동료들이 작업한 내용과 몇백만 권의 서적을 갖춘 사이버 도서관, 그리고 몇천 편의 논문을 즉시 검색할 수 있는 지식의 능력을 가지고 있다. 또 이제는 때와 장소, 거리, 시간에 구애받지 않고 사이버 회의나 사이버 토론을 하며 서로 대화를 나눌 수도 있다.

21세기는 정보의 생산, 처리 및 분배가 경제활동의 핵심을 이루는 정보화 사회로 바뀌고 있다. 전세계가 거대한 초고속 정보통신망으로 연결되어 자원으로서의 정보의 부가가치가 물질 또는 에너지에서 창출되는 부가가치보다 한층 높은 중요성을 가지게 될 것이다. 이는 정보통신 서비스의 다양화와 편리성을 추구한 멀티미디어를 요구한다.

디지털 기술의 발전으로 여러 미디어 관련 분야가 하나로 통합되는 멀티미디어 혁명이 나타나 새로운 산업을 창출하게 된다.

글로벌 네트워크의 발달로 우리의 사고와 생활 영역은 점차 세계화될 뿐 아니라, 우리의 일상은 사이버 공간으로 옮겨지고 있다. 이러한 변화의 흐름은 우리 삶의 전반에 걸쳐 혁명적인 변화를 예고하고 있다.

우리는 이제 상품뿐 아니라 문화, 즉 소프트웨어를 세계로 수출해야 한다. 지구촌에서 새롭게 형성되는 문화는 기존의 문화를 뛰어넘는다. 즉 「슈퍼 문화」와 사이버 공간에서 화려하게 펼쳐지는 「사이버 슈퍼 문화」는 첨단과학 기술과 정보의 흐름을 바탕으로 고유한 언어와 가치관을 창출할 것이다.

언젠가 허만 칸(Herman Kahn)이라는 미래학자가 우리나라에 왔을 때, 그가 한국과 일본을 격찬하는 것을 신문에서 읽은 일이 있다. 또 아놀드 토인비(Arnold Toynbee)라는 역사학자도 『시련을 겪은 민족일수록 반발적으로 이를 극복하고 발전을 이룩한다』는 말을 했는데, 여기에는 우리 민족도 예외가 아닐 것이다.

전세계적으로 인류는 양적으로 많이 늘어났지만 질적으로는 몇백 년 전보다 얼마나 안락한 생활을 하게 되었는지는 의문이다. 의학의 발달과 위생 시설의 보급으로 예전의 역병도 없어지고, 식생활 개선을 통해 평균 수명이 길어지고, 신소재 천을 사용한 깔끔하고 편리한 의복이 개발되었으며, 그 밖에도 주택 · 교통 · 통신 등 얼마나 많은 발달이 있었는지 일일이 설명하기 어렵다. 이러한 발전의 속도는 앞으로 지속될 것이므로, 우리 인류 사회의 미래는 밝고 희망적이라고 할 수 있겠다.

21세기의 세계를 전망할 때 가장 눈에 띄는 것은 경제 문제일 것이다. 물론 현재도 다국적기업이 국경을 넘나들며 사업을 벌이고 있으나, 21세기에는 그 활동이 더욱 활발해질 것이다. 앞으로 돈, 사람, 기술, 정보, 서비스 등의 교류가 전세계적으로 자유스럽게 이루어질 것이다. 이는 통신과 교통의 기술이 계속 발전함에 따라 세계가 1일 생활권 안으로 들어왔기 때문이다. 그 결과 세계는 서로 경제적으로 의존할 수밖에 없게 되는데, 한 가지 두려운 점이라면 세계가 몇몇 통합 세력을 형성하여 자신들만의 상호 협력을 강화하기 위한 지역 이기주의가 나타나지 않을까 하는 것이다. 또 세계 시장의 개방으로 각 나라들은 서로 치열한 경쟁에 휘말리게 되었다. 세계 모든 나라는 저마다 자국의 산업을 보호하고, 국제 교역에서 최대의 수익을 내기 위해 온갖 묘안을 짜내느라 분주하다.

본래 콘텐츠는 논문, 서적, 문서 등에서 내용의 목차를 일컫는다. 영화나 방송과 같은 미디어의 내용이나 게임과 시디롬 타이틀과 같은 각종 저작물의 내용물을 가리키는 의미로도 쓰인다. 21세기를 담당할 정보통신 사회에 이르러 컴퓨터와 관련된 각종 제작물의 내용을 우리는 모두 콘텐츠 산업이라는 개념으로 폭넓게 사용하고 있다.

전통적인 정보 콘텐츠 산업으로 분류되어 온 것은 영화, 방송, 애니메이션 등 영상 분야이지만 정보통신 사회로 진입하면서 인터넷, PC통신 등 사이버 공간의 정보까지 콘텐츠 산업의 범주로 포함시켜 오늘에 이르게 되었다. 잘 만든 영화 한 편으로 몇십억 달러를 벌어들이는 것처럼 잘 만든 게임 타이틀이나 인터넷 정보로 엄청난 돈을 벌 수 있는 시대가 온 것이다. 따라서 정보통신의 인프라 구축에 막대한 국가 재원을 투자하는 국가들은 정보 콘텐츠 산업의 부가가치 확대를 위해 각종 지원책을 세우고 있으며, 정보통신 관련 업체들은 기업의 재산과 조직의 역량을 여기에 집중시키고 있다.

오늘날 정보 콘텐츠 산업은 『모든 길은 로마로 통한다』라는 말이 『모든 돈은 콘텐츠로 쏠리고 있다』로 바뀔 정도로 우리의 최대 현안으로 떠올랐다. 「21세기의 엘 도라도 (El Dorado)」로 자리잡은 정보 콘텐츠는 누가 먼저 맞이해 사용하느냐에 따라 달러가 확보되고, 또한 엄청난 부가 보장될 수 있는 기회의 산업이다. 미디어와 인터넷 산업을 제패한 미국은 정보 콘텐츠 산업에서도 선두의 자리에 있다. 미키마우스에서 디즈니랜드까지, 마이클 조던(Michael Jordan)의 프로 농구에서 타이거 우즈(Tiger Woods)의 프로 골프까지, 엘비스 프레슬리(Elvis Presely)에서 흑인 랩 그룹까지, 나아가 야후(Yahoo)의 웹 사이트에서 AT&T사의 건강 사이트까지 모두 미국제 정보 콘텐츠다. 아울러 미국제 콘텐츠인 박찬호, 한국 삼성의 콘텐츠인 박세리와 같은 스포츠 스타들이 국내에서 인기를 끌고 있는 것은 분명한 사실이다.

국제적 생존 경쟁에서 하나의 해법을 찾아본다면 정보 콘텐츠 개발의 확보만이 그 대안으로서 가치가 있다고 할 수 있다. 이 정보 콘텐츠 개발과 확보만이 60억 지구촌 소비자들의 삶의 질을 향상시키는 데 기여한다고 볼 수 있다. 마이크로소프트(Microsoft)사 회장, 빌 게이츠 (Bill Gates)는 『콘텐츠 산업을 제외하고 21세기를 논의하는 것은 무리』라고 말했다. 콘텐츠는 정보화 시대의 핵심 산업이 되었다. 문화와 정보통신 기술을 합한 것을 정보 콘텐츠 산업이라고 정의할 수 있다. 그러나 이 말은 요즘 중요한 뜻을 새로이 포함하게 되었다.

21세기 산업의 선두 주자로 떠오르고 있는 정보통신 콘텐츠 산업은 하루가 다르게 진보하고 있다.

정보 콘텐츠 산업의 세계 시장 규모는 매년 33.8%씩 성장해 2004년에는 2,228억 달러에 달할 전망이다.

1. 주역이 누구인가?

오늘날 정보통신 사회의 주역으로 등장한 X세대는 전후 베이비 붐 세대가 낳은 2세들을 일컫는다. 대부분 1970년대 후반에서 1980년대 초반에 출생한 그들은 우리나라뿐 아니라 세계 각국에서 새로운 소비자층으로 떠오르고 있다.

특히 정보통신 관련 산업계의 발달을 기대해도 좋을 만큼 X세대의 활약상은 두드러지고 있다. X세대는 세계 60억 지구촌 가족이 만들어 낸 새로운 정보통신 사회를 유지하고 운영하는 소비주체로 볼 수 있다. 그래서 미국과 유럽에서는 X세대를 새로운 호칭인 「C 세대」로 부르고 있다.

「C 세대」의 등장으로 1980년대의 「신세대」와 1990년대의 「X 세대」는 이제 구시대의 낡은 표현이 되고 말았다. 그렇다면 정보통신 콘텐츠에서 규정하는 「C 세대」는 누구인가? 그들은 컴퓨터 보급과 사용이 보편화되면서 나타난 「컴퓨터제너레이션(Computer Generation)」과 「사이버제너레이션(Cyber Generation)」의 다른 이름이다. C 세대는 반도체 칩(Chip)과 카드(Card), 케이블(Cable) 속에 살면서 기존 질서를 비판(Criticism)하고, 변화(Change)를 추구하는 세대이기 때문이다.

정보통신 산업의 주역인 C 세대들은 컴퓨터 모니터에 나타나는 사이버 공간을 통해, 현실은 물론 가상현실의 세계도 경험하며 성장한다. C 세대에게서 시공(時空)과 국경의 개념은 무의미하다. 그들은 컴퓨터 모니터를 통해 가상과 현실의 세계를 넘나들면서 변혁을 주도해 나간다. 컴퓨터 공간에서 이들은 기성세대가 전혀 실행하지 못했던 새로운 방식으로 인간관계를 구축하며 그들만의 언어를 만들어낸다. 변화와 변혁의 첨병인 「C 세대」는 정보통신 사회의 눈부신 기술발전에 힘입어, 어느덧 우리 사회의 모순과 개인의 일상, 인간관계와 정보교류의 패턴까지 바꾸면서 새로운 세력으로 자리잡아가고 있다.

2. 인터넷의 전망

인터넷(Internet)은 컴퓨터와 컴퓨터를 직접 연결해주는 네트워크가 상호 연결된 통신망이다. 미국에서 탄생한 인터넷은 1995년 초 이미 세계 150개국, 500만 명 이상의 사람들이 사용하는 거대한 네트워크가 되었다. 2001년 인터넷 이용자는 5억 명을 넘어섰으며 2002년에는 7억 명에 달할 것으로 예측하고 있다.

1969년 인터넷은 미 국방부의 아르파넷(ARPANET) 계획에 그 기원을 두고 있다. 군사 계획 입안자들은 핵 공격 같은 예상치 못한 네트워크 파괴에 대비해 컴퓨터 네트워크를 설계하고자 했다. 네트워크상의 모든 컴퓨터는 어떤 상황에서도 다른 컴퓨터들과 서로 소통할 수 있어야 한다. 그러려면 네트워크의 일부가 파괴되더라도 손상받지 않은 부분이 자동으로 다른 통로를 찾아야 한다. 비상시가 아니더라도 정전,

원격통신 라인의 과부하, 설비 고장 등의 요인들이 네트워크의 성능을 떨어뜨릴 수 있기 때문에 아르파넷 건설은 군사 업무와 관련이 없는 네트워크 사용자들에게도 매우 유용한 일이었다. 1980년대 지역 네트워크(단일 컴퓨터 네트워크)가 대학에서 널리 사용되었으며, 점차 사업체나 기타 단체로 확산되었다. 이러한 네트워크는 대부분 아르파넷에서 사용하는 것과 같은 통신 프로토콜을 사용했다. 새로운 네트워크 관리자들은 인터넷워크(여러 개의 단일 네트워크들을 상호 연결한 것) 통신과 데이터 공유의 유용성이 검증되자, 대부분 다른 네트워크와 상호 연결을 꾀했다.

1980년대 후반, 국립과학재단(NSF)은 5개의 슈퍼컴퓨터 응용 센터를 세워, 예전에는 군사 관계자들에게만 접근을 허용하던 고성능 컴퓨터에 모든 학술연구자들도 접근할 수 있도록 했다. NSF는 인터넷 프로토콜 기술을 이용, 5개의 지역 센터를 연결해 고유 네트워크를 만들었다. 각 대학의 네트워크는 가장 가까운 지역 센터로 연결되었다.

그 후 전자우편(e-mail)이 등장했다. 그 전자우편 사업의 수익만으로도 1990년대 초 많은 정보통신 사업체들은 설비를 보충하고 네트워크를 연결하는 데 집중투자할 수 있었다. 대기업체의 종업원들은 매월 인터넷을 통해 수십만 통의 편지를 보낼 수도 있으며 , 그럼으로써 우편 및 전화 비용을 상당히 절약하게 되었다. 인터넷은 산업체들에게는 정보의 보고(寶庫)이기도 하다. 항공술에서 분자생물학에 이르기까지 전문적 관심사를 가진 폭넓은 집단들이 인터넷을 통해 데이터를 공유한다. 미국 정부는 통상부의 데이터를 비롯해 새로운 특허와 같은 여러 가지 정보를 인터넷으로 공개한다. 게다가 많은 대학들이 대규모의 도서를 인터넷으로 배포하기 위해 전자 형태로 변환시키고 있다.

개별 사용자는 PC에 부착된 모뎀을 통해서 인터넷에 접근할 수 있다. 이들 사용자의 대부분이 좀더 넓은 인터넷에 접속할 수 있는 것은 물론, 그 밖의 특별 서비스를 제공받는 지역 네트워크에 가입해 있다. 이들 서비스 업체는 온라인 백과사전과 잡지를 비롯한 콘텐츠를 제공할 뿐만 아니라, 취미, 정치, 경제, 매체, 게임 등 다양한 주제를 놓고 의견을 교환하는 커뮤니티 집단을 구성해주기도 한다.

인터넷은 개인 및 단체지원자들의 모임인 인터넷 소사이어티에 의해 관리되고 있다. 현재 전세계를 아우르는 인터넷 소사이어티 본부는 미국 버지니아 주의 레스틴에 있다.

인터넷은 그 자체가 멀티미디어다. 수많은 컴퓨터 통신망을 연결한 집합체로서, 네트워크들을 연결하는 네트워크라고 할 수 있다.

인터넷에서는 부동산, 증권, 컴퓨터, 정보통신, 방송, 금융, 의료, 교육, 자동차 등 각 분야의 전문가들이 갖고 있는 정보를 무료로 이용할 수 있다. 즉 인터넷 이용자는 각각의 전문가들이 데이터베이스 형태로 보유하고 있는 정보를 시공간에 걸림 없이 인터넷을 통해 활용할 수 있다는 것이다.

인터넷 자체가 대화형 서비스를 바탕으로 하고 있는 멀티미디어이며, 그 통신망이 바로 정보 고속도로다. 멀티미디어 시대의 바탕이 되는 정보 고속도로는 인터넷에서 출발한다.

정보 고속도로나 멀티미디어는 인터넷을 확장한 개념으로, 미국의 정보 고속도로 개념은 인터넷을 모델로 한 것이다. 좀더 풀어서 설명하면 현재의 전화선 등을 광케이블로 바꾸겠다는 것이 정보 고속도로 개념이고, 지금의 인터넷 서비스에 영상정보를 추가하겠다는 것이 멀티미디어 서비스다.

정보통신 분야의 국제경쟁은 날로 치열해지고 있다. 일본, 미국은 처음부터 발전도상에 있는 아시아 여러 나라의 추격을 받아왔으며, 특히 일본은 컴퓨터 하드웨어의 개발, 제조에 주력하여 그 우수성을 인정받아왔다. 그러나 지금은 제조비가 세계에서 제일 높고, 엔화의 가치절상까지 겹치면서, 많은 부분 국제 경쟁력을 잃게 되었다. 무엇보다 일본은 멀티미디어 분야에서 미국에 비해 뒤져 있다. 특히 국제 네트워크 비즈니스, 인터넷 이용에 뒤떨어지고 있으며 장래도 밝지 않다. 앞으로 국제 경쟁력은 컴퓨터 및 네트워크의 이용기술에 달려 있다고 해도 지나친 말이 아니다. 이처럼 일본의 하드웨어 우위의 시대는 벌써 해묵은 것이 되었다.

　인터넷과 멀티미디어가 현대인의 일상생활에서 영향력을 발휘하게 된 이유는 사용자가 단순히 정보 이용자뿐만 아니라, 정보 제공자가 될 수 있다는 점에 기인한다.

　각 기업은 더 많은 부가가치를 창출하는 고도의 정보와 서비스를 제공하며, 이를 비즈니스에 결합시키고 있다. 인터넷 이용자의 증가는 그 자체로 시장개방(open market)을 의미한다.

　인터넷이 상용화될수록 생산자와의 직접적인 비즈니스가 확대되어, 이제까지의 중개업자가 필요 없게 된다. 이러한 비즈니스는 물류 유통과정을 변화시키게 될 것이다. 네트워크 비즈니스의 확대에 따라 지금까지의 유통 및 가격 체계는 크게 달라질 것이다.

　따라서 새로운 네트워크 비즈니스가 일어나 그 방면의 고용을 확대하게 될 것이다. 이것이 우리가 인터넷의 동향에 주의를 기울여야 하는 이유다.

3. 멀티미디어 혁명 : 패러다임의 전환

21세기에는 정보통신 분야의 꽃이라 할 수 있는 멀티미디어 시대라 할 수 있다. 컴퓨터와 여러 매체가 결합된 미디어 환경이 다양한 영역으로 발전하여 각 분야의 미디어 다중화가 펼쳐지게 될 전망이다.

미디어란 흔히 라디오, TV, 신문 등을 가리키는 경우가 많다. 그러나 컴퓨터 통신 분야에서는 의미와 내용을 담은 정보전달 매체, 즉 문자, 기호, 음성, 음악, 정지 화상 및 동화상 등을 미디어로 정의하고 있다. 따라서 멀티미디어란 이제까지 동시에 병행해 사용할 수 있도록 하는 기술을 말한다.

즉 멀티미디어는 완전한 백지 상태에서 탄생한 것이 아니라 지금까지의 컴퓨터, 이동 통신, AV 가전이 통합된 제품, 서비스 또는 시스템으로 볼 수 있다. 즉 지금까지의 상이한 분야들이 통합되어 나타나는 것이 멀티미디어다. 한편으로 정보 시스템 분야도 신문, 출판, 방송 등 개별형태로 존재해온 것들이 전자화 또는 디지털화함으로써 그 영역이 서로 통합되어 새로운 영역으로 확장되었다. 따라서 기기와 서비스 분야도 이들 간의 융합으로 새로운 영역을 창출하기에 이르렀다. 즉 디지털화의 진전에 따라 미디어들이 점차 하나로 통합돼가는 것이다. 디지털이라고 하는 전자정보의 취급 방식은 사진, 문자, 도형, 화상 및 음성이 동일한 범주에서 다루어지기 때문에 현재 디지털화는 컴퓨터 분야에만 머무르고 있고, 통신이나 AV 가전 분야에는 아직 완전히 미치지 못하고 있다.

그러나 이들이 디지털화되면 모든 영역이 중첩된다. 이러한 변화를 염두에 두고 업계가 노력하는 자세로 가능성을 모색할 때 새로운 시장과 사업이 등장하게 될 것이다.

현대 사회의 컴퓨터, 인터넷, 전자상거래, C 세대로 대표되는 정보
화 물결은 따지고 보면 과학기술의 발달이 있었기에 가능한 일이다.

특히 21세기를 맞아 정보통신 시장에 커다란 변화가 일어나고 있다.
시티폰처럼 하루아침에 사라지는가 하면, 통신과 방송, 핸드폰처럼 어
느 날 갑자기 굳어지기도 한다. 인터넷도 마치 현대인의 생활 필수품
처럼 없어서는 안 될 매체로 등장하고 있다. 이와 같은 현상은 「패러다
임의 전환」이라고 말할 수 있다.

정보통신을 바탕으로 하는 새로운 패러다임은 결국 멀티미디어 혁
명으로, 21세기 사회의 새로운 흐름을 인도하게 될 것이다.

멀티미디어는 우리의 일상 생활에 혁명적인 변화를 가져오고 있다.
그 변화의 폭은 상상도 못할 정도다. 전문가들은 멀티미디어가 21세기
지구촌 혁명을 일으키고 있다고 말한다. 이 혁명은 이미 위성방송, 정
보통신, 컴퓨터 등을 통해 우리 생활 구석구석까지 엄청난 변화를 불
러오고 있다. 정보 고속도로, 인터넷, 방송, 전화, TV 등이 어떻게 멀티
미디어와 연결되는지, 멀티미디어가 우리 사회에 어떠한 변화를 가져
오고 있는지를 살펴보아야 한다. 특히 멀티미디어 시대에 기업뿐만 아
니라 개인들은 어떻게 대비해야 하는지를 알아야 할 것이다.

우리들은 오늘날의 새로운 패러다임인 멀티미디어와 익숙해지고 이
를 활용함으로써 미래세계에 도전할 수 있다. 사실 정보 고속도로는
광케이블을 통해 멀티미디어 서비스를 가능하게 하고, 이에 따라 멀티
미디어 기술과 산업 발전을 가져오는 미래 사회의 핵심이 되는 정보통
신망이다.

공공기관, 대학, 연구소,기업, 가정 등을 광케이블로 연결해 데이터,

음성, 영상을 비롯한 대량의 폭넓은 정보를 초고속으로, 그리고 대화형으로 주고받을 수 있는 사회가 바로 멀티미디어 사회다.

4. 사이버 제국주의와 그 미래

오늘날의 사회 변혁은 세계 경제질서에만 국한되지 않고, 세계 무역질서에도 똑같이 적용되고 있다. 21세기 거대 무역 시장으로 사이버 제국이 떠오르고 있는 것이다.

1997년 7월 1일 당시 빌 클린턴(Bill Clinton) 미국 대통령은 「국제 전자상거래 기본구상」을 발표하면서 관세 및 내국세, 지적재산권 보호 등 인터넷 규제 철폐를 위한 9가지 현안 문제를 제시했다.

이로써 미국은 앞으로 전자상거래(e-commerce)에 대한 국제적 논의를 주도할 의사가 있음을 명문화하기에 이르렀다.

1998년부터 불어온 전자상거래 열풍은 문명의 패러다임을 돌려놓은 정보화의 물결처럼 무역의 모든 흐름을 일순간에 바꿔놓은 충격적인 사건에 해당된다. 이는 IMF가 몰고온 또 다른 경제적 충격이라고 할 수 있다. 우리나라와 상관 없는 일이거나 먼 훗날의 일이 아니라는 데 문제의 심각성이 있다.

미국 PC 업체인 델(Dell)사는 요즘 인터넷으로 주문받는 물량이 하루에도 몇백만 달러를 웃돈다. 인터넷 서점 아마존(Amazon)은 홈페이지에 250만 종에 달하는 책을 저자별·주제별·제목별로 분류해놓고 소비자를 기다리고 있다.

미국은 전자상거래와 관련된 소프트웨어와 장비 개발에서 세계 최고의 경쟁력을 가지고 있으며, 전세계 인터넷 시장의 77%를 차지하고 있다. 전자상거래에 필요한 각종 소프트웨어와 통신기술 분야에서 빌 게이츠가 이끄는 마이크로소프트를 선두로 앤드류 그로브(Andrew Grove)의 인텔(Intel), 래리 엘리슨(Larry Ellison)의 오라클(Oracle), 스콧 맥닐리(Scott McNealy)의 선 마이크로시스템즈(Sun Microsystems) 같은 미국의 벤처 기업들이 절대 우위를 차지하고 있는 것이다.

미국은 인터넷을 탄생시킨 국가답게 모든 관련 소프트웨어를 실리콘 밸리에서 생산하고 있다. 컴퓨터 두뇌에 해당하는 중앙처리장치(CPU) 같은 하드웨어 기반 기술의 대부분이 미국 가업들에 의해 만들어지고 있으며, 전자상거래 환경조차 미국 주도로 진행되고 있다.

사이버 공간에 점포를 차린 미국 업체 수는 이제 하루가 다르게 늘어나고 있다. 2000년 미국 사이버 시장은 약 500억 달러 규모로 늘어났다. 또한 미국 안에서만 5,000만 가구가 인터넷에 접속할 것으로 전망되었다.

이렇게 미국이 전세계 전자상거래 시장을 장악하려 하자, 유럽연합(EU)과 일본도 서둘러 전자상거래 시장 확보를 위한 준비를 시작했다. 1997년 7월 8일 독일 본에서 열린 EU 인터넷 자유무역회의에서는 전자상거래 관련제도를 정비하고 시스템을 구축하는 데 협조하기로 결정했다. 2000년 유럽의 사이버 시장 규모는 적어도 100억 달러에 이를 것으로 전망됐다.

일본은 미국에 비해 전자상거래에 대한 대비가 많이 늦었지만 1997년 말에 전자화폐 관련제도를 정비했다. 일본 통산성의 주도로 전자상거래의 통일 기준을 마련하기 무섭게 정보통신진흥회를 통해 지금까지 몇백억 엔을 들여서 전자상거래 환경을 조성하는 데 국력을 모으고 있다.

이처럼 모든 선진국들이 전자상거래에 대한 준비와 집행으로 국력을 모으고 있다. 인터넷으로 출현한 사이버 제국은 우리에게도 긴요한 문제로 등장하게 되었다. 정부는 1997년 10월 15일 청와대에서 열린 제3차 정보화 추진 확대 보고회의를 통해 「전자상거래법」을 제정하기로 합의했다.

정부는 2000년에 연간 1,000억 달러 규모의 인터넷 전자상거래 시대에 적극 대처하기 위해 우선 정보통신 콘텐츠 사업을 집중 육성할 것을 합의했다. 이 정책 결정으로 통상산업부는 전자상거래기본법을, 재정경제부는 전자자금이체법을, 정보통신부는 전자서명법안을 각각 마련하게 되었다.

5. 정보 콘텐츠 산업

많은 사람들에게 「정보 콘텐츠(information contents)」라는 말은 낯설게 들릴지도 모른다. 21세기의 정보통신 사회에 이르러서는 컴퓨터와 관련된 각종 제작물의 내용을 우리는 정보 콘텐츠라는 개념으로만 사용하고 있다. 그러나 베스트셀러 《해리 포터(Harry Potter)》나 영화 〈타이타닉(Titanic)〉 같은 것들이 「정보 콘텐츠」다. 전자는 「출판 콘텐츠」이고, 후자는 「영상 콘텐츠」다.

《해리 포터》 시리즈의 작가 조앤 K. 롤링(Joan K. Rowling)은 1965년 7월 영국 웨일스의 작은 시골 마을에서 태어났다. 해리 포터의 인기는 4년 전 책으로 출간되었을 때부터 시작됐다. 지난 해 나온 4편까지 모두 47개 언어로 번역돼 1억 1,000만 부가 넘게 팔려나가 화제를 모았다. 이 시리즈는 해리 포터가 17세가 되는 7편에서 끝날 예정이다. 영화 〈해리 포터와 마법사의 돌(Harry Potter and Sorcerer's Stone)〉은 개봉 닷새 만에 1억 달러를 돌파했다. 해리 포터의 전세계 총수입은 〈쥬라기 공원(Jurassic Park)〉이나 〈스타워즈 에피소드 1(Star Wars : Episode 1)〉의 약 10억 달러를 넘어설 것으로 보이지만 역대 최고 흥행작인 〈타이타닉〉의 18억 달러에는 미치지 못할 것으로 전망됐다.

《해리 포터》와 〈타이타닉〉 같은 영국과 미국의 정보 콘텐츠는 우리네 생활 깊숙이 들어와 어려운 경제 사정에 처한 귀중한 외화를 유출해가고 있다.

물론 미국의 정보 콘텐츠가 세계 시장을 장악하고 있다는 것은 새삼스러운 이야기가 아니다. 그럼에도 불구하고 21세기 들어 미국의 정보 콘텐츠가 더욱더 위협적으로 느끼지는 것은 어떤 이유에서일까? 남녀 간의 달콤한 로맨스를 다룬 영화 〈타이타닉〉을 보면서도 미국의 정보 콘텐츠라는 타이타닉 호가 돌진해오는 듯한 인상을 받는 것은 어떤 이유에서일까? 그것은 이미 유행어처럼 되어버린, 21세기를 규정하고 있는 「정보사회」가 진전되어갈수록 정보 콘텐츠 산업이 경제에서 차지하는 비중이 커져 갈 것이기 때문이요, 다른 한편으로는 정보 콘텐츠가 여느 상품과는 달리 문화와 사상의 전달과 파급이란 첨병 역할을 하고 있기 때문이다.

우리 사회가 정보사회로, 지식사회로 진전되어감에 따라 정보 콘텐츠가 경제에서 차지하는 비중이 점점 더 커져 간다는 것은 기정 사실로 받아들여지고 있다. 정보 콘텐츠 산업이 정보산업 전체에서 차지하는 몫이 커진다는 말이다.

미디어를 통한 정보 콘텐츠의 「소비」는 우리 생활의 한 축을 이루고 있으며, 우리들은 미디어 이용에 많은 시간을 소비하고 있다. 디지털 기술 혁명으로 인한 통신과 출판 및 방송, 그리고 IT 부문의 융합(con-vergence) 현상으로 정보 콘텐츠는 각종 「미디어」 사이를 자유롭게 넘나들 수 있게 되었다. 또한 전통적인 인쇄 출판이나 방송에 더하여 오프라인 및 온라인 전자출판, 위성 및 디지털 방송, 인터넷 서비스 등의 출현으로 미디어가 다양화되었다. 이로 인해 소비가 분산되고, 소비자들의 한정된 「시간」을 확보하기 위한 「관심 끌기」 경쟁이 본격화되었다. 기업들은 경계가 무너진 콘텐츠 산업에서 시너지 효과를 확보하고 소비자들의 관심 끌기 경쟁에서 우위를 차지하기 위해 인수 합병과 제휴에 여념이 없다. 콘텐츠 산업의 융합 현상은 한동안 지속될 전망이기도 하지만 이와 더불어 미디어 집중 문제도 나타날 것이다.

「융합」이란 이제 정보산업에서 낡은 장식어가 되어버렸다. 기술 측면에서는 이미 융합이 진행되었다. 즉 디지털 기술로 인하여 음성, 텍스트, 데이터, 영상의 모든 정보 형태를 어떤 네트워크를 통해서든지 제공할 수 있게 되었다. 하지만 융합은 기술적인 차원에만 머무는 것이 아니다. 융합은 새로운 사업 방식에도 영향을 미친다.

융합은 시장, 산업, 그리고 규제나 정책 측면으로 확산되고 있다. 융합은 그 동안 분리되어 있던 콘텐츠와 산업 간의 새로운 질서를 창출시킨다. 물론 산업적 융합의 시도가 과거에 전혀 없었던 것은 아니다. 하지만 디지털 기술로 가능해진 융합의 영향은 예전의 그것과 질적인 면에서 다르다고 여겨진다. 1990년대 초 일본의 전자기기 회사가 할리우드와 음악 출판사로 진입했고, 미국에서는 케이블 사업자, 통신업체, 콘텐츠 공급자들이 제휴관계 또는 인수 합병을 시작했다. 예컨대 월트 디즈니(Walt Disney)가 캐피털 시티즈/ABC(Capital Cities/ABC)와 합병했고 MCI와 뉴스 코퍼레이션(News Corporation)이 제휴했다.

디지털화로 인한 미디어의 고도화와 다양화가 급속도로 진전되고 있는 가운데, 시장과 서비스 차원에서 고려될 분야는 디지털 서비스, 주문형(on demand) 서비스, 그리고 인터넷 및 쌍방향 서비스다. 디지털 TV에서는 현재 위성이 선두를 달리고 있고 셋톱 박스(setop box)의 표준화가 요구되며, 주문형 서비스에서는 VOD(video on demand)를 위한 서버 기술의 고비용으로 인해 NVOD가 한동안 대안적인 서비스로 고려될 것이다. 또 쌍방향 서비스는 아직 불투명한 면이 없지 않으나 우선 기업 고객을 대상으로 시작될 필요가 있는 것으로 보이며, 전문 패키지의 서비스 포트폴리오가 성공의 요인이 될 것이라는 전망도 있다. 인터넷은 전자출판뿐만 아니라 메타 미디어(meta-media)로서의 역할까지 수행할 것으로 보인다.

여기에 유·무선 위성통신 인프라와 인터넷 인프라, 지상파 케이블 TV, 위성방송 인프라의 구축이 활성화되고 정비되어 미디어가 풍부해지면 그와 더불어 정보 콘텐츠가 새로운 「보틀넥(bottleneck)」이라는 양상으로 부각될 것이다. 실제로 뉴스 코퍼레이션은 네트워크보다는 정보 콘텐츠를 핵심 역량으로 키우고 있다.

미국은 자국의 정보 콘텐츠 시장의 규모도 방대할 뿐만 아니라 세계 정보 콘텐츠 시장에서도 지배적인 위치를 차지하고 있다. 미국의 정보 콘텐츠가 세계적으로 확산되어 있기 때문이다. 오늘 한국에 있다가 내일 유럽에 가더라도 미디어를 통해 접촉하는 뉴스, 만화 콘텐츠는 어디서나 비슷하다. 코카콜라 제국주의의 연장선이라고 할까. CNN이 제공하는 24시간 뉴스, 할리우드의 영화, 야구나 농구, 럭비 같은 스포츠, 월트 디즈니의 만화 영화 같은 것들이 반복되고 있을 뿐이다.

한 마디로 미국이 정보 콘텐츠의 대국이라는 것은 부인할 수 없는 현실이다. 21세기 정보사회, 지식사회를 지향하고 있는 우리나라의 입장에서 정보 콘텐츠 산업을 미래의 수출산업으로 육성하기 위해서라도 미국의 정보 콘텐츠 산업에 대한 이해는 필수라고 판단된다.

6. 변화하는 시대의 문화

많은 사람들은 자신도 모르는 사이에 각종 과학과 기술을 접하고 있다. 컴퓨터 통신망을 통해 다른 사람들과 온라인 대화를 즐기는 사람들이 있는가 하면 학생들의 과외 학습에도 온라인을 활용하고 있다. 대학생들은 전자 우편으로 과제물을 제출하고 있다. 기업은 인터넷을 통해 제품을 세상에 알릴 뿐만 아니라 주문도 온라인으로 받고 있다. 은행 거래 역시 안방에서 자신의 컴퓨터를 은행의 컴퓨터에 접속해 처리하고 있다.

정부의 각 부처에서도 인터넷에 홈페이지를 개설해 정보 서비스에 나서고 있으며, 인터넷을 통해 시민들의 의견을 수렴하고 있다. 라디오 방송은 물론 텔레비전 방송사도 인터넷을 통해 시청자들에게 정보 서비스를 제공하고 있다. 각종 박물관들도 앞을 다투어 홈페이지를 개설해 각국의 인터넷 이용자들과 만나고 있다. 심지어 반정부 활동이나 테러 활동을 하는 단체도 인터넷을 통해 정보를 주고받는다.

일전에는 충청남도의 한 고등학교 학생이 북한을 찬양하는 내용을 인터넷에 올려 순식간에 수천 명이 접속을 하는 사건이 벌어지기도 했다.

정보통신 기술의 발달로 사람들이 앉은 자리에서 처리할 수 있는 일의 양은 점점 더 많아지고 있다. 사람들이 자신의 컴퓨터 화면을 들여다보면서 금융 거래를 한다면 은행에도 커다란 변화가 올 것이다. 사원들이 회사로 출근하지 않고 자신의 집에서 업무를 처리하게 될 때, 기업의 빌딩과 업무 프로세스에도 변화의 바람이 불게 된다. 또한 쇼핑 센터를 방문하지 않고도 집과 사무실에서 자신의 컴퓨터로 쇼핑을 하게 될 때, 쇼핑 센터도 크게 달라질 것이다. 그렇다면 도시에 즐비하게 늘어선 대형 건물들은 어떻게 될 것인가? 혹시 이들이 텅 비어 유령의 도시로 전락하지는 않을까?

나는 1960년에 미국에 유학하면서 도시의 면면들을 유심히 지켜보았다. 이미 미국에서는 편리한 교통을 기반으로 한 번에 쇼핑을 마칠 수 있는 대규모 쇼핑 센터가 시외에 지어졌다. 중산층 이상의 사람들은 교외에 주택을 새로 장만하고 도시를 벗어났다. 도시 주택은 헐값으로 매매되었으며, 주로 흑인들이 차지하게 되었다. 도시에는 공공 기관, 은행, 법률 사무실, 상점 등이 여전히 남아 있으므로 주간에는 많은 사람들이 일을 하기 위해 시내로 출근하고, 오후 5~6시에 모두 퇴근해 교외로 빠져나갔다. 도시는 자연히 야간에는 흑인들이 많이 왕래하는 거리로 변했고, 마치 유령 도시와 같이 황폐해져 갔다.

이와 같은 현상은 지금으로부터 약 40년 전 미국에서 일어난 일이지만, 우리나라의 도시도 앞으로 큰 변화가 일어날 것이 분명하다. 도시의 백화점, 상점, 거리의 소매상 등의 판매량이 점점 줄어들게 될 것이다. 앞으로 이런 현상은 계속될 것이며, 정보통신 사회에서 당연한 사실로 인정하지 않을 수 없을 것이다.

이제 사람들은 아침에 배달되는 신문을 보는 것이 아니라, 컴퓨터를 이용해 필요한 뉴스와 정보를 보게 될 것이다. 전자신문의 발달로 신문을 배달하는 일이 없어진다면, 뉴스 비즈니스는 또 어떻게 달라질 것인가? 현재의 텔레비전 방송 체제에서는 모든 사람이 똑같은 뉴스와 드라마를 보고 있다. 그러나 정보통신이 발달하면 사람들은 자신이 원하는 뉴스, 영화, 쇼, 가요 프로그램을 컴퓨터를 이용해 시청하게 될 것이다.

정보화 시대에 대학은 또 어떻게 될 것인가? 정보통신이 발달함에 따라 대학의 모습도 변할 수밖에 없다. 미국 대학의 경우, 정규 과정을 안방에서 컴퓨터로 수강하는 모습이 하나둘씩 늘어나고 있다. 특정 주제에 대해 대학의 강의가 아니라, 외국 컨설턴트의 강의를 수강하거나 조언을 얻는 일도 늘어나고 있다. 우리나라에서도 이러한 변화가 먼 나라의, 먼 미래의 일만은 아니다. 바로 지금 우리 주변에서 일어나고 있는 현실인 것이다.

정보통신의 발달은 교통과 통신에도 변화를 몰고 올 것이다. 사람들이 출근하지 않고 집에서 일을 보게 될 때, 출퇴근 시간의 혼잡은 사라질 것이다. 또한 교통량이 줄어들면 줄어드는 만큼 도로에 대한 개념도 달라질 수밖에 없다. 자신의 컴퓨터를 이용해 세계의 관광지를 방문하는 사람들이 늘어나고, 또 컴퓨터를 이용해 현지인과 대화를 즐기기도 하며, 현지의 쇼를 관람하는 일이 늘어날 때 여행 비즈니스도 변하게 될 것이다.

사람들이 집 안에서 처리하는 업무의 양이 많아질 때, 주택에 대한 개념도 달라질 수밖에 없다. 교통이 편리해야 한다거나 학교 가까이에 있어야 한다는 등 기존의 주택에 대한 고정 관념도 변할 수밖에 없는 것이다.

정보통신 기술은 앞으로 우리의 생활 전반에서 더욱 폭넓게 활용될 것이며, 사회의 모든 부분이 컴퓨터 네트워크로 서로 연결될 것이다. 즉 미래 사회는 첨단과학 기술을 일상 생활 속에서 자연스럽게 활용할 전망이다. 나아가 사람들의 접촉영역도 지리적인 한계를 초월해 안방에서 컴퓨터로 전세계를 넘나들면서 생활하게 된다. 이러한 변화로 인해 사람들의 사고 방식과 생활 방식에도 대대적인 변화가 올 것은 분명하다. 이러한 의미에서 새로운 시대는 새로운 문화를 예고하고 있다.

7. 정보통신 시대의 세계화

세계가 하나로 연결되고 있다. 컴퓨터와 컴퓨터의 연결은 한 나라와 또 다른 나라를 연결시킨다. 한 회사는 또 다른 회사와 연결되고 있다. 더 나아가 개인과 개인도 서로 연결되고 있다. 인터넷을 사용하는 개인은 자기 조직은 물론, 예전보다 더 많은 외부 조직들과도 컴퓨터 통신망을 통해 연결할 수 있다. 이제 개인은 지구 반대편에 있는 사람에게도 전자 우편을 보낼 수 있다. 큰 비용을 들이지 않고 하루에 수십 통씩이라도 자신의 생각과 자료를 주고받을 수 있다. 사람들은 각종 자료를 사진과 그림으로 전송할 수도 있으며 원한다면 움직이는 화상까지 보낼 수 있다. 심지어 화상에 음성까지 실어보낼 수 있다. 이제는 눈으로 보고 귀로 들으면서 시간과 공간의 제약을 뛰어넘어 서로 의사소통을 할 수 있는 세대로 들어서고 있다.

정보화 사회에서는 정보의 흐름을 중심으로 사회가 움직이게 된다. 기업 활동도 마찬가지로 재구성되고 있으며, 정부의 각종 서비스도 정보의 흐름을 중심으로 이루어지고 있다. 이러한 정보는 국경을 넘어 자유롭게 흐르고 있다. 국제 회의도 인터넷을 통해 열리고 있다. 각종 세미나와 워크숍이 인터넷상에서 열린다. 이제 인터넷이라는 사이버 공간을 통해 지구촌의 세계 시민들이 지리적 국경과 시간을 뛰어넘어 서로 교류하고 있는 것이다.

사이버 공간의 등장으로 사람들은 일상 생활에서 자연스럽게 자신의 접촉영역을 넓혀가고 있다. 사이버 공간을 통해 새로운 사람들을 만나 아이디어를 주고받거나 비즈니스를 수행하는 사람들도 점차 늘어나고 있다. 인터넷은 이제 많은 사람들에게 생활의 일부가 되었다. 이렇듯 인터넷을 통한 사이버 공간에는 국경이란 별 의미가 없다. 이들은 인터넷을 통해 일상 생활에서 자연스럽게 국제적 접촉을 넓혀간다. 새로운 정보와 볼거리는 물론, 새로운 사람들을 찾아나서는 정보화 시대의 세계 시민들의 숫자는 현재의 증가 추세보다 더 빠른 속도로 늘어날 전망이다.

8. 문화라는 소프트웨어 비즈니스

한국이 지금 물건뿐 아니라 문화라는 소프트웨어도 세계로 수출할 필요가 있는 것은 분명하다. 그러나 이 때 한국 전통의 노래, 춤 또는 사물놀이와 같은 한국의 고유한 예술 장르를 떠올린다면, 그것은 문화에 대한 인식을 잘못하고 있는 것이다.

세계 문화의 기본적인 규칙이나 약속은 모두 서구에서 결정되고 있다. 이는 서구의 문화가 우수해서가 아니라, 역사적으로 그렇게 되어

왔기 때문이다. 이것을 확실하게 인식하지 않으면 한국의 문화는 언제까지나 인정받기 어려울 수밖에 없다.

현재 우리나라는 문화 분야에서 국제 경쟁력이 확실히 뒤져 있는 실정이다. 특히 멀티미디어 시대의 영상이나 음악 분야에서 우리나라는 줄곧 열세를 면하지 못하고 있다. 예를 들어 지금은 한국의 위성방송이 자체 제작한 프로그램으로 편성되고 있지만 몇 년 후에는 미국의 프로그램이 한국을 잠식할 가능성이 크다. 이미 미국 영화는 한국, 일본, 프랑스에서 65%, 독일에서는 무려 90% 정도의 시장을 점유하고 있다. 이대로 가면 전세계가 미국의 가치 판단에 의존할 가능성조차 있는 것이다.

이와 같은 실정에서 한국의 소프트웨어는 어느 정도 견뎌낼 수 있을까? 경쟁력 있는 소프트웨어를 만드는 일이 가장 큰 관건이다. 즉 문화는 소프트웨어에 고스란히 담겨 있으므로 소프트웨어가 국제 경쟁력이 없다는 것은 문화를 수출할 수 없다는 의미이기도 하다.

미국은 영상 소프트웨어 산업이 차세대의 기간 산업이 될 것으로 예상하고, 자국 내에서 깊이 있는 논쟁을 전개하고 있다. 당연히 우리나라도 그 경쟁에 이제라도 늦지 않았으니 참여해야 하는데, 우리에게는 그럴 만한 힘이 아직까지는 충분하지 않다. 게다가 우리나라에서는 소프트웨어 개발에 필요한 역량 있는 인재를 기르지 않았기 때문에 소프트웨어를 개발할 수 있는 환경도 조성되어 있지 않은 형편이다.

미국에서 활동하고 있는 인재들은 소프트웨어의 개발이야말로 아메리칸 드림을 현실화할 수 있는 절호의 기회로 여기고 있으며, 점차 독립하여 기업을 일으키겠다는 꿈과 전망을 갖고 있다.

이렇게 소프트웨어의 개발이 중요한 이유는, 미국의 가치관으로 모든 것이 결정되는 세계화를 막기 위한 것도 있지만, 무엇보다 세계가 신뢰할 수 있는 우리나라를 만들기 위해서다. 문화, 즉 소프트웨어 육성은 무역에도 연관된다. 문화를 평가받음으로써 세계인들에게 인정받게 되면 경제적 안전 보장에도 연결되는 것이다.

앞으로 우리가 경제 기간산업이 소프트웨어 비즈니스로 이동해가는 흐름을 재빨리 파악하지 못한다면, 차세대 산업은 적어도 다른 아시아 나라로 옮겨갈 것이다. 그렇게 되면 우리나라의 산업은 공동화(空洞化)되어 경제적으로 뒤지게 될 것이다.

정부는 정보화 사회에 대응한 모든 분야의 구조조정, 국민 의식의 대전환,「제2의 건국」운동으로 경제 위기를 극복하기 위해 노력하고 있다. 그러나 정보화 사회의 흐름에 실제로 대응하려면, 모든 분야, 제도에 대한 개혁을 대대적으로 단행해야 한다.

정치계는 말에 그치지 말고 실행에 옮기도록 노력하며, 관료나 재계도 지금까지의 고정관념에서 벗어나야 이 경제 위기를 극복할 수 있다.

9. 글로벌 슈퍼 문화의 등장

오늘도 지구촌의 수많은 사람들이 정보를 찾아 인터넷의 바다를 항해하고 있다. 가장 적합한 최신의 정보를 찾기 위한 노력이 끊임없이 진행되고 있다. 사람들은 170여 국가에 설치되어 있는 몇억 대의 컴퓨터를 넘나들면서 새로운 정보를 발견하기도 하고, 새로운 사람을 만나기도 한다. 단순히 스쳐 지나가는 만남도 있지만 때로는 평생의 친구로 남기도 한다. 사이버 공간에서 우리들의 활동이 확대되면 확대될수록 서로 간의 이해도 그만큼 깊어지게 된다. 상대방에 대한 이해뿐만 아니라 그 상대방이 갖고 있는 문화, 종교 및 개인 생활에 대한 이해도 점차 넓어지게 되는 것이다.

사이버 세계의 등장으로 지구촌 사람들은 서로 공통의 관심을 넓혀 나가면서 개개인이 속한 자국의 문화를 넘어 함께 하는 새로운 국제 문화를 탄생시킬 것이다. 사이버 공간에서 펼쳐지는 국제 문화는 관련 당사자들의 문화와 종교 및 언어를 초월해 이루어질 것이다. 수십 개 국가에서 동시에 모여드는 인터넷 이용자들이 만들어내는 문화는 특정 국가의 문화적 요인에 좌우되지 않는다. 인터넷이라는 사이버 공간에서 만들어지는 국제 문화는 새로운 규칙에 의거해 움직이는 「글로벌 슈퍼 문화」가 될 것이다. 인터넷에서 형성되는 「글로벌 슈퍼 문화」는 빛의 속도만큼이나 빠르게 지구촌 곳곳에 전파되어 각국의 문화에도 직접적인 영향을 미칠 것이다. 21세기에는 인터넷 이용자들이 수억 명으로 늘어난다. 이제 이들이 만들어내는 사이버 공간의 문화는 현실 세계의 문화에 강한 영향을 미칠 수밖에 없다.

10. 영어, 국제어, 그리고 언어 문화

세계미래학회(World Future Society)는 자신들의 기관지 〈퓨처리스트(Futurist)〉의 1997년 1~2호에 실린 「미래에 대한 전망」 기사에서, 21세기에는 세계 언어의 90% 이상이 소멸하며 영어가 지배적인 언어가 될 것임을 예고했다. 〈크리스천 사이언스(Christian Science)〉지에 따르면 현재 인터넷을 통해 주고받는 전자 우편의 75% 정도는 영어로 이루어지고 있으며, 인터넷상에 저장된 정보의 80%가 영어로 기술되어 있다고 보도했다.

그렇다면 초등학교 학생에서 노인에 이르기까지 모두 영어를 배워야 할 것인가? 영어를 알지 못하면 인터넷상에서 상대방과 아이디어를 주고받을 수 없는가? 영어를 사용하는 미국인은 영어를 모르는 중국인과 어떻게 생각과 아이디어를 주고받을 것인가? 영어를 사용하는 사람들은 13억 중국인에게 사이버 세계로 나오려면 모두 영어를 배우라고 주장할 수 있는가? 참으로 어려운 문제가 아닐 수 없다. 그리고 이 문제는 실제로 인터넷의 확산을 가로막는 가장 큰 장벽으로 남아 있다.

그러나 컴퓨터 기술의 발달은 이 문제를 해결하는 데 새로운 가능성을 제시한다. 컴퓨터 프로그램을 이용한 자동번역 시스템은 사용자 간의 언어 장벽을 무너뜨리고 있다. 예컨대 인터넷을 사용하는 중국의 초등학생이 영어로 작성된 홈페이지를 이해하고 싶다면, 「트랜스 퍼펙트」라는 영·중 번역 프로그램을 사용하면 된다. 중국의 대학에서 강의하는 중국인 교수 중에서 영어를 모르는 사람들은 물론, 미국인과 거래를 하는 중국인들도 이 프로그램을 이용하면 영어를 손쉽게 중국어로 번역할 수 있다.

지금으로서는 영어를 한국어로 번역하는 것이 주를 이룬다. 아직은 한국어로 해석해놓은 부분이 어색한 면도 없지 않지만, 내용은 충분히 이해할 수 있다. 어쨌든 이제까지 불가능했던 일 중의 하나가 과학 기술의 도움으로 해결된 좋은 예다.

자동 번역기는, 컴퓨터가 보편화되면서부터 이른바 인공 지능형 컴퓨터가 나타난 현재에 이르기까지 계속해서 연구되어왔다. 그런데 이 자동 번역기는 인터넷 이용자가 폭증하면서 갑자기 그 유용성이 커졌다. 사용 언어에 관계없이 세계 어느 누구와도 인터넷으로 의사소통을 할 수 있기 때문이다. 이것이 바야흐로 새로운 의사소통의 수단이라고 볼 수 있다.

컴퓨터 기술과 번역 프로그램의 발달은 서로 상대방의 언어를 몰라도 인터넷상에서 자유로운 의사소통을 가능하게 할 것이다. 비록 현재 인터넷상에서 영어가 가장 광범위하게 사용되고 있기는 하지만, 영어 그 자체가 사이버 공간의 공식 언어는 아니다.

정보통신 기술은 사람의 일을 완전하게 대체하지는 않지만 사람의 노동을 어느 정도까지는 줄일 수 있다. 예컨대, 외국어를 번역할 때 컴퓨터가 일차적인 번역을 하고 사람은 그것을 수정하고 다듬는 역할만 하면 된다. 컴퓨터와 한 사람으로 구성된 팀은 여러 사람이 일하는 만큼의 번역 작업을 할 수 있을 것이다.

11. 새로운 종류의 문화와 언어 생활

사이버 세계에는 새로운 조직과 단체, 그리고 기업이 끊임없이 나타나고 있다. 이 사이버 공간에서의 만남은 국적, 종교, 언어, 교육적 배경, 연령을 초월한다. 이들은 상대방의 얼굴과 이름은 물론, 국적, 종교, 문화 및 생활 경험을 전혀 모른 채 생각과 아이디어, 그리고 정보를 주고받기도 한다. 또한 사이버 세계에 등장하는 각종 모임에도, 그 모임의 취지와 규칙에 찬성하는 사람들이라면 누구든지 참여할 수 있다. 이러한 모임은 수준 높은 전문성을 요하는 것에서 환경 문제와 같이 인류 공통의 관심에 이르기까지, 그리고 오락과 같은 분야를 포함할 정도로 다양하다.

지구촌 구석구석에서 연령이 다르고, 국적이 다르고, 교육배경이 다르고, 직업이 다른 숱한 사람들이 사이버 세계에 게시된 각종 정보를 이용한다. 사이버 공간의 환경문제 게시판에는 서로 국적이 다른 수많은 사람들이 자신의 견해를 올린다. 이들은 항상 개인적인 관심사뿐만 아니라, 인류 공통의 관심사에 대해서도 자신들의 견해를 거리낌 없이 표현한다.

사이버 세계에서의 만남에는 새로운 규범이 요구되며, 참가자들은 그 곳의 새로운 가치관과 규범에 따라 움직인다. 뿐만 아니라 기존의 규칙과 문화를 끊임없이 변화시키면서 새로운 사이버 문화를 지속적으로 발전시킨다.

이와 같이 언어, 종교, 국적, 사고 방식, 생활 방식 등 문화가 서로 다른 사람들이 함께 모여 생활할 때, 새롭게 형성되는 문화는 기존의 문화를 초월한다는 의미에서 「슈퍼 문화」라고 할 수 있다. 사이버 공간에서 화려하게 펼쳐지는 「사이버 슈퍼 문화」는 첨단과학 기술과 정보의 흐름을 바탕으로 이들만의 고유한 언어와 가치관을 창조해나갈 것이다.

12. 사이버 교육의 가능성

오늘날 교육에서 나타나는 여러 가지 문제와 관련해볼 때, 사이버 교육은 많은 잠재적 가능성을 가지고 있다. 사이버 교육의 가능성을 몇 가지 다른 관점에서 살펴보면 다음과 같다.

우선 학생 또는 학습자의 관점에서 볼 때, 사이버 교육은 학습 시간을 융통성 있게 조절할 수 있을 뿐만 아니라 일과 교육을 병행할 수 있다. 즉 시공간의 제약으로부터 자유로운 학습을 가능케 한다. 또한 좀 더 풍부하고 질 높은 학습을 가능케 하며, 학습자와 학습자, 또는 학습자와 학습자료 간의 상호 작용을 가능하게 함으로써 교육을 학습자 중심의 접근 방식으로 전환시킬 수 있다.

기업체의 관점에서 볼 때, 사이버 교육은 양질의 학습을 제공할 수 있는 효과적인 학습이다. 이는 작업 현장에서 바로 학습을 할 수 있게 해주며, 동시에 그를 통해 전문적인 발전을 도모할 수 있게 하고, 새로운 기술의 습득으로 생산성 증가, 새로운 기업 문화의 창출 등을 촉진함으로써 기업체에 매우 유익한 학습 모형이 될 수 있다. 그뿐만 아니라 사이버 교육은 시간과 비용을 기업체에서 개인으로 전이시킬 수 있도록 해준다.

정부의 관점에서 볼 때, 사이버 교육은 일차적으로 교육과 훈련 체제의 수용 능력을 증대시키며, 전통적인 교육과 훈련에서는 제한적일 수밖에 없었던 교육 대상을 확대시킨다. 또 기존 교육 체제의 적절성과 질을 향상시키며, 비용 효과성이 높은 교육과 훈련을 할 수 있도록 해주고, 평생교육의 기회를 제공할 수 있는 교육 형태다.

13. 사이버 세계에서의 죄악성

정보기술에 의해 화려하게 펼쳐지는 사이버 세계는 우리 생활의 거의 모든 영역에 걸쳐 새로운 가능성을 제공하고 있다. 그러나 새로운 가능성의 이면에는 전혀 예상치 못했던 부작용도 있다. 은행의 전산망에 해커가 침입해 고객의 은행 계좌를 엉망으로 만든 사례가 있는가 하면, 심지어는 미국 국방부 컴퓨터에도 해커들이 침입하고 있다. 장난 삼아 다른 대학의 전산망에 들어가 파일을 손상시키는 일도 있으며, 전자 우편을 통해 치명적인 바이러스를 배포하는 범죄행위도 발생한다.

다른 사람의 전산망에 불법으로 침입해 자료를 손상시키는 일은 이제 사회적으로도 커다란 문제가 되고 있다. 몇몇 사람 때문에 수십 명에서 많게는 수만 명의 사람들이 피해를 입는 일들이 발생하고 있다.

사이버 세계에 빠져 일종의 「통신 중독증」, 「게임 중독증」, 「포르노 중독증」, 「전자 우편 중독증」 등에 걸린 사람들도 종종 있다. 또 다른 사람의 눈을 피해 사이버 카지노에서 도박을 하다가 문제가 되기도 한다.

사이버 세계에 등장하는 사람들 중에는 가끔씩 서로 간에 지켜야 할 예절을 무시한 채 폭력적인 언어를 사용한다거나, 선정적인 말을 사용하는 경우도 있다. 사이버 공간에서 기업들과 단체들의 광고도 점차 늘어나고 있으며, 이와 함께 과대 광고의 피해 사례도 드러나고 있다.

사이버 세계는 컴퓨터를 사용하는 사람들이 모여서 정보를 주고받는 가운데 형성되는 사회다. 비록 이용자들이 서로 얼굴을 대하지는 않지만 거미줄같이 연결된 통신망을 바탕으로 서로 간에 활발한 교류가 이루어지고 있다. 이러한 사이버 세계는 인류에게 전례 없는 변화를 예고하고 있으며 또 새로운 가능성을 제공하고 있다. 그러나 다른 한편에서는 사이버 세계의 도래와 관련된 윤리적 · 도덕적 문제가 제기되고 있다.

사이버 공간에서 어떤 행동이 옳고 어떤 행동이 그른지에 대한 판단이 요구되는 시점이다. 컴퓨터 이용자들이 윤리 의식을 수반하지 않는다면 사이버 세계의 등장은 그 세계가 약속하는 희망보다 피해가 더 클 것이다. 따라서 개인이나 모든 기업이나 단체, 기관들이 인터넷 사용에 따른 윤리를 반드시 지켜야 할 것이다. 미국에 있는 컴퓨터 윤리 연구소에서는 컴퓨터 사용에 대한 십계명을 제정·발표했는데, 참고로 소개하면 다음과 같다.

- 다른 사람을 해칠 목적으로 컴퓨터를 사용하지 마라.
- 다른 사람의 컴퓨터 작업을 방해하지 마라.
- 다른 사람의 컴퓨터 파일을 기웃거리지 마라.
- 도둑질을 하기 위해 컴퓨터를 사용하지 마라.
- 거짓 증언을 위해 컴퓨터를 사용하지 마라.
- 돈을 지불하지 않은 채로 다른 사람의 소프트웨어를 복사하지 마라.
- 정식으로 승인받거나, 보상하지 않은 채로 다른 사람의 자원을 사용하지 마라.
- 다른 사람의 지적 재산을 도용하지 마라.
- 현재 디자인하고 있는 컴퓨터 시스템이나 프로그램의 사회적 영향을 생각하라.
- 컴퓨터는 다른 사람들을 존중하거나 고려하는 마음으로 사용하라.

2

대학의 변화와 역할, 그리고 전망

1. 근대 대학의 발전

중세 유럽에서 신학을 공부하려는 학생들이 수도원으로 모여들면서 최초의 대학이 나타났다. 대학이 오늘날과 같이 발달한 데는 몇 가지 이유가 있다. 원래 중세의 대학은 교수를 중심으로 발달했다.

교수가 집을 세내어 그 곳에서 학생들에게 강의를 했다. 유명한 학자를 찾아 학생들이 모여들었고, 이들이 하숙집 주인, 건물주, 식당주 등과 좀더 유리한 거래를 하기 위해 조합을 만든 것이 칼리지(College)다. 학생들이 수강료를 내지 않고 도망가거나 하는 것을 막기 위해 교수들이 조합을 결성한 것이 유니버시티(University)였다. 이 때는 그저 교육 기능이 전부였고 도서관도 없었다.

이렇게 출발한 대학이 사실상 모든 전공을 갖춘 종합 대학의 형태로 발전한 이유는 한편에서는 대학교육의 수요가 팽창했고, 공급 면에서는 규모의 경제(economy of scale)를 실현할 필요성 때문이었다. 초기의 시설 투자가 큰 만큼, 학생의 수가 늘면 늘수록 공급가격이 낮아졌다. 또한 연구가 대학의 중요한 기능으로 부각되기 시작하면서 도서관의 역할 또한 증대했는데 도서관이야말로 규모의 경제가 크게 작용하는 영역이다. 대학 규모의 팽창과 더불어 범위의 경제(economy of scope)도 실현되었다. 학생 숫자가 많아지는 만큼 다양한 강의와 전공을 제공하는 것이 가능해졌다.

현재의 대학은 고도의 학술 연구와 고등교육을 실시함으로써 문화의 보존과 계승, 학문과 과학의 창조 및 발전, 지도적인 인물의 육성, 고급 직능인의 양성, 국가와 사회에 대한 봉사 기능 등을 전반적으로 수행하는 기관으로 발전했다. 이러한 기능과 함께 우리 대학교육은 지역 사회를 위한 사회교육과 평생교육, 종교·윤리교육의 선두에 서서 과거와 현재의 단절을 극복하고 소외된 대중 교육의 매개체로서 미래를 향해 전진해야 한다. 이러한 면에서 종교가이면서 철학자인 카를 야스퍼스(Karl Jaspers)는 하이델베르크 대학의 총장 취임연설에서 『대학의 본질은 연구, 교육, 사회 봉사의 세 가지 기능에 있다』고 역설했다.

2. 정보기술 혁명과 교육 시스템

21세기 지식 정보화 물결은 우리 사회에 많은 변화를 가져다 주고 있다. 정보통신 기술의 급격한 발달에 따라 교육 환경도 기존의 교실

내에서만 이루어지던 전통적인 방식에서 탈피할 것을 요구하고 있다. 즉 교육 수요자가 원하는 시간과 장소에서 원하는 교육을 받을 수 있는 사이버 교육 시스템이 새로운 교육 패러다임으로 등장하고 있다.

우선 정보통신 기술의 혁명적 발달로 쌍방향적인 사이버 교육이 가능해졌다. 물론 사이버 교육은 인터넷 혁명이 있기 전에도 존재했다. 아주 오래 전부터 우편을 이용한 통신 교육이 있었다. 근래에는 한국방송통신 대학과 같이 라디오와 TV를 이용한 교육이 행해지고 있다. 그러나 과거의 통신 교육과 오늘날 인터넷을 활용한 사이버 교육은 큰 차이가 있다.

인터넷과 같은 최근 정보통신 기술 혁명의 가장 중요한 특징은 한마디로 상호 작용(interactivity)이다. 지금은 비동기식(비대칭적)뿐 아니라 채팅이나 화상 수업 등을 활용한 동기식(또는 대칭적) 수업도 가능하다.

위에서 알 수 있듯이 급속히 발전하는 정보기술에 효과적으로 대응하고 이에 적응하기 위한 교육과 직업 훈련은 무엇보다 중요하다.

3. 대학의 생존 경쟁과 몰락

산업화 시대에 대학의 팽창을 가져온 것이 대학교육에 대한 수요 증가와 규모의 경제 및 범위의 경제였다면, 바로 그 요인들이 정보화 시대에는 대학의 몰락을 부추기고 있다. 무엇보다도 증가하는 사이버 교육에 대한 수요를 충족시키는 데 있어서 대학은 전통적인 교육기관이 아닌 기업체의 도전을 받고 있다. 문제는 사이버 교육의 성격상 규모의 경제와 범위의 경제를 실현하는 데 기업이 더 효율적일 수 있다는 점이다.

우선 양질의 사이버 교육 프로그램을 개발하는 데는 상당한 초기 투자가 필요하다는 점에 유념할 필요가 있다. 적은 비용으로 신통치 않은 프로그램을 만들어봐야 학생은 오지 않을 것이다. 범세계적인 교육 시장에서 점유율을 높이려면 제대로 된 프로그램을 만들어야 한다. 그만큼 돈이 든다. 이것은 바로 경제 규모가 크다는 것을 의미한다. 따라서 경제학에서 이야기하는 자연 독점이 발생할 수 있는 곳이 바로 사이버 교육 시장이다.

세계적 경쟁력을 갖춘 교과목을 만들기 위해서는 영화 제작만큼은 아니라 하더라도 기획에서 제작, 홍보에 이르기까지 상당한 투자가 필요하다. 영화와 같이 치밀하게 기획하고 콘텐츠를 개발해 스타 교수를 내세워 학생을 끌어들이는 일은 대학교보다는 기획과 제작, 홍보의 경험을 지닌 회사가 더 효과적일 수 있다.

이미 많은 교육 전문 회사들이 등장했지만 앞으로의 추세를 보여주는 대표적인 예는 몇 년 전에 설립된 파덤닷컴(Farthom.com)이다. 미국의 컬럼비아 대학교, 영국의 런던 정경 대학교, 영국의 케임브리지 대학교 출판부, 영국의 대영박물관, 미국의 뉴욕 공공 도서관, 미국의 스미스소니언 자연사 박물관이 제휴하여 설립한 수익 목적의 이 회사는 1~2년에 걸쳐 7,000개의 학부 및 대학원 과목을 온라인으로 제공할 수 있다.

어떤 대학이 이렇게 다양한 교과목을 제공할 수 있겠는가? 범위의 면에서는 이미 경쟁이 끝났다고도 할 수 있다. 그뿐만 아니라 규모에 따라서 수익이 증대하는 인터넷 사업의 특성상 많은 학생들이 몰리게 되면 더욱 낮은 비용으로 교과목을 제공할 수 있게 된다. 그러므로 경쟁 업체나 학교를 따돌리고 자연스럽게 독점을 구축하게 될 수도 있을 것이다.

전문화된 교육의 경우 대학은 전문 회사와 전문 협회의 도전에 직면하게 될 것이다. 미국의 경우, 이미 많은 전문가 협회가 재훈련 프로그램과 인증 프로그램을 제공하고 있다.

4. 디지털 글로벌화 대학의 사명

사회가 급변함에 따라 대학교육에 기대하는 가치도 달라지는 가운데 디지털화 · 글로벌화 시대를 맞이해 저마다 변화된 인식을 갖고 대학교육을 실시해야 한다.

1996년 이후부터 대학의 시장 개방이 불가피해졌다. 이러한 상황에서 우리의 대학 교육은 경제 발전을 위한 하나의 지성적 도구로서만이 아닌, 우리 문화의 전수, 새로운 지식의 창조, 신앙과 윤리, 교양을 겸비한 인재 양성에 주력할 때, 외국 대학에 대한 경쟁력을 강화할 수 있는 힘을 갖출 수 있다. 〈뉴욕 타임스(New York Times)〉지는 『머지 않아 일부 기업들이 하버드, 컬럼비아, 옥스퍼드, 도쿄 대학 등의 저명한 교수들을 채용해 인터넷으로 학위를 주는 날이 도래할 것이다』라고 전망한 바 있다.

우리의 교육 시장 개방과 함께 하버드 대학교, MIT 대학교 등 외국의 일류 대학들이 경제성과 함께 수준 높은 교육 서비스를 갖고 국내에 들어올 것이 분명하다. 우리나라의 대학들은 선진국에 뒤지지 않는 국제 경쟁력을 갖춘 대학으로 발전시키지 않으면 안 될 것이다.

우리나라의 여러 기업들이 이미 세계적인 무대에서 경쟁해 성공한 사례들이 많이 있다. 우리 대학도 그 기업 경제연구소 연구팀과 함께 장기 발전 계획, 창조적 주체 의식의 함양, 인간 개혁의 발전 가능성으로서 종교·윤리, 교양 교육의 시스템 등 다양한 분야에서 수평적 유대 관계를 강화시켜야 한다.

현재 외국인들에게 한국의 교육 시장은 황금 알을 낳는 거위 또는 황금의 어시장이라 불리고 있다. 이는 우리 국민이 유독 뜨거운 교육열을 지니고 있어 일단 한국의 교육 시장에 진출만 하면 큰 경제적 수익을 보장받을 수 있다는 외국인들의 실용적이고 경제적 관점에서 비롯된 말이다. 지금 외국 대학들은 한국 학생 유치 작전에 심혈을 기울이고 있다.

외국 교육기관들이 본격적으로 교육 시장에 투자를 하면 한국 교육의 70% 이상을 차지하고 있는 사립 교육 부분은 절반 이상 잠식당할 것이며, 상당수의 사립 교육기관들이 문을 닫게 될 것이다. 이에 맞서 우리의 교육기관들은 이러한 어려운 상황을 극복하고 개혁하기 위해 내적인 정신 개발과 함께 경쟁력 있는 대학으로 발전시켜나가는 데 주력해야 한다.

교육계는 현재 처해진 상황과 급변하고 있는 디지털화·글로벌화 움직임을 주시하면서 미래 국가 발전을 위해 새롭게 발전하는 대학이 되도록 교육 개혁을 이행해야 하며, 기업체와 같이 대학 구조조정을 철저히 단행해야 할 것이다. 또한 지역 사회를 위해 다양하고 특성 있게 봉사하는 기능을 발휘하도록 여건을 개선해야 한다.

5. 평생교육의 필요성

세계적으로 오늘날의 교육은 기성 세대에게도 계속적인 교육을 실시하고 있다. 급변하는 사회에 적응하기 위해 기성 세대는 재교육의 필요성을 절감하게 되었다. 재교육은 개인 및 집단 생활의 질적 향상을 도모하기 위해 인간의 생애에 걸친 개인적 및 사회적, 그리고 전문적인 성장 발달을 지도·조성하는 데 필요하다. 따라서 대학의 교육과정은 성인들을 위한 학위과정을 실시하고 있다. 영국은 이미 19세기부터 교외 교육을 실시했고, 모든 대학이 지역 사회 주민을 위한 교육을 책임지고 있다.

교육은 인간의 평생 동안에 걸쳐 모든 시·공간을 초월해 이루어지는데 이러한 형태의 개념이 평생교육(lifelong education)이다. 이것은 평생 동안 이루어지는 학교 교육(정규 교육)과 학교 외의 교육(비정규 교육)으로서 가정교육, 사회교육, 평생교육을 일컫는다.

1970년대에 등장한 평생교육 이념은 인간의 삶 전체를, 글자 그대로 태어나서 죽음에 이를 때까지를 교육 기간으로 확대한 것이다. 이에 따라 학교 교육과 성인교육으로 나누어 접근하던 교육에 대한 이해를 새롭게 바꾸어놓았다.

또한 평생교육은 캠퍼스를 넘어서 새로운 궤도를 향해 달려가고 있다. 새로운 21세기는 「요람에서 무덤까지」 스스로를 개발하지 않고서는 살아남을 수 없는 시대가 될 것이다. 특히 인터넷 통신망을 통한 사이버 교육은 그 문제를 해결해주는 열쇠가 될 것이다.

미국은 제2차 세계대전 이후부터 지역사회 주민을 위한 교육을 개발하기 시작했고, 1970년대 이후로는 거의 모든 대학이 규모 확장 또는 계속 교육의 이름으로 정규 학생 이외의 성인들을 위한 교육을 실시하고 있다.

대학의 이와 같은 사회교육 참여는 세계적 추세가 되어왔다.

이제는 세계 어느 나라에서도 「대학은 정규학생만을 가르치는 교육기관」이라는 인식이 사라져 가고 있다. 청년 학생과 성인 학습자가 교문을 함께 드나들면서 재학생과 몇 년 선배 또는 10년 전 졸업생이 강의실에서 서로 만나는 일이 자연스러운 현상이 되었다. 미국의 예를 들면, 대학생 600만 명 중 절반 남짓의 학생이 연령이 만 25세 이상이다.

앞에서 말한 대로 평생교육 또는 성인교육이 강화되는 세계적 추세에 우리나라의 대학들은 변화의 속도가 늦다. 고교 졸업생이나 재수생으로 구성된 우리나라 대학 정규 과정 학생들의 평균 연령은 외국보다 2~3세 정도 낮은 22세다.

이에 비해 평생교육의 진흥에 부응하는 우리나라 산업 대학(개방 대학)의 평균 연령은 미국 대학의 수준이며, 그 구성원은 일정 부분 성인들이 차지했다고 볼 수 있다.

따라서 우리나라의 일반 대학교육은 획일성, 동시성, 동질성에 벗어나 미래 사회를 위해 개방성과 다양성을 갖춘 변화는 국제적 대학으로 발전되어야 할 것이다.

또한 우리나라에서는 특수 대학보다 일반 대학을 선호하는데, 그 결과 과잉 배출로 인한 취업률의 저하를 가져왔으며 사회에 큰 혼란을 가져오게 된 점을 깊이 고려하여 새로운 교육 정책을 수립해야 할 것이다.

6. 글로벌화를 강조

글로벌화는 21세기를 향해 전개되는 세계적 흐름으로, 우리의 정치, 경제, 문화, 사회, 종교 등 모든 영역에 걸쳐 엄청난 도전을 던져주고 있다. 이러한 흐름에서 낙오자가 되기를 원치 않는 한, 어느 사회든 피할 수도 거역할 수도 없는 현실 자체가 바로 글로벌화 현상이라 하겠다. 글로벌화의 가장 두드러진 특징은 사회의 모든 영역에 걸쳐 국가 간의 상호 의존 관계가 심화되고 보편화되는 것이며, 배타적이고 보호적인 국경 개념이 무의미해지는 현상이라 하겠다. 동시에 우리의 활동 무대가 국경을 초월한 지구촌이 되어 경쟁의 대상이 다원화·세계화되는 것을 뜻한다.

따라서 우리 대학은 외국의 우수 대학들과 국제 학술교류 및 협력을 위한 자매 결연을 체결해 교수요원, 과학 기술자 및 행정 관리자의 교환; 수학(修學)과 연구를 위한 학생의 교환, 출판물, 과학기술 자료와 연구관련 정보의 교환; 자연 과학 및 인문 과학 분야에 관한 공동 연구, 과학 기술 프로젝트 및 학술회의 개최 등과 같은 국제 교환 프로그램을 많이 개발해야 할 것이다.

자원의 빈곤, 비좁은 영토, 국력의 한계 등 열악한 조건에 처한 우리로서는 오직 인적 자원 개발, 기술 혁신, 생산성 향상, 그리고 수출 증대 등을 통해 꾸준한 국가 발전 및 국제 경쟁력 신장을 도모함으로써 글로벌화에 능동적으로 대응할 수 있으며 국제 사회에서 우리의 영향력을 확대할 수 있을 것이다.

특히 냉전 체제의 종식과 함께 전개되는 새 국제 상황 속에서 많은 국가들이 국익 우선의 경제발전을 향해 숨가쁜 발걸음을 재촉하는 냉

혹한 현실을 직시하고 국제화에 주력할 때 우리가 처한 악조건은 극복될 수 있을 것이다.

솔직히 말해서 우리들은 글로벌화를 소리 높여 외치면서도 체질적으로는 반외세적, 비합리적, 배타적 관습에서 벗어나지 못해 글로벌화에 역행하는 경우가 많다. 다시 말해 지금과 같은 폐쇄적 사고와 체질을 과감히 극복하지 않는 한 지구촌의 외딴 구성원으로 전락하지 않을 것이라는 보장은 없다. 선진 경제권으로 진입하려면 우선 우리의 사고와 체질을 개선하고 글로벌화의 도전을 효율적으로 대응해야 한다.

대학은 시대와 함께 보편적 지식을 강조하고 전수해 지도자적인 인재를 육성하는 곳이기 때문에 사회의 진보를 위한 중추적인 역할을 한다. 더욱이 우리가 고도의 산업사회, 디지털화 사회, 글로벌화 사회로 진입함에 있어서 대학의 중요성이 그 어느 때보다 더 증대되었다.

과학적 지식의 창출과 보급, 지구상의 다양한 문화와 사회에 대한 폭넓은 이해, 복합적인 사회 구조와 기능을 조정·관리할 수 있는 수단과 역량의 개발, 새로운 과학 기술의 윤리성 등 여러 과업을 수행하는 데 대학은 다른 어떤 사회 조직보다 더 중요한 역할을 담당하고 있다.

이러한 관점에서 볼 때 교육의 글로벌화를 위한 대학에 주어진 과제와 역할은 자명하다. 국가의 국제 경쟁력을 높이기 위한 중·장기적 계획에 있어 대학은 교육과 연구, 그리고 사회의 환원과 봉사 등을 통해 선도적 역할을 담당해야 한다. 동시에 미래에 대한 전망과 국제적 안목을 갖춘 우수한 고급 인력의 양산을 위해 노력해야 할 것이다.

지금까지 우리의 대학은 정부의 정책만을 기다리며 현실에 안주하고 열악한 교육 환경을 개탄하며, 글로벌화의 도전을 기피해왔다. 1996년 이후부터 우리의 교육시장 개방이 현실화되고 있는 시점에서,

대학교육이 글로벌화 시대에 발 맞추지 못하면 한국의 많은 대학들은 심각한 존립 위기를 피하기 어려울지도 모른다. 그렇기 때문에 글로벌화와 개방화 시대를 맞이해, 한국의 대학들도 변화된 인식을 갖고 실용적인 교육에 비중을 두어, 시대 상황이 요구하는 교육을 실시해야 한다.

7. 산학 협동의 강화

오늘날의 국제 경제는 UR과 IMF로 대변되는 자원 민족주의와 보호무역주의 따라 이루어지고 있다. 이로 인하여 우리나라와 같이 부존자원이 없는 개발도상국이 21세기 힘겨운 국제 경쟁에서 살아남기 위해서는 인적 자원 개발과 함께 고도의 산업기술 혁신을 이루어 나가야만 한다.

이와 같은 인적 자원 개발과 함께 고도의 산업기술의 창출은 결코 우연하게 이루어지는 것이 아니다. 이는 깊이 있는 학문적 이론의 기초 위에 산업체의 경험들이 결합됨으로써 가능한 것으로 산업계와 학계의 협동 관계는 절실하다.

협동의 내용을 두 가지 측면에서 생각할 수 있다.

첫째로 연구 면에서 보면, 대학이 산업체와 연구 계약을 체결해 연구하는 계약 연구, 대학 교수의 산업 기술에 대한 연구 고문 활동, 산업체로부터 기술 연구 및 대학원 학생 연구비를 받아 연구하는 펠로우십(Fellowship) 제도, 산업계와 학계 간의 산업 기술에 대한 연구, 정보 교환, 교수에 의한 산업계의 실무기술 연구, 대학의 산학 협동 운영기구를 통한 교육 과정 및 교재 개발이 있을 것이다.

둘째로 교육면에서 보면, 학생이 산업체에서 현장실습을 통해 산업 현장 경험을 얻게 하는 등의 대학과 산업체 쌍방을 위한 산학 협동 제도가 있다. 대학 측에서 산업협동 제도로서 대학원 과정에 산업 기술자를 받아 석·박사 학위를 주는 협력 체제, 학사과정과 전문과정에서 산업 기술자를 받아 학사학위 및 전문학위를 주는 협력 관계, 대학에 특별 과정을 설치해 산업 기술자를 받아 학점을 주는 협력 체제, 평생 교육 또는 성인교육을 목적으로 산업 단지 내에 특수 야간 대학원 과정 및 단기 양성 과정을 설치해 운영하는 협력 체제가 있을 것이다. 한 예로서 남서울 대학교에서는 인근에 있는 삼성전자와 자매 결연을 맺고 그 회사에 근무하는 공고 졸업생 약 40명을 위탁생으로 받아 전문 대학 과정을 교육한다. 우선 2년 간, 주간에는 작업장에서 일하고, 근무 후에 통학버스로 대학으로 이동해 정시제 교육을 받는 제도를 실행하고 있다.

그리고 산업체의 유능한 기술자를 시간 강사로 초빙한다든지 또는 특별강좌, 워크숍, 세미나 등을 실시하는 협력 체제가 있을 것이다. 또한 산업계에서 대학에 대한 원조 형식의 산학 협동 체제로서 산업계가 여름철이나 겨울철에 학생과 교수를 임시 채용하기도 하며, 대학교육 시설에 대한 산업체의 원조, 그리고 장학금 제도가 있을 것이다.

대학과 산업체 간 협동의 하나인 창업보육 센터의 운영 체제로 산업체가 범용 생산시설을 갖추되 시설과 검사 시설은 대학의 시설을 공동으로 사용하며, 기술 개발 노동력은 대학에서 협력하는 체제가 있을 것이다. 한 예로서 여러 대학에서 창업 센터를 건립해 많은 중소 기업들을 유치, 창업케 하는 협력 단지를 조성하고 있다.

8. 지구 환경과 사회에 공헌

오늘날 디지털화와 글로벌화라는 시대적 요청을 맞이한 대학은 다양한 문제들을 적극적으로 연구 개발하고 도전에 대응할 수 있는 지식을 창출해 이를 축적, 전파, 활용해야 한다. 그리고 나라의 국제 경쟁력을 높이기 위한 연구 기관으로서의 사명을 다해야 할 것이다.

대학은 각 국가의 경제정책, 정신 과학, 자연 과학, 사회 과학, 공학, 의학 등 여러 분야의 지식과 노하우를 축적하고 수준 높은 국가 문화의 보존, 그리고 국제사회에서 환경 문제와 새로운 과학 기술의 윤리성 등을 밝혀주는 등대 역할도 하게 된다.

우리들이 살고 있는 지구촌은 나날이 공기, 물, 그리고 소음 공해 등으로 환경이 극도로 악화되어가고 있다. 특히 공기 오염에 있어서 세계는 8억 톤의 이산화탄소를 발생시키고 있다. 산업혁명 이전에 280ppm이었으나, 지금은 이미 350ppm에 도달했고, 그 양은 해마다 증가일로에 있다. 또 이른바 「엘리뇨 현상」이 일어나는 등 이상 기후는 세계 곳곳에서 일어나고 있다.

상황은 점점 나빠지고 있다. 이제 우리 대학의 연구자들은 지구 과학, 대양 과학, 그리고 우주 관찰의 분야에서 서로 국제적 협력을 시작해 선진국 대학들과 조화로운 균형을 이루어 연구 실험을 통해 이와 같은 환경오염 문제를 해결하는 데 최선을 다해야 한다.

이산화탄소와 프레온 가스 이외에도 우리들의 주변은 원자 핵무기의 위험을 받고 있다. 지난 수십 년 동안 우리들은 베트남과 걸프 전쟁 등 처참한 역사를 치러냈다. 세계적 비무장화, 비핵화는 환경 문제와도 대단히 밀접한 관계가 있다는 사실을 우리들은 잘 알고 있다. 따라서 우리 대학들은 이와 같은 과제들을 연구하고 해결하는 데 앞장서야 한다.

이처럼 우리들은 우리들 스스로가 만든 적과 싸우고 있다는 사실을 인정해야 한다. 즉 인간과 우리들이 생산한 제품 사이에 전쟁을 벌인다는 것은 역설적인 것 같지만 이 사실이 현재와 미래에 계속되고 있다는 사실을 인정해야한다.

대학은 근래에 와서 소홀히 해온 학생들의 정신 개발을 강조해야 한다. 정신 개발은 대학교육에 있어서 참으로 중요하며, 그렇지 않다면 고등교육은 다만 로봇을 개발하거나 제작하는 단순한 도구에 지나지 않을 것이다.

최근에 와서 교육의 방향이 과학이나 기술에만 국한되고 있다. 대학은 먼저 21세기를 지향하는 바람직한 국가 미래를 위해 오늘의 인간 상실과 소외 현상을 극복하는 데 학문적으로 공헌하며 마음의 평화를 찾고 사랑과 관용, 인내와 희생 정신을 가르쳐야 할 것이다. 만일 우리의 대학이 이 목표를 달성한다면 지구사회에 대한 진실한 공헌을 실현했다고 할 수 있을 것이다.

학문적 우월성에만 집중하는 대학은 자국 이기주의에만 빠져 있는 오늘날의 세계를 치료하지 못할 것이며, 또한 세계평화에도 바람직한 역할을 다하지 못할 것이다. 이 문제에 대한 가장 좋은 해답은 참인간을 만들게 하는 교육, 예를 들면 종교 철학 등에 교육 초점을 두는 것이다. 더 나아가 교육이념 및 목적은 현 상황에 안주하지 말고 정치와 함께 평화로운 세계 건설 및 국민들의 복지 향상을 위해 힘써야 한다.

9. 디지털 캠퍼스를 통한 교육

어떤 학생의 하루는 노트북 PC를 통해 그날 학교에서 있을 여러 사항을 검색하는 것으로 시작된다. 인터넷에 개설된 대학 홈페이지로 들어가 학사일정 변경 사항, 아르바이트 모집, 구내 식당 점심 메뉴 등을 알아본 뒤 등교길에 오른다.

그는 첫 시간 수업을 마친 뒤 랩(Lab)실에 들려 영어 공부를 하기로 했다. 여기에 설치된 컴퓨터는 시디롬 타이틀은 물론 미국 CCN 방송 등 위성방송 서비스를 제공, 입체적인 영어회화 공부를 가능하게 한다.

점심시간은 구내식당에 들러 IC카드로 된 학생증을 단말기에 밀어넣고 음식을 주문한다. 현금을 낼 필요가 없다. 그리고 그는 도서관에 들러 컴퓨터를 통해 시간 정보를 검색하고, 관심이 가는 책의 내용을 대충 훑어본다. 월간지에서 필요한 부분만을 인쇄하기도 한다. 아르바이트로 일하는 회사에 제출할 재학 증명서를 떼는 것도 간단한 일이다. 자신의 노트북 PC를 통해 학교 학사관리 프로그램으로 들어가 신청을 하면 모든 절차가 끝난다. 방과 후 교무처에 들려 찾아가기만 하면 된다.

이 학생의 하루는 최근 대학가에서 일반화되고 있는 「디지털 캠퍼스」의 전형을 보여주는 사례다. 「디지털 캠퍼스」는 대학 및 학생들의 모든 캠퍼스 활동을 전산화한다는 의미다.

구체적으로는 디지털 도서관 건립, 멀티미디어 강의실 · 랩실 설치, 학사관리 전산화, 시설물 이용 자동화 등을 포함한다.

「디지털 캠퍼스」 건설은 네트워크(백본망) 가설에서 시작된다. 주로 사용되는 백본망은 ATM(비동기 전송방식)망과 패스타 인터넷, FDDI(fiber distributed data inferface) 망이다. 최근에는 음성 데이터 영상 등 멀티미디어 전송에 효율적인 ATM(Asynchronous Transfer Mode) 용도가 크게 늘고 있다. 네트워크와 인터넷의 연결은 필수적인 요소다. 네트워크가 구성되면 이를 바탕으로 도서관, 랩실, 화상 회의실 등에 적합한 응용 소프트웨어를 설치하게 된다.

국내 대학의 디지털 도서관은 책의 목록 및 위치 확인 정보망을 제공하는 초보적인 수준이다. 그러나 시스템 통합(SI) 및 네트워크 전문 업체들이 책, 논문 등의 전문 또는 초록을 디지털 언어로 전환, 데이터베이스로 구축하는 기술 개발에 적극 나서고 있어, 대학 도서관에 적용될 것으로 예상된다. 멀티미디어 랩실은 기존의 단순 음성 교육에서 벗어나 PC를 통한 멀티미디어 어학 교육을 가능케 한다. 특히 PC에 TV 수신 보드를 설치, 위성방송을 시청하는 등 좀더 다각적인 어학 교육을 실시하는 대학이 늘고 있다.

학사관리 전산화는 교무행정 비용을 대폭 절감한다. 각종 증명서 발급, 수강 신청 등을 PC로 처리할 수 있게 된다. 학생들은 PC로 대학의 인터넷 홈페이지로 들어가 집에서 수강신청을 할 수 있다.

이 밖에도 원격 강의 시스템, IC 카드형 학생증 및 이를 통한 출석 확인, 동아리 방(서클룸) 통합관리 시스템 등도 「디지털 캠퍼스」의 모습이다.

「디지털 캠퍼스」는 내일의 주역인 대학생들을 정보화로 무장시키는 데 커다란 역할을 담당하게 될 것이다.

10. 에듀테인먼트

오늘날 대학은 월드 와이드 웹(World Wide Web)을 통해 네티즌이 몰려드는 사이버 공간으로 옮겨가고 있다. 10세기에 이탈리아 살레르노 대학이 세워진 이후 1,000년 만에 대학의 울타리가 무너지고 있는 셈이다.

재택 근무와 맞물린 원격 사이버 교육은 곧바로「맞춤 학습」으로 이어진다. 비록 얼굴을 마주하지는 않지만「1 대 1 교육」이 완벽하게 이뤄진다. 전자 게시판과 전자 우편, 토론방을 통해 각자 개인적으로 관심 있는 부분을 집중적으로 파고들 수 있다. 게다가 교육이 과거처럼 딱딱하게 이루어지지 않는다. 오락적 요소가 가미돼 수업 능력이 향상될 수도 있다.

에듀케이션과 엔터테인먼트의 합성어인「에듀테인먼트(Edutainment)」가 새로운 밀레니엄의 교육을 한마디로 설명해주고 있다.

에듀테인먼트는 사이버 세계를 현실 세계처럼 느끼게 하는 3차원 사이버 교육과 맞물린다.「클릭(Click)」을 통해 평면에서 평면으로 옮겨가는 데 그치지 않고 입체 영상으로 구성된 홈페이지에서 수업을 받을 수도 있다. 게임을 즐기면서 교육의 효과를 충분히 거둘 수 있다.

교육 체계의 변화는 먼 미래의 이야기가 아니다. 세계적 조사기관인 IDC사에 따르면, 2000년 말 현재 외국의 4년제 대학 가운데 62%가 어떤 형태로든 사이버 교육과정을 개설해놓았다. 2002년에는 85%까지 비율이 높아져 사이버 교육 수강자 수도 작년의 71만 명에서 223만 명으로 늘어날 전망이다.

우리나라에서도 방송통신대학교에서는 국어국문학과 손종흠 교수의 「고전시 강독」 등을 정규 사이버 과목으로 선정해 사이버 교육을 실시하고 있다. 인터넷을 통해 보고서를 제출하고, 질의 응답과 토론은 물론 출석 체크도 한다.

부산 경성대학교의 사이버 교수인 「정보통」은 자신의 홈페이지에서 수업을 진행한다. 그의 웹 사이트 주소는 바로 사이버 대학의 강의실을 나타내는 번지수다.

사이버 대학이 일반화되면 사이버 교수는 가장 선호하는 유망 직종으로 자리 잡게 될 전망이다.

사이버 교육의 가장 큰 장점은 언제 어디서나 학생이 편리한 시간에 수업을 받을 수 있다는 사실이다. 컴퓨터와 컴퓨터를 이은 네트워크를 타고 시간과 공간의 제약을 벗어나 무한한 「기회의 땅」으로 달려갈 수 있기 때문이다.

더구나 에듀테인먼트를 위한 콘텐츠 산업의 발전에 힘입어 이 같은 원격 사이버 교육도 한결 친근하게 다가올 전망이다.

미국 〈트레이닝 매거진(Trainning Magazine)〉은 「1998년도 산업보고서」에서 『기업 내 공식 교육훈련 과정의 31%를 외부 공급자들이 맡게 될 것』이라고 지적했다. 교육전문 웹 사이트인 「이피 넷(www.yip-pinet.com)」 등 전문적인 콘텐츠를 갖춘 업체에 위탁할 것이라는 진단이다.

세계 초일류 기업들은 나름대로의 교육수단을 활용하고 있다. 미국 휴렛패커드(Hewlett-Packard:HP)사의 신입사원들은 선배들의 업무 노하우를 별도로 전수받을 필요가 없다. 노하우와 업무 요령에 관한 정보가 「공동 업무 처리(COE) 시스템」에 모두 들어 있기 때문이다. 전산실 직원의 도움을 요청할 필요도 없다. 새로 나온 소프트웨어에 대해 배우고 싶은 경우에도 COE 시스템의 「학습 리스트」에서 찾아 언제든지 공부할 수 있다.

국내에서도 대기업을 중심으로 사이버 교육이 본격화되고 있다. 사이버 교육 시스템은 물론 콘텐츠 개발도 활발하다.

삼성은 「사이버 유니버시티」를 운영 중이다. 이 대학의 온라인 교육 과정은 115개에 달한다. 2001년 말까지 6만 명의 직원이 이 대학에서 교육을 받았다. 삼성 SDS 「멀티 캠퍼스(Multi Campus)」에서도 32개 전문 과정을 운영하고 있다. 현대도 금융과 유통 계열사들을 대상으로 마케팅과 회계 등의 사이버 강좌를 개설해 교육을 실시하고 있다. 현대 정보기술에선 자체적으로 사이버 교육 센터를 통해 현재 15개 과목, 37개 과정을 운영 중이다. 기업들의 사이버 교육은 기존의 집합 교육을 보완하면서 효율성을 높일 뿐 아니라 새로운 자율학습 과정을 창출해내고 있다. 교육비용도 크게 절감된다.

교육의 기회가 넓어지면서 일하며 배우려는 직장인들도 크게 늘어나고 있다. 공부를 시작하는 동기는 다양하다. 학위를 받으려는 사람도 있고 자기 개발을 통해 삶의 지평을 넓히려는 이들도 있다. 단순히 호기심을 채우기 위한 것일 수도 있고 경쟁 사회에서 살아남기 위한 지식을 얻으려는 경우도 있다.

버지니아 주에 본부를 두고 있는 미국 교육개발협회는 미국 근로자의 75%가 몇 년 내에 재교육의 필요성을 절감하게 될 것이란 진단을 내리고 있다. 멀티미디어 콘텐츠가 충실해질수록 「평생 사이버 교육」도 열기를 더해갈 전망이다.

영국 정부의 연구진들이 작성한 「하이 다운」의 시범사업 결과보고서에 따르면, 사이버 방식의 수업에는 6가지의 중요한 이점들이 있다고 한다. 과목별 학습 능력 향상, PC와 인터넷을 학습 도구로 사용하는 「네트워크」 활용 기술 향상, 직업 훈련의 효율성 향상, 학습 태도의 향상 및 학습동기 고취, 독자적인 학습 및 연구기술 배양, 사회성 함양 등을 들고 있다.

11. 다양한 학습 방법의 제공

현재 개인의 학습 유형을 설명하는 약 50여 개의 서로 다른 주요 이론들이 제기되어 있다. 하지만 대부분의 이론들이 분류해놓은 유형은 거의 비슷하다. 간단히 말해서 어떤 사람은 읽기를 통해서, 어떤 사람은 듣기를 통해서, 어떤 이들은 다른 사람들이 하는 것을 보고서, 또 다른 이들은 직접 해보면서 더 잘 배운다는 것이다.

우리들 대부분은 이 모두가 조금씩 조합된 방식으로 뭔가를 배워왔고 또 배우고 있다. 그리고 모든 사람들은 각기 다른 수준의 소질과 개성과 경험을 지니고 있어, 개인의 학습 의욕 또한 갖가지 요인에 따라 달라진다. 학습 의욕이 높은 학생은 어려운 읽기 교재를 통해서도 잘 배울 수 있지만, 학습 의욕이 부족한 학생에게는 비디오와 같은 보충 교재가 필요하다.

새로운 소프트웨어는 학습 유형이나 속도에 관계없이 학생의 학습을 도와주고 있다. 소프트웨어는 다양한 형태로 자료를 제시하기 때문에 인쇄된 자료보다 훨씬 쉽게 개개인의 특성에 맞출 수가 있다.

PC는 전통적인 교육 방식(교사가 교단에서 책을 읽으면서 가르치던 방식)을, 모든 학생들의 본능적인 호기심을 유발시켜 자발적으로 수업에 참여시키는 새로운 방식으로 전환시켜준다. PC는 학생들에게 자기의 능력에 맞는 정보를 찾고, 교과서 외에도 비디오와 오디오를 통해 배우며, 실험을 계획하고, 친구들과 협력할 수 있도록 해준다.

흔히들 혁신적이라고 표현하는 이런 자발적인 문제해결 방식은 사실 전혀 새로운 것이 아니다. 1899년 이미 미국의 교육 철학자 존 듀이(John Dewey)와 여러 교육 개혁가들은 주입식 교육에서 경험 교육으로 바꿀 것을 제안한 바 있다. 물론 학생들에게 다양한 경험을 제공할 물리적인 설비를 갖추는 일은 지금도 쉽지 않은 일이다. 그러나 인터넷 네트워크로 연결된 컴퓨터상의 사이버 체험 세계로 학생들을 인도할 수 있는 길은 활짝 열려 있다.

PC에 구축된 웹을 통해, 학생들은 자신과 같은 주제를 탐색하는 다른 사람을 발견하게 되고, 때로는 특정 주제에 대해 수업 시간보다 더 흥미롭고 유익한 접근법도 발견하게 된다.

모든 중요한 주제를 다룬 훌륭한 강의들이 인터넷상에 넘쳐날 것이다. 학교에서는 그것들을 핵심 강의자료로 활용해 주제별로 연구 그룹과 토론 그룹을 만들 수도 있다. 이러한 강의 방식에 대한 활용 정도는 학교마다 달라지겠지만, 교육 현장에 있는 교사들은 핵심 강의를 되풀이하는 작금의 교수법에서 벗어나 좀더 심층적인 내용의 자료와 학생들 개개인의 특성에 맞는 교수법을 자유롭게 개발하게 될 것이다.

일단 인터넷에서 아이디어를 공유하는 교사들이 대폭 늘어나고, 학생들의 PC 활용이 갈수록 높아지게 되면, 교과서 업계는 교재의 내용을 전자적으로 전달하는 것에 초점을 맞춘 근본적인 전환을 겪게 될 것이다. 비용이 저렴한 전자 교과서는 재정난에 허덕이는 학교들로 하여금 교과서 인쇄에 쏟아 붓던 예산을 다른 용도로 쓸 수 있게 해줄 것이다.

1999년 한 해 동안 미국의 초등학교들은 교과서 관련 인쇄물 구입비로 30억 달러를 지출했고, 대학들도 27억 달러를 사용했다. 그러나 평범한 시디 한 장이면 1년 간 학생에게 필요한 모든 읽기 자료를 담을 수 있고, 온라인 접속을 통해 심도 있는 보충 자료들을 제공받을 수도 있다.

PC와 인터넷은 교육 환경의 근본적 변화를 일으킨다. 모든 지역과 학생들에게 지금까지 최고의 교육 여건을 갖춘 학교의 학생들도 이용할 수 없었던 정보를 제공하며, 최고의 학습 환경에서도 이룰 수 없었던 협력의 기회를 제공해준다는 것이다.

교육자들은 이러한 정보와 협력을 이용해 지역 사회 발전에 이바지하게 될 것이다. PC를 새로운 교수 및 학습의 도구로 받아들이는 교육자들이야말로 변화를 이끌어갈 선구자가 될 것이다.

3

사이버 교육/사이버 대학 개요

1. 사이버 교육/사이버 대학의 용어 정립

사이버 공간이란 말은 세계 각국에서 오랫동안 원격교육, 가상교육, 평생교육, 개방교육, 직업교육 등으로 불려왔으며 지금도 그대로 사용하고 있다. 하지만 정보기술의 발달과 인터넷의 보급이 확산됨에 따라 디지털 교육, 인터넷 교육, 온라인 교육, 사이버 교육 등 여러 가지로 표현하고 있다. 이러한 용어들이 시사하는 뜻이 약간씩 차이가 있지만, 이 책에서는 사이버 교육으로 통일해서 사용하고자 한다.

사이버 교육은 컴퓨터를 비롯한 정보통신 기술의 발전으로 인터넷 같은 통신망을 활용한 사이버 공간에서 교수와 학생을 연결해 이루어지는 교육을 말한다.

따라서 원격 대학, 가상 대학, 개방 대학, 디지털 대학, 인터넷 대학, 온라인 대학, 사이버 대학, 온라인 대학 등도 사이버 대학으로 통일할 수 있겠다.

2. 새로운 교육 패러다임

1) 교육 환경의 변화

컴퓨터와 커뮤니케이션으로 대변되는 첨단 정보통신 공학의 눈부신 발전은 실제로 우리 생활에 커다란 변화를 가져오고 있다. 컴퓨터의 정보처리 능력 강화 및 처리 용량의 대량화와 신속화, 정보통신 기기들의 디지털 정보 송·수신, 인터넷 같은 국제 정보망을 활용한 정보 교류의 활성화, 다양한 매체들의 통합화와 다기능화 등은 정치·경제적으로 세계화 및 개방화를 가속화시키고 있으며, 사회·문화적으로도 열린 사회, 평생학습 사회, 세계 문화의 창출 등 기존과는 전혀 다른 새로운 형태로의 변화 가능성을 제시하고 있다.

정보통신 공학으로 인한 변화는 교육 환경에서도 예외 없이 나타나고 있다. 첨단 정보공학 사회에서의 학교 교육은 교과서와 칠판 중심의 수업 방식에서 각종 첨단매체 기술을 이용한 융통성 있는 학습 방식으로 나아가고 있다. 더 나아가 정보통신 기술과 방송 기술의 발전을 좀더 적극적으로 교육 환경에 활용한 사이버 공간 속의 사이버 교육 체제의 도입까지 시도하고 있다.

컴퓨터와 텔레커뮤니케이션 같은 첨단 정보통신 기술의 발달로 지구촌이 하나의 네트워크로 연결되고 있으며, 다양한 형태의 사이버 교육을 통해 사이버 공간에서 온라인 멀티미디어를 활용해 학습자가 원하는 시간과 원하는 장소에서 필요한 지식과 기술을 즉각적으로 학습하는 것이 가능해졌다. 그 결과 시간과 장소의 제약에서 벗어나 세계 어느 곳에서나 자신이 원하는 교육 프로그램을 자유롭게 학습할 수 있게 될 것으로 기대되고 있다.

정보사회의 새로운 교육 환경에 대비하기 위해 현재 정보통신 기술이 발달한 선진국들을 중심으로 사이버 교육 체제에 대한 연구가 활발히 전개되고 있다. 우리나라에서도 근래에 들어 각급 학교별·기관별로 정보통신 기술을 교육에 활용하려는 노력이 전국적으로 이루어지고 있다.

특히 고등교육 부문에서 일반 대학, 사이버 대학, 각종 연구소, 기업 등이 중심이 되어, 사이버 공간에서 수업을 진행하거나, 수강 등록, 수업, 강의자료 제공, 동료들과의 집단 토론, 학점 관리, 학적 관리 등 교육에 관련된 모든 활동을 처리하는 사이버 교육 체제를 구축하고 있다. 아울러 성인 대상의 각종 연수에서도 사이버 교육 방식이 도입되고 있으며, 초·중등 교육에 사이버 교육을 접목시킬 수 있는 방안들이 모색되고 있다.

2) 교육 패러다임의 변화

「패러다임」이란 상호 연관된 주요한 사상과 관행이 자명한 것으로 받아들여지는 총괄적 사고 체계라고 정의된다. 교육에 대한 기존 패러다임에서는 교육을 학교와 교실에서 이루어지는 체계화된 일련의 과정으로 이해했다. 학교와 교실에는 지식의 전달자로서의 교수가 존재하며, 이 때 칠판이나 시청각 자료 등의 테크놀러지는 교수를 위한 보조 도구로 이용되었던 것이다. 교육에 대한 이러한 생각들은 쉽게 변하지 않을 세계관으로 확립되어 있었기 때문에 산업 사회의 교육 패러다임이라고 말할 수 있다.

정보사회가 도래하면서 다양한 영역에서 새로운 교육 패러다임에 대한 논의가 진행되어 왔다(〈표 3-1〉 참고). 이제 교육은 언제, 어디서나, 누구에게나 이루어질 수 있는 활동으로 이해된다. 학교와 교실의 경계를 뛰어넘어 지식 구성의 조력자로서 교수가 존재하며, 발전된 정보통신 테크놀러지는 단순한 보조 도구에서 교육 제도, 체제, 철학과 이념까지 변화시킬 수 있는 것으로 인식된다. 정보사회에서의 학습자

〈표 3-1〉 교육 패러다임의 변화

구분	〈기존의 교육 패러다임〉	〈새로운 교육 패러다임〉
비전	알고 있는 교수와 모르는 학생	상호 작용하는 교수 · 학생 간의 개방적 변형
경영원리	제조업의 경영 원리 - 단선적 · 노동 문화 - 소품종 · 대량 생산 - 표준화 - 조직 · 집단 중시	서비스업의 경영 원리 - 복선적 · 전체적 접근 - 다품종 · 소량 생산 - 과정 속에서 변화 - 개인 활동 중시
인식론	실증주의 기술적 합리성	인식론적 다원론 인간주의저 합리성
교육 체제	주어진 시간과 장소 기반 형식 교육기관 기반 교육 기회 접근의 제약	시간과 장소의 제약 탈피 형식, 비형식 교육 존중 교육 기회 접근의 장애 제거
교육 목적	이미 결정된 목표 달성	대화 · 탐구 · 개발에 의한 변화 강조
교육 방법	폐쇄적 · 일방적 맞대면 교육	개방적 · 상호작용적 사이버 교육
학습자관	우등생 · 열등생이 존재	다양한 기준으로 학생 개별특성 인정

중심 교육 패러다임의 주요한 특성은 다음과 같다.

(1) 평생 배워야 하는 시대로

21세기의 정보사회, 첨단 정보통신 공학 사회에서는 기존의 강의 중심의 교육, 교사 중심의 교육, 암기 및 회상 위주의 교육, 수동적인 지식 습득의 교육과는 다른 새로운 교육 패러다임을 요구하고 있다.

발달된 첨단 정보통신 공학은 이제 교육의 대상, 교육 시간 및 장소, 교육의 방법 등에 일대 혁신을 가져오고 있다. 우선 예전의 학교 교육에서 학습은 성인으로서 인생을 준비하는 청소년기에만 수행하면 되는 것으로 인식되었다. 그러나 정보의 양이 폭발적으로 증가하고 사회 체제의 구조조정이 가속화되면서, 지금은 대다수 국민들이 평생 동안 수행해야 할 업무라고 생각하게 되었다.

예컨대 앞으로 21세기에는 현재의 노동 인력 80% 이상이 재교육이나 새로운 능력에 대한 훈련을 받아야 하는 추세다. 따라서 이제 교육의 대상은 단지 학교 교육을 받는 학생에만 국한되지 않고 성인 모두에게 확대되고 있으며, 연령의 제한 없이 누구나 필요하면 자신이 원하는 교육을 받아야 하는 평생 학생, 평생교육의 시대가 온 것이다.

(2) 시공간의 제약을 벗어난 학습이 가능한 시대

학습자들이 배우는 시간과 장소의 개념도 변화하고 있다. 지금까지 학습자들은 늘 정해진 시간에 정해진 장소에 모여 교수로부터 수업을 받아왔다. 그러나 컴퓨터와 텔레커뮤니케이션의 발달로 이제는 가정, 사무실, 공장, 작업장, 상점, 호텔, 카페 등 학교 밖 어느 곳에서나 자신이 원하는 시간에 자신이 필요로 하는 정보를 획득할 수 있게 되었다.

(3) 능동적인 정보 탐색 활동이 중요

아울러 교육 방법도 변화하고 있다. 전통적으로 학교 교육은 교실에서 교수가 학생들과 마주 보고 강의하는 방식으로 수업이 진행되었으나, 신기술의 발달로 교수와 학습자가 같은 시간대에 같은 공간에 존재하지 않고도 교육자료를 통해 소통할 수 있는 사이버 교육 방법이 가능해진 것이다. 그리고 학습에 있어서도 수동적인 지식 수용자의 입장에서 벗어나 능동적인 정보 탐색자로서의 역할뿐 아니라, 또한 창의적 사고력과 문제 해결, 정보활용 능력 등도 강조되고 있다.

(4) 일하면서 지속적으로 배우는 사회

이 같이 첨단 정보통신 공학의 발달로 교육 체제에 대한 생각이 근본적으로 변화하고 평생교육의 중요성이 강조되고 있다. 이제는 사이버 공간에서 멀티미디어를 활용해 학습자가 편한 시간에 편한 장소에서 자신이 필요로 하는 지식과 기술을 즉각적으로 습득할 수 있는 교육 활동이 가능하게 되었다. 또한 기존에는 대학에 갈 수 없었던 사람들도, 직장에서 일을 하면서 가정이나 일터에서 지속적으로 공부해 학위를 취득할 수 있는 수요자 중심의 융통적인 교육 체제가 성립할 수 있게 된 것이다.

이에 따라 최근에 국내외에서 정보통신 공학에 기반을 둔 새로운 형태의 첨단 학교가 등장하는가 하면, 고등교육기관 중 전세계 학습자들을 대상으로 각종 코스를 개설·운영하는 사이버 대학이 설립되기도 하고, 통신망이나 위성 등을 활용한 교육 체제도 나타나고 있다. 첨단 정보통신 공학이 지속적으로 발전하고 어에 따라 교육 체제의 리스트럭처링(restrueturing)과 리엔지니어링(reengineering)이 증가하면 할수록, 새로운 평생학습을 현실화시킬 수 있는 형태의 교육 체제인 사이버 교육에 대한 관심과 논의 또한 더욱 가속화될 것이다.

3. 사이버 교육/사이버 대학의 개념

사이버교육의 발전 과정은 다음과 같은 3세대로 나누어 볼 수 있다. 1세대는 우편에 의한 통신 교육, 2세대는 방송 매체의 대중화가 이루어져 라디오나 TV 등을 통한 교육, 그리고 3세대는 인터넷과 같은 새로운 정보통신 기술의 뉴미디어에 의존한 교육으로 볼 수 있다. 최근의 사이버 교육은 이러한 3세대, 즉 초고속 통신망의 활용을 전제로 한 「초고속 통신망 교수 학습체제」를 의미한다. 현재 사이버 교육은 모든 종류의 교육 공학적 매체와 초고속 정보통신망을 사용함으로써 멀티미디어 접근 방식의 장점을 최대한 활용하고, 평생교육 이념을 실현하고자 하는 혁신적인 교육이라고 하겠다.

사이버 대학은 정보통신 기술, 멀티미디어 기술 및 관련 소프트웨어 기술 등을 이용해 형성된 사이버 공간을 주된 학습장으로 삼아 시간과 공간의 제약 없이 주로 맞대면(face to face) 교육을 통해 전문 대학 또는 대학 졸업자와 동등한 학력을 인정, 학위를 주는 고등교육 기능을 수행하는 평생교육 시설의 한 형태다.

따라서 사이버 대학의 범주에는 방송이나 인쇄 매체를 활용하는 기존 교육기관도 포함되지만, 주로 첨단 정보통신 기술 및 컴퓨터 통신망 기반의 사이버 교육을 주된 학습 방법으로 하는 교육 체제다.

1) 사이버 교육/사이버 대학의 다양한 정의

1986년 가상(virtual) 수업이라는 용어가 R. 힐츠(R. Hiltz)에 의해 처음 사용된 이후 90년대 중반 가상교육, 가상 대학이라는 용어가 보편적으로 사용되었다. 지금까지 여러 사람들에 의해 정의된 사이버 교육 또는 사이버 대학의 개념은 다음과 같다.

『사이버 대학이란 정보통신 기술을 이용한 가상의 공간 또는 사이버 공간에서 고등교육을 받을 수 있도록 구성된 새로운 교육체제다.』 여기서 사이버 대학은 기존 방송 등의 매체를 이용한 고등교육기관도 포함하는 개념이나, 특히 사이버 공간상에서의 사이버 교육을 강조하고 있다.

『사이버 교육이란 외형은 일반적인 교육과 다르지만, 일정한 교육과정을 이수하고, 학위를 받는 등 실질적으로는 기존 교육과 동일한 교육 체제를 의미한다.』 이 개념에 따르면 사이버 교육의 범주 속에 방송, 통신 교육, 인터넷을 활용한 교육, 학점 은행제에 따른 교육, 졸업 학력인정을 위한 시험제에 따른 교육, 독학에 의한 학위 취득제, 산업대학 및 기술대학의 교육, 시간제 학생 등록제를 이용한 교육 등이 모두 포함된다.

『넓은 뜻의 사이버 교육이란 위성, TV, 인터넷, CATV 등 제반 정보통신 기술을 기반으로 형성된 사이버 공간에서 이루어지는 교육을 적어도 일부분 이상 이용하는 교육 형태다. 좁은 뜻의 사이버 교육이란 위성, TV, 인터넷, CATV 등 제반 정보통신 기술을 기반으로 형성된 사이버 공간에서만 이루어지는 교육이다.』 이 정의에서 보면 사이버 교육에는 반드시 사이버 공간상의 활동이 전제되고 있다.

2) 사이버 교육/사이버 대학 분류 기준

대학에서 행하는 주요 교육 활동들과 상호작용 및 교육 전달수단에 따라 다양한 사이버 대학의 모델들을 다음 〈표 3-2〉와 같은 기준을 이용해 분류해볼 수 있을 것이다.

모든 유형의 사이버 대학에서 가장 핵심적인 교육 활동인 교수-학습 활동은 맞대면이 아닌, 매체를 매개로 이루어진다고 하겠다. 그러나 가르치고 배우는 교수-학습 이외의 활동들, 즉 학사행정, 상담이나 도서관 지원 등의 학습지원, 학생들의 동아리 등의 학생 생활 등은 사이버 대학이라고 할지라도 맞대면으로 이루어질 수 있을 것이다.

예를 들어 A 유형의 사이버 대학은, 수업(교수-학습)은 인쇄 교재를 통해 자율학습의 형태로 진행하고, 수강 신청 등 학사행정은 학생들이 직접 학교나 지역 학습관에 와서 맞대면하는 방식으로 진행된다. 학습 상담 등 학습지원 활동도 지도 교수와의 맞대면 방식을 이용하도록 하면서, 학생들 간의 자유로운 만남이나 소집단 활동 역시 맞대면으로 이루어지도록 하는 형태다.

반면 대중 매체에 기반을 둔 B 유형의 사이버 대학은 라디오와 TV 등 방송 매체를 이용해 수업을 진행하면서, 학사행정은 컴퓨터 네트워크를 이용한 온라인 처리가 가능하도록 하며, 학습상담이나 도서 대출은 지도교수의 도움을 받도록 하고, 소집단 학생 활동은 온라인 게시판이나 동호회를 통해 이루어지도록 하는 형태다.

C 유형의 사이버 대학은 교수-학습 활동은 물론, 학사행정, 학습지원, 학생 생활 등의 활동이 대부분 컴퓨터 네트워크를 매개로 이루어지는 형태로 좁은 뜻의 사이버 대학 유형이라고 할 수 있다. 이 같은 3

교육활동	맞대면	우편/인쇄교재	전화/팩스	방송매체	컴퓨터네트워크
					〈표 3-2〉 사이버 대학 모델 분류기준

〈표 3-2〉 사이버 대학 모델 분류기준

교육활동	맞대면	우편/인쇄교재	전화/팩스	방송매체	컴퓨터네트워크
학사행정	(X)	X	X	─	[X]〈X〉
교수–학습	─	(X)	─	X[X]	〈X〉
학습지원	(X)[X]	X	X	X	〈X〉
학교생활	(X)	─	─	X	[X]〈X〉

*(X):A형 [X]:B형 〈X〉:C형 X:다른 형

가지 유형 외에도 위의 분류표를 이용한 다양한 사이버 대학 모델이
있다.

　이 책에서는 이미 정의된 사이버 대학의 개념들과 위의 분류 기준을
이용해 사이버 대학의 개념을 좁은 뜻과 넓은 뜻으로 정의하면서, 두
개념을 적절히 활용하고자 한다. 좁은 뜻의 가상 대학이라는 용어는
1986년 힐츠가 「토론, 강의, 시험 등 교실에서 이루어지는 커뮤니케이
션 과정을 전자화」하기 위해 컴퓨터 네트워크를 사용하는 형태로서의
「가상 수업」이라는 뜻으로 처음 사용했다. 즉 가상 대학은 「컴퓨터 네
트워크를 기반으로 물리적인 공간이 아닌 전자화된 가상의 사이버 공
간에서 같은 시간대, 또는 시간을 초월한 교육 활동이 일어나는 고등
교육기관」으로 정의할 수 있다.

　그러나 사이버 대학이 정보통신 공학의 발전 과정 속에서 구체화되
어온 개념이고, 결국은 각종 교육 서비스가 교수와 학습자가 직접 만
나지 않고 커뮤니케이션 수단을 통해 제공된다고 한다면, 넓은 뜻의
사이버 대학은 「교수와 학습자가 직접 만나지 않은 상태에서 정보통신
매체를 매개로 주요 교육 활동이 일어나는 고등교육기관」이라고 정의
할 수 있을 것이다. 여기서 정보통신 매체는 컴퓨터 네트워크 등 전자

매체뿐만 아니라 우편, 인쇄 교재, 방송 매체 등 기존의 원격교육 매체까지를 포함하는 것이며, 따라서 넓은 뜻의 사이버 대학에는 통신 대학이나 방송대학 등 기존의 원격교육 대학까지를 포함하는 개념이 된다.

사이버 교육을 넓은 뜻으로 정의하여 「교수와 학습자가 직접 만나지 않은 상태에서 정보통신 매체를 통해 주요 교육 활동이 일어나는 형태」라고 할 때, 사이버 교육의 모델은 다양할 수 있다. 예를 들어 한 사이버 교육기관은 대부분의 교육 활동을 인터넷을 통해 할 수 있다. 또 다른 사이버 교육기관은 수업은 방송 매체를 통해 진행하면서, 학사 업무나 학생 지원 서비스는 인터넷을 통해 할 수 있다. 또 맞대면으로 학사 업무나 학습지원을 하면서 수업은 인쇄 교재와 지도 교수 제도를 이용하는 방식도 사이버 교육의 한 유형이라 할 수 있다.

4. 사이버 교육의 발전 과정

통신기술이나 통신 체제에 기초한 교육 형태의 발달은 크게 세 시기로 나누어볼 수 있다. 제1기는 우편 제도를 이용한 통신 교육(Correspondence Education)의 시대이고, 제2기는 방송을 중심으로 한 대중 매체를 이용한 원격교육(Distance Education)의 시대이며, 제3기는 발달된 정보통신 기술을 도입한 사이버 교육의 시대라고 할 수 있을 것이다. 넓은 뜻의 사이버 교육은 이 세 시기의 교육 형태를 모두 포함하나, 좁은 뜻의 사이버 교육은 이 시기들을 거치면서 그 개념적 특성들이 구체화되었다고 할 수 있다.

1) 우편 제도에 기반을 둔 통신 교육

서신을 이용한 통신 교육은 멀리 플라톤(Platon)이 디오니시오스 (Dionisos) 왕에게 편지를 보내어 가르친 기록에서 찾아볼 수 있고, 동양의 경우에도 중국 학자들 사이에서 벌어진 서신을 통한 논쟁 기록 등에서 찾을 수 있다. 하지만 본격적인 통신 교육은 18세기 초 미국 보스턴의 C. 필립스(C. Philips)가 시작한 속기 교육 이후에 시작되었다고 볼 수 있다. 이 때의 속기 교육은 1주일을 단위로 하여 교육 내용을 우편으로 배달한 후 공부한 내용을 다시 받아 피드백 해주는 형태로 진행되었다. 이와 유사한 형태의 비조직적이고 개인적인 차원의 통신 교육이 스웨덴과 영국, 미국 등에서 발달했다.

좀더 조직적인 통신 교육은 19세기 중엽 독일에서 시작한 어학 통신 교육 강좌에서 시작해 스웨덴, 영국, 미국 등으로 발달했다. 이 때는 통신 교육만을 본격적으로 제공한 기관에서부터 기존 대학의 확장 프로그램으로 통신 교육을 제공한 형태까지로 다양화되면서 교통의 발달과 교육 기회 확대라는 사회적 변화와 더불어 더욱 조직화되고 제도화되어갔다. 20세기 초 제1차 세계 대전을 전후로 호주, 미국, 캐나다, 프랑스 등에서는 통신 교육이 전통적인 수업 위주의 공교육을 대신하는 형태로 활용되었다.

통신 교육의 특성은 우편 제도와 인쇄 교재를 이용해 실용적인 기술 교육이나 어학 등을 교육 내용으로 한 성인 중심의 보완 교육 형태로 시작되었다가, 그 후 여러 가지 이유로 공교육기관에서 학습할 수 없는 아동을 대상으로 교육을 제공하는 형태로 발전했다는 점이다. 즉 이 시기의 통신 교육은 성인을 대상으로 교육 서비스의 영역을 확대해 교육 기회를 많은 사람들에게 개방했으며, 공교육의 혜택을 받을 수 없는 아동을 대상으로 공교육의 기회를 확대했다는 점에서 의의를 찾을 수 있다.

2) 대중 전파 매체에 기반을 둔 사이버 교육

대중 매체의 발전은 통신 교육이 좀더 많은 사람들을 대상으로 하는 본격적인 사이버 교육으로 성장하는 계기가 되었다. 우편 통신 제도가 값싸고 이용이 편한 대신, 느리고 개별적인 정보전달의 특성을 가지고 있기 때문에 그 이용이 한정된 반면, 라디오나 텔레비전 등의 대중 매체는 대량의 정보를 다수 학생들에게 전달할 수 있다는 특성을 가지고 있었다. 아울러 전화의 출현으로 대중 매체의 일반성을 보완하는 기술도 갖추어지게 되었다. 따라서 이 시대의 사이버 교육은 우편을 이용한 인쇄 교재는 물론, 라디오와 텔레비전 등의 전파매체, 전화 등을 복합적으로 사용해 각 매체의 장점을 살리고 단점을 보완하고자 했다.

대중 매체가 교육의 수단으로 사용되기 시작한 것은 라디오의 경우 1920년 이후, 텔레비전의 경우 1937년 이후지만, 본격적으로 원격교육에 이용된 것은 1960년 이후다. 특히 1969년 영국 개방대학교의 설립은 대중 매체를 이용한 원격 고등교육의 발전을 가지고 와서 세계 각 나라가 방송 학교, 개방 학습 센터, 방송 대학, 개방 대학 등의 이름으로 원격교육기관을 설립하게 되었다.

한 예로 영국 개방 대학교의 경우 라디오는 1970년대 인쇄 교재를 보완하는 청각 매체로 도입되기 시작했고, 그 후 오디오·카세트의 발전으로 학습에 적극적으로 활용되었다. 텔레비전의 경우에는 BBC 방송국과 협조해서 개방 대학의 또 하나의 교육 매체로 개발했는데 영상을 제공하는 매체로 비디오와 함께 보완적인 원격교육 교재로 활용되었다.

영국 개방 대학과 같이 인쇄 교재, 방송, 시청각 교재의 복합적인 매체의 활용 형태는 원격교육기관의 전형적인 모습이 되었으나 일본 방송 대학교 등과 같이 주 교육 매체로 방송을 이용하는 기관도 적지 않다.

미국의 NTU(the National Technology University)는 위성방송을 주 매체로 이용해 전세계 기업에 종사하는 공학 분야 인력들에게 석사이상의 과정을 제공하고 있다. 지상파 방송이나 위성방송 매체는 많은 사람들에게 대량의 정보를 신속하게 공간을 초월해서 동시에 전달할 수 있다는 장점을 가지고 있어서, 오디오와 비디오의 발전과 함께 사이버 교육의 다양성과 교육 방법의 개선을 가져왔다고 평가된다. 그러나 사이버 교육에서 대중 매체가 가진 일방적 정보전달의 기능은 또 다른 테크놀러지를 통해 극복될 필요성을 보여주었다.

방송 매체가 불특정 다수를 대상으로 각종 교육 내용을 전달할 수 있도록 해주었기 때문에 이 시기의 사이버 교육은 더욱 많은 사람들에게 교육의 기회를 확대시켜주었으며, 특히 우편물을 통한 사이버 교육에 대체될 수 있는 생생한 교육 프로그램을 제공함으로써 교육방법의 다양화를 가져다 주었다고 평가된다. 아울러 대중 매체를 이용한 사이버 교육은 평생교육 프로그램이나 비학위 과정이 보다 대중화되는 데 기여했다. 대중 매체에 기반을 둔 사이버 교육기관은 많은 나라에서 정부 차원의 지원을 받아 발전했으며, 정보통신 공학이 발전함에 따라 방송 매체와 함께 상호 작용이 가능한 컴퓨터 통신망, 비디오나 오디오 컨퍼런싱(conferencing) 등의 첨단 매체를 함께 도입해 활용하고 있다.

3) 정보통신 기술에 기반을 둔 사이버 교육의 발전

컴퓨터와 원격 통신망을 중심으로 한 정보통신 기술의 발전은 인쇄 교재와 대중 매체를 사용해온 사이버 교육의 방법과 역량을 보완, 확대하는 데 크게 기여했다. 교육이 상호 작용을 통해 좀더 효과적으로 이루어진다고 할 때 사이버 교육에서 부족한 맞대면의 상호 작용을 보완할 수 있는 체제가 필요했으며, 정보통신 기술로 극복될 수 있는 가능성을 보여주었다. 사이버 교육에서 상호 작용을 실현할 수 있도록 한 테크놀러지는 뉴미디어로 지칭되는데 여기에는, 정보통신 기술의 산물인 컴퓨터, 컴퓨터 매개 통신, 쌍방향 CATV, 통신 위성, 각종 컨퍼런싱 체제 등이 포함된다.

1986년 힐츠가 「가상 수업」이라는 단어를 처음 만들어낸 이후 물리적인 공간이 아닌 사이버의 공간에서 같은 시간대 혹은 시간을 초월해 교육이 이루어지는 형태에 대한 관심이 증대했다. 우리가 지칭하는 사이버 수업이란, 배우고 가르치기 위해 둘 이상의 사람들이 원격에 모여 있는 것을 의미한다.

사이버 수업은 기존의 교실에서 일어나는 수업의 진행과 효과에 대한 새로운 패러다임을 요구했다. 사이버 수업에서 비롯된 새로운 사이버 교육에 대한 관심은 사이버 학습, 사이버 학교, 사이버 대학 등 교육 체제의 변화 요구로 연결되었다. 특히 인터넷 등 컴퓨터를 매개로 한 통신 체제가 발달해 대용량의 멀티미디어 정보를 신속하고 정확하게 주고받을 수 있으며, 시공간을 초월한 쌍방향 의사소통의 길이 뉴미디어를 통하여 가능해지면서 사이버 학습 환경의 구성이 현실화되었다.

이 과정에서 사이버 학교나 사이버 대학은 기존 교육 체제에 단순히 컴퓨터와 통신기술을 적용시킨 교육 체제의 사이버 형태가 아니라 새로운 교육의 패러다임을 가진 대안적 교육 형태라는 생각으로 발전되기 시작했다. 현재와 전혀 다른 복잡한 체제의 발전은 그것에 관련된 사람들이 지금까지와는 다른 장기적인 전망을 가져야 한다는 것을 의미한다. 새로운 체제로서 사이버 대학을 포함한 사이버학습 환경을 연구하는 사람들도 전망이 필요하다는 것을 인식하고 이를 정교화하기 위해 노력하고 있다.

사이버 대학은 첨단 컴퓨터와 통신망의 발달, 하드웨어와 인간과의 인터페이스(interface) 기술의 발달, 나아가 사이버 현실의 기술적 발달을 전제로 하고 있다. 사이버 대학에서 학생은 원격 통신을 이용해 세계 어디에서든 수업을 받을 수 있다. 공간적 제약의 탈피가 바로 미래 사이버 수업의 핵심이다. 교육은 국가적 서비스이면서 동시에 국제적 서비스의 성격을 지니게 될 것이다. 단지 비슷한 지역 내에 산다는 이유로 여러 사람이 같은 수업에 참여할 필요는 없을 것이다. 대신에 지구 반대편에 살고 있다고 할지라도 공통의 관심사를 가지는 사람들은 함께 모여 수업을 받을 수 있을 것이다.

24시간 개방되어 있는 사이버 대학은 공간적 제약으로부터 교육을 자유롭게 하는 것 외에도, 시간적 제한도 벗어나게 할 것이다. 이상적인 교육은 각 개인이 저마다의 속도에 맞춰 학습하는 것이다. 사이버 대학을 구성하는 사이버 학습 환경은 이러한 교육의 이상에 다가서는 개념이다. 읽고 운동하고 개인 과제를 하고 데이터베이스에 접근하는 등의 학습 행위는 학생마다 서로 다른 시간에 비동시적으로 일어나기 때문에 정해진 시간 동안만 열려 있는 학교에 의존할 필요를 없애준다. 사이버 대학에서는 학생이나 교수가 학습을 위해 물리적 위치로 이동할 필요가 없기 때문에 융통성 없이 정해진 시간에 수업을 받는 일도 줄어들 것이다. 학생과 교수는 자신의 계획에 따라 시간을 탄력적으로 사용할 수 있다. 교수는 하나의 사이버 대학에 소속될 필요가 없으며, 학생과 마찬가지로 전세계에 분포해 있을 수 있다.

사이버 대학의 수준이 높아지고 있는 현재도 인터넷 등 컴퓨터 통신을 중심으로 사이버 수업들이 부분적으로 실현되고 있다. 인터넷을 통해 사람들은 상호 공통 관심사로 연결되어 있고, 많은 국가에 산재한 다양한 정보를 가지고 있는 도서관에 접근할 수 있으며, 지구 반대편에 있을지라도 함께 사이버 공간에 모여 책을 쓸 수 있다.

현재 우리는 사이버 대학과 관련해 다양한 가능성을 시험하고 있지만, 너무 빨리 변하고 있기 때문에 기존 학교에서 규모를 파악하는 방식으로는 사이버 학습 환경 전체에 대해 어느 누구도 예측할 수 없다. 국제적인 네트워크로 연결된 교육 체제의 이점을 이용해 많은 사이버 교육 프로그램들이 전세계에서 산발적으로 발달하면서, 공통의 관심사를 가진 사람들과 함께 수업하면서 미래의 가능성을 시험하고 있는 것이다.

사이버 교육이 실행되면서 기술적 인프라의 부족, 교육 효과를 측정하는 기준의 부재, 이에 따른 사이버 교육의 질적 문제, 인간과 인간의 직접 상호 작용에 대한 어려움, 학습자의 학습 활동을 확인하는 어려움 등 많은 문제가 제기되고 있다. 또한 누구나 자신이 원하는 시간에 원하는 내용을 편리한 장소에서 공부할 수 있도록 한다는 개방적 사이버 교육의 이념과는 달리 여러 기술적, 문화적, 제도적 제약 등으로 기존 교육기관의 틀을 답습한 폐쇄적 사이버 교육이 실행되고 있다. 시공간의 제약을 뛰어넘고, 학습자의 필요와 요구, 학습 스타일을 존중하는 새로운 사이버 교육의 실현을 위해 교육에 대한 우리의 인식의 변화와 제도적 개혁, 그리고 현재 컴퓨터 통신기술의 발전 등이 요구된다.

5. 사이버 대학의 성격, 설립 목적, 그리고 필요성

우리나라의 사이버 교육·대학에 관해 논의해보자.

사이버 대학은 평생교육 시설로서의 성격을 가진다. 즉 고등교육법 체제에 따른 정규 대학이 아니라, 평생교육법(제22조)에 따라 평생교육을 주목적으로 누구나, 언제, 어디서나 교육을 받을 수 있는 열린 교육 사회, 평생 학습 사회 건설에 기여하기 위한 평생교육 시설이다.

또한 법령과 학칙이 정하는 과정을 이수할 경우 전문 대학 또는 대학 졸업자와 동등한 학력과 학위가 인정되는 고등교육기관의 성격을 지니고 있다.

사이버 대학은 고등교육을 실현하며, 교육 서비스 범위의 확대와 교육 수요자의 요구에 부합하는 다양한 교육 서비스를 제공한다. 또한 첨단 기술 기반의 다양한 교육 기법을 통한 고품질의 교육 서비스를 제공하고 기존 대학교육의 한계를 보완해 고등교육의 사회적 비용 절감에 기여한다. 결과적으로 고급 전문인력 양성 및 재교육을 통한 국가 경쟁력 강화에 적극적으로 기여하고, 누구나, 언제, 어디서나 양질의 고등교육을 받을 수 있는 열린 교육사회와 평생 학습사회를 실현한다.

글로벌화가 급격하게 변화하는 환경 속에서, 고등교육의 환경도 역시 다양한 변화를 가져오게 되었다. 이제 대학은 평생교육기관에 관한 고등교육의 대중화, 교육 서비스의 향상, 개방교육의 시장을 통한 경쟁력의 획득, 대학들의 상아탑과 대형 종합 대학교의 붕괴, 대학 내 정보 수집의 중요성, 그리고 국내외 대학 및 교육기관, 산업체와의 협동 등을 배워야 할 것이다.

그러므로, 교육 환경의 급격한 변화를 적절하게 극복하기 위해 다양한 정보기술들, 즉 시간과 장소에 관계 없는 인터넷, e-메일, 시디롬, 네트워크, TV, 케이블 등을 활용한 사이버 대학의 운영이 필요하게 되었다.

정보와 통신기술을 활용한 인터넷은 사회, 경제, 그리고 교육 분야에 많은 변화를 가져왔다. 학자들이 예측하는 많은 변화 중에서, 특히 사이버 대학의 개발과 결과에 따른 변화는 많은 학자들의 주목을 받고 있다.

미국의 경우 사이버 대학이 이미 보편화되었으며, 13개 연방 정부 기구가 운영하고 있다. 다른 대학들(현재까지 약 500개 대학들이 개교되었다)은 정부와 시민의 도움으로 사이버 대학을 부분적으로 운영할 수 있게 되었다.

또 앞으로 단계적으로 확대해 나갈 계획을 세우고 있다. 사이버 대학은 미국의 선진 정보기술을 통해 고등교육을 향상시킬 뿐 아니라, 또한 교육 문화를 세계적으로 보급하는 데 목적이 있다. 예를 들면, 미국 UTRA 대학은 이미 중국과 인도네시아 지역에 교실 강의를 수출하고 있다.

현재 미국에서 실시하고 있는 사이버 대학의 영향으로, 한국의 대학들도 사이버 대학의 여러 가지 형태들을 채택하고 있다. 한국에서도 100개 이상의 대학들이 사이버 대학 운영을 위한 준비를 가속화하고 있다. 이 사이버 학습은 대학의 벽을 넘어서 산업 분야 또는 금융 기관의 다양한 교육 훈련 프로그램처럼 더 많은 분야에 널리 확대되고 있는 추세다.

6. 사이버 교육의 이론적 접근

과거 사이버 교육에 관한 문헌 자료를 살펴보면 사이버교육에 대한 이론적 연구 없이 실용적 가치만을 강조한 실증적 연구가 대부분인 것을 알 수 있다. 따라서 이 책은 사이버 교육에 대한 이론적 연구를 먼저 살펴보고자 한다.

1) 사이버 교육의 기술적 특징

사이버 교육에서 주로 활용되는 기술로는 인터넷, e-메일, 시디롬, VOD(Video On Demand), TV, 케이블 네트워크 등을 들 수 있다. 최근에는 인공 위성을 이용한 사이버 교육이 새롭게 주목을 받고 있다. 특히 이러한 기술을 통합해 운영할 수 있는 그룹웨어의 개발은 사이버 수업을 진행하는 데 있어 매우 중요한 기술이며 최근에 가장 주목 받고 있는 것은 인트라넷(Intranet)을 기반으로 한 그룹 웨어다.

현재의 재택 수업을 위한 인터넷 기반의 그룹웨어는 문서와 이미지의 통합적 운용을 주목적으로 하고 있으나, 초고속 통신망의 확대와 인공 위성 이용이 가능해지면서 앞으로 정보 보호를 위한 방화벽(Fire Wall)의 중요도가 매우 강조될 것으로 보인다. 또한 멀티미디어 정보의 실시간 쌍방향 처리에 대한 환경 구성이 중요한 요소로 부각되고, 교육지원 시스템(Computer Aided Instruction)이나 지능형 교육 시스템(Intelligent Tutoring System)과 같은 교육 전문 프로그램에 대한 수요가 증대될 것으로 기대된다.

2) 사이버 교육의 제이론

사이버 교육의 효과에 대한 이론은 크게 세 가지로 나누어볼 수 있다.

첫째는 자율성 및 독립성 이론(Theory of Autonomy and Independence)이다. 이 이론은 사이버 교육이란 학습자가 교육의 목표, 내용, 방법, 평가 등에 관해 자발적으로 계획하고 결정하고 참여하는 것을 허용한다는 것이다. 즉 교사와 동료와의 실제적인 접촉이 낮은 사이버 학습자에게는 상당한 정도의 지구력, 추진력, 자기 통제력 등이 필요한데 이러한 특성들은 학습자의 강한 독립성과 자율성을 요구하는 것과 연결되어 있다. 이와 같은 의미에서 사이버 교육의 바람직한 의의는 학습자의 학습 방법상의 자율성과 독립성을 최대한으로 허용하고 촉진시켜 나가는 데 있다. 인터넷과 같은 하이퍼 미디어(Hypermedia)를 이용한 사이버 수업은 자발적이고 계획적인 학습에 도움이 된다.

둘째는 상호작용 이론(Theory of Interaction)이다. 이 이론은 사이버 교육에서의 교사와 학생 간 또는 동료 집단 간의 대화를 중요시하는 이론이다. 즉 사이버 교육에서 교사와 학생 간 또는 동료 간의 대화가 중요한 데 이러한 대화는 다양한 매체를 통해서 실현한다는 것이다.

따라서 사이버 교육에 있어서 강의 자료는 설명, 지시 등이 가능한 대화체 형식으로 만들어져야 하며, 사이버 수업의 강의 자료도 대화형이 바람직하다. 관련된 실증 연구 자료를 살펴보면 전자 우편이나 전자게시판 같은 기능이 사이버 교육에 필수적이고 가장 효과적이었으며, 또한 인터넷을 이용한 사이버 교육이 교수와 학생 간의 대화를 증진시킨다.

마지막으로 산업화 이론(Theory of Industrialization)이다. 이 이론은 사이버 교육의 기본적 특성을 산업적·기업적 특성에서 찾으려는 입장으로 전통적인 교육 이론에 근거하여 사이버 교육의 효과를 분석하는 것은 성공적이지 못하고 비생산적이라는 데서 출발한다. 강의 형태는 두 가지 유형으로 나누어 볼 수 있는데 하나는 개별화된 의사소통에 기초한 전통적 맞대면 강의이고, 다른 하나는 체계적인 의사소통에 기초를 둔 산업화된 강의를 들 수 있다. 이러한 산업화 이론은 사고 방법과 태도, 절차의 합리화가 우선되어야 하고, 노동의 분업을 중시해 사이버 교육 제도의 개발과 프로그램 개발은 각 전문가의 공동 참여로, 대량 생산을 통해 학생들의 학습 기회를 균등하게 한다는 점을 중시한다.

사이버 교육은 산업화 이론의 실현에 아주 적절한 형태를 지니고 있다. 사이버 교육의 장점은 경제성, 시간 및 공간의 제약을 뛰어넘는 편리함, 산학 협동의 용이성, 다국적, 다문화의 쉬운 접목 등을 제시할 수 있다는 점이다.

또한 정보통신 기술의 교육 현장에서의 활용은 연구 활동을 강화시키거나 대학의 지식 전달(수업)이라는 고유 영역을 약화시킬 것이므로 향후 대학은 강의(Lecture)보다는 과외(Tutorial)에 좀더 많은 관심을 두어야 한다.

7. 교실 교육과 사이버 교육의 비교

많은 사람들이 과연 사이버 교육이 전통적인 교실 교육을 효과적으로 대체할 수 있을까 우려하고 있다. 분명히 전통적인 학습 환경을 인터넷상에서 그대로 재현하는 것은 매우 어려운 것이 사실이다. 사이버 공간에서의 접촉이 맞대면을 통한 접촉을 넘어서기는 어렵다. 이런 의미에서 지금 당장 교실 교육이 사라지지는 않을 것이다.

그러나 기술의 계속적인 발달은 맞대면 접촉자와 거의 비슷한 전달을 가능하게 할 것이다. e-메일이나 전자 토론 그룹은 이미 널리 쓰이고 있다. 현재 나와 있는 대부분의 온라인 코스 개발 소프트웨어는 채팅 기능을 내장하고 있다. 강의 내용을 단순한 문자가 아니라 교수의 음성이나 화상을 담아 전달하는 것도 가능하다.

물론 인터넷을 통한 화상자료의 공급은 기술적인 한계와 인프라의 부족으로 만족할 만한 수준은 아니다. 그러나 기술은 계속 발달하고 인프라도 확대될 것이다.

지금의 인터넷 기술로도 고화질의 동영상을 공급하는 것이 얼마든지 가능하다. 다만 접속 속도가 문제될 뿐이다. 광폭 대역 접촉(broad bandwidth access)이 일반화되면 굳이 값비싼 화상 회의 설비가 없더라도 쌍방향 동영상 통신이 얼마든지 가능하다. 게다가 앞으로 IMT2000과 같은 동영상 통신이 보편화되면 맞대면 접촉에 버금가는 쌍방향 커뮤니케이션이 가능해질 것이다.

나아가 정보통신 기술의 발달에 따라 사이버 교육은 전통 교육을 뛰어넘는 대안이 될 수 있다. 전통적인 교실에서는 교수가 주연, 조연, 엑스트라를 모두 맡고 있다. 쌍방향 교류가 이루어지지 않는 것은 아니지만 대개의 경우 학생은 교수의 말을 열심히 받아 적는 속기사의 역할만 하고 있다. 사이버 교육에서는 훨씬 더 풍요하고 다양한 콘텐츠를 제공해 전통적인 강의를 능가하는 다양한 교육 환경이 가능하다.

4

미국의 사이버 교육

1. 세계적 현상

　사이버 교육이 미래의 교육 훈련 체계에서 중요한 역할을 차지하게 될 것이며, 세계의 교육 문제를 해결하는 대안이 될 것이라는 점에 대해 많은 사람들이 동의하고 있다. 그러나 이러한 믿음의 지속적인 확산에도 불구하고 사이버 교육을 위한 재정 투자는 매우 열악한 상태다. 각국 정부는 사이버 교육에 대한 재정 지원보다는 사설 기관에게 전가하는 것으로 문제를 해결하고 있다. 앞으로 사이버 교육에서 시장 논리나 소비자 지향 논리가 좀더 우세해질 것이고, 이에 따라 조직과 구조 측면에서의 혁신이 중요한 관심사로 부각될 것으로 예측된다.

　현재 사이버 교육은 중심적인 교육 체제에 포함되어가고 있으며 미

래에는 대다수 교육기관의 중요한 프로그램 중의 하나로 보편화될 것
이다. 기술 공학의 발전은 교육 기회의 확대와 교육 방식에 대한 새로
운 패러다임을 제시하고 있으며 새로운 형태의 학습을 가능케 하고 있
다. 이러한 추세에 따라 상호 작용성이 좀더 강화된 정보통신 기술에
기초한 새로운 사이버 교육의 형태가 나타나고 있다.

이는 교육과 경제, 그리고 조직의 성격에 대한 변화를 합의하고 있
다는 점에서 중요한 의미를 갖는다. 이러한 정보 및 의사소통 기술이
발전함에 따라 국제화 경향도 뚜렷하게 나타나고 있다. 아직 여러 가
지 한계를 가지고 있기는 하지만, 지구촌 교실(Global Classroom)이라
는 개념이 이미 여러 연구와 계획에서 제시되고 있다. 지구촌 교실을 가
능하게 하는 사이버 교육은 미래에서 매우 중요한 요소가 될 것이다.

사이버 교육 방식을 통해 학습하는 사람들이 증가하고 있으며, 이러
한 증가는 세계 전지역의 공통적인 것으로 융통성 있는 교육 방식에 대
한 사회적 요구를 반영하고 있는 것이다. 그러나 이런 공통적인 특성에
도 불구하고 각 지역별로 상황에 따라 발전 현황과 추세가 조금씩 차이
가 있기에 각 지역별로 발전 현황과 동향을 살펴보는 것은 의미 있는
과제다. 그 중에서도 수준 높은 정보통신 기술을 바탕으로 활발히 사이
버 교육이 이루어지고 있는 미국의 최근 동향과 발전 현황을 알아보고
자 한다.

2. 미국 사이버 교육의 현황 및 특성

북미 지역의 사이버 교육 역사는 무려 100여 년 전으로 거슬러 올라

간다. 미국의 사이버 교육은 국가 교육 체제 속에서 확고한 위치를 차지하고 있다. 미국의 사이버 교육은 국가 단위로 사이버 교육을 발전시켜온 아시아 국가들과는 달리, 지역 단위의 다양한 모습으로 발전해왔다. 특히 지리적으로 여러 곳에 분포되어 있는 학생들에게 교육을 제공하는 수단으로써, 또는 학교 교육을 보완하고 아울러 성인들에게 필요한 직업 능력을 향상시키기 위한 것으로 사이버 교육은 교육 발전에 기여해왔다.

인쇄 교재는 물론 방송, 텔레컨퍼런싱, 컴퓨터 매체 통신 등을 다양하게 이용하고 있는 미국은 세계 어느 지역보다 발달된 첨단 매체를 이용하고 있다. 독립적인 사이버 교육기관을 설립하기보다는 기존의 대학과 지역의 개방 교육기관, 기업, 방송사, 각종 컨소시엄 등에서 사이버 교육을 제공하고 있다.

키칸은 1990년대 중반에 5가지 집단으로 사이버 교육기관을 분류한 모델을 제시했다.

집단은 공공 · 사설 통신 학교 및 전문 · 단과 대학이며, 두 번째 집단은 원격대학 또는 개방대학이며, 세 번째 집단은 대학의 확장 학부나 독립 학습 부서 형태이며, 네 번째 집단은 여러 조직들이 협력해 사이버 교육 체제를 이루는 컨소시엄 형태이며, 다섯 번째 집단은 오스트레일리아 뉴잉글랜드 대학교에서 시작된 사이버 교육 체제다.

미국의 사이버 교육기관은 키칸의 분류에 따르면 주로 세 번째 집단과 네 번째 집단 형태에 속한다.

세 번째 집단에 미국 대학의 학습 학부나 사이버 교육, 계속 교육 학부들이 포함되어 있으며, 여러 매체를 이용한 사이버 교육을 제공한다. 사이버 교육을 위한 교재나 학습지원 서비스는 소속 대학의 교수들이 직무 외의 일로 수행하는 경우가 많다. 대표적인 사례로는 미국의 켈리포니아 대학교, 네브래스카 링컨 대학교 등이 있다.

네 번째 집단에 속하는 미국 사이버 교육기관은 여러 대학들이나 대학 내 하위 조직들이나 학과들, 정부 관련기관들, 협력 산업체들, 각종 매체 제작 회사들이 협력해 사이버 교육을 제공한다. 대표적인 사례로는 미국 중부의 여러 대학들이 모여 사이버 교육을 제공하는 미국 중부 대학교(University of Mid America)나 미국 전역의 대학과 다른 나라 대학들이 협력해 공과 분야 사이버 교육을 제공하는 국가 기술 대학(National Technological University) 등이 있다. 컨소시엄 자체가 학위를 수여할 수 있는 사이버 교육기관이 되기도 하고 또는 개별 협력기관들에 등록한 학생들이 사이버 교육을 받기 위해 그 기관들의 협력체인 컨소시엄을 이용하기도 하는 다양한 형태로 운영되고 있다. 1990년대 중반 설립되기 시작한 미국의 서부 주지사 대학교 등도 이 유형에 속한다고 하겠다.

미국의 경우 1995년 전국 대학의 3분의 1 이상이 총 2만 5,000여 개 사이버 교육 프로그램을 운영했으며 75만 명 이상의 학습자가 참여했다. 초고속 정보통신망이 구축되면서 대부분의 대학들이 온라인 강좌를 제공하는 것으로 나타났다.

최근 인터넷 등이 발전하면서 미국에서는 새로운 형태의 사이버 교육기관, 즉 사이버 대학이나 사이버 캠퍼스 등이 나타났다. 서부 주지사 대학교, 아데나 온라인 대학교 등 새로운 사이버 대학과 피닉스 대학교의 온라인 캠퍼스 등이 유명하다.

새로운 기술의 출현은 미국 사이버 교육과 학습에 새로운 발전을 가져왔다. 인터넷과 같은 기술은 일방향(one way) 체제를 학생과 교사가 실시간에 雙방향(two-way) 상호 작용할 수 있는 방식으로 바꾸었으며, 전자 우편을 통해, 교과서 혹은 시험까지도 학습자들에게 전달할 수 있게 되었다.

기술의 발달에 따라 대학뿐만 아니라 직업 훈련 분야에서도 사이버 교육에 대한 수요가 늘어났다. 대표적인 예로는 The army's interactive teletraining network, The navy's video teletraining network, The air force's teleteach expanded delivery system 등이 있다.

미국 사이버 교육은 유럽의 사이버 교육과는 달리 초·중등 학교의 사이버 교육을 좀더 더 강조한다. K-12 학생들에 대한 사이버 교육의 강조는 스타 스쿨 프로젝트(Star School Project)가 대표적인 사례다. 스타 스쿨 프로그램은 텔레커뮤니케이션 기술을 사용해 수학, 과학, 외국어, 문학, 기술의 영역에서 개선된 교수를 제공하는 차원에서 시작되었다.

위성, 케이블, 마이크로 컴퓨터를 기반으로 한 실험실, 멀티미디어 네트워킹 기술 등을 포함하는 다양한 네트워크 기술은 미국 전역에 스타 스쿨 프로젝트에 참여하는 6,000여 개 학교에 프로그램을 전달하는 데 사용된다.

전형적인 스타 스쿨 프로젝트는 여러 주의 많은 학생들에게 위성으로 학습을 전달하며, 1995년 현재 7개의 위성을 보유하고 있다.

이러한 위성 교육 중 대표적인 것으로 로스엔젤레스 컨트리 오피스 오브 에듀케이션(Los Angeles Country Office of education)이다. 이것은 10여 개 주의 공공 텔레비전 방송과 교육기관의 컨소시엄 형태로, 수학, 과학, 사회 과학, 언어, 예술, 기술 프로그램을 1,300여 개 학교 사이트에 4학년부터 7학년까지 12억 5,000명에 이르는 학생에게 제공하고 있다.

스타 스쿨 프로젝트의 또 다른 중요한 특징은 교사와 학생 사이의
실시간 상호 작용 증대이며, 아이오와 주에서 이런 관점에 주안을 두
고 대표적으로 실시하고 있다.

3. 초·중·고등학교에서의 사이버 교육

사이버 교육은 지금까지 미국에서 초·중등 교육발전에 기여했다.
학교와 거리적으로 멀리 떨어져 있거나 신체적 조건 등으로 정규학교
에 다니기 어려운 학생들이나 제 때 초·중등 교육을 받지 못했던 성
인들에게 사이버 교육이 제공되었다. 미국은 일찍부터 사이버 교육이
발달해 있었으며 고등교육기관에서 뿐만 아니라 초·중등 교육기관에
서도 다양한 교육 내용에 걸쳐 사이버 교육을 도입하고 있다.

1) 미국의 HSI(Home Study International)

(1) 기독교 계통

세계적인 기독교 계통(그리스도 재림 교회)의 교육기관인 HSI는 신
과 교회, 사회에 봉사하기 위해 만들어진 사이버 교육 프로그램과 독
립 학습을 돕는 데 그 목적이 있다.

이 학교는 현재 유아부, 유치부, 초등, 중등, 대학 프로그램을 제공
하고 있으며, 학습 경험의 배경 안에서, 학습자의 요구에 맞는 프로그
램들과 과정들을 모든 사람들에게 제공하고 있다.

(2) 역사

100년 전에는 교육 기회가 매우 희소했기 때문에 미국에서는 통신 교육이 매우 인기 있었고, 그 수가 증가하고 있었다. 교육자 프레드릭 그릭스(Frederick Griggs)는 전세계 사람들을 교육시키는 일을 계획했다. 그의 전망은 1909년 파이어사이드(Fireside) 통신 학교를 세움으로써 구체적인 모습을 갖추게 되었다. 그의 목적은 전통적인 학교 수업을 받지 못하는 사람들에게 교육의 혜택을 제공하는 것이었다.

파이어사이드 통신 학교는 2년 안에 11개의 중등 학교와 9개의 단과 대학 코스를 제공했다. 1916년에는 모든 미국 지역에서 뿐만 아니라 전세계에 보급되었으며, 현재까지 235만 명이 넘는 사람들이 HSI에서 공부하고 있다.

오늘날 HSI는 전세계적으로 지역과 나이를 초월해 학생들의 교육에 매우 중요한 역할을 하고 있다. 1990년 HSI는 세 가지 학문 영역, 즉 초등학교(Home Study Elementary), 고등학교(Home Study High School), 대학(Griffs University:GU)으로 나뉘었다. 1991년 GU는 단과 대학 코스를 제공 개설했다.

HSI는 학생과 교사의 관계에 있어 인간적인 접촉을 강조한다.

(3) 제공되는 프로그램

① 취학전(Preschool)

학습을 재미있게 만드는 HSI의 유아부 프로그램은 패키지로 사용 가능하며 9개월에서 세 살까지의 어린이들을 위해 디자인되었다. HSI의 새로운 바이블 베이스드 프리스쿨 코스(Bible-Based Preschool

Course)는 안전과 건강, 음악, 예술, 수학, 언어 예술의 놀이 활동을 통해 어린이들의 읽기 능력을 키워준다. 《더 프리스쿨 핸드북(The Preschool Handbook)》은 어린이들을 발달시키고자 하는 많은 부모님들의 질문에 대답하고 있다.

HSI의 유아부 프로그램은 다음과 같은 내용을 담고 있다.

- 프리스쿨 부모 가이드(Preschool Parent's Guide)
- 프리스쿨 핸드북(Preschool Handbook)
- 성경 노래책과 카세트(Wee Sing Bible Song Book and Cassette)
- 연극과 카세트(Wee Sing and Play and Cassette)
- 동요와 대본 카세트(Wee Sing Children's Song and Finger Play-book and Cassette)

② 유치원/1~8단계 / Grades1~8

HSI는 학습자를 위한 최고의 교육을 제공한다. 학생들은 공인된 프로그램과 그렇지 않은 프로그램 중에서 선택할 수 있다.

■ 수료 인증 과정(Accredited Plan)

HSI의 자격 있는 교사들과 부모들이 아이들과 파트너가 되어 교육을 제공하는 것이다. 제공되는 서비스는 아래와 같다.

- 메릴랜드 주에서 인증된 커리큘럼
- Parent's guides/activity sheets/tests (no answer keys tests)
- 자격 있는 선생님들에 의한 교육과 채점 서비스
- 메릴랜드 주로부터 인정받은 수료증

■ 수료 과정(Non-Accredited Plan)

어떤 부모들은 자신들의 아이를 교육시키는 데 최대한의 자유가 제공되길 바란다. HSI의 수료 과정은 이런 경우에 교육과 record keeping service를 이용하지 않고 집에서 가르치기를 바라는 부모들에서 적합한 프로그램이다. 제공되는 서비스는 아래와 같다.

- 커리큘럼
- Parent's guides/activity sheets/tests (no answer keys tests)
- (필요하다면) 적당한 성적 등급 안에서 어린이의 위치를 충고
- 전과목을 신청할 수도 있고 특정 과목만 신청할 수 있다.

(3) 9~12단계

이 단계에서 학생들은 성공적으로 고등학교 졸업에 필요한 과정들을 마치면 메릴랜드 주로부터 고등학교의 졸업증서를 받을 수 있다.

수료 인증 과정에서 제공하는 서비스들은 다음과 같다.

- 메릴랜드 주에서 인증된 커리큘럼
- 자격있는 선생님들에 의한 teaching과 채점 서비스
- Assistance in advise, grading and record keeping
- 메릴랜드 주로부터 인정받은 수료증

학생들은 한 학년의 전 과정 전체에 등록하거나 개별 과목들을 선택해서 등록할 수 있다. 선택할 수 있는 과목은 다음과 같다.

- 경영자 비서학
- 영어
- 예술

- 건강과 가정 경제학
- 역사학
- 언어학
- 수학
- 종교
- 과학

④ 단과대학

HSI에서는 학점으로 인정받을 수 있는 대학 수준의 많은 코스들을 제공한다. HSI는 미국 교육부 인가 사이버 교육 및 훈련 위원회로부터 인정된 학위를 받는다.

HSI는 지역에서 인정받는 다른 대학들과 협력 관계를 맺고 있으며 학사학위는 컬럼비아 대학 연합으로부터 인정받는다.

4. 대학의 사이버 교육

정보통신망이 발달한 미국에서 인터넷은 대학에서 가장 흔한 의사 소통의 도구, 교육의 도구로 활용되고 있다.

미국 대학에서 인터넷을 통한 사이버 교육은 비용 효과적인 측면과 테크놀러지의 발달로 인해 가장 활발하게 일어나고 있다. 현재 미국 대학의 사이버 교육은 크게 네 가지로 나눌 수 있다.

첫째, 일반 대학에서 일부 코스를 쌍방향 TV나 인터넷 등 온라인 네 트워크를 이용해 제공하는 형태다. 특히 인터넷이 세계적인 통신매체로 이용되기 시작한 1990년대 중반 이후 정확한 수를 헤아리기 어려울 정도로 대학의 코스 수준에서 사이버 수업이 많이 개설되었다.

흔히 온라인 코스로 불리는 이 사이버 수업 형태는 쌍방향 TV를 이용하거나 전통적인 사이버 교육과 유사하게 진행하면서 e-메일, 전자 토론을 이용해 상호 작용의 기회를 확대, 강사가 교실수업과 같은 형태로 비실시간 수업을 제공, 인터넷의 웹을 이용하여 방대한 데이터 베이스를 적극 활용하는 종류, MUD/MOO(Multi-User Dungeons /Mud, Objective-Oriented) 등을 이용해 실시간 토론으로 상호 작용을 강화한 것 등이 있다. 적어도 온라인 수업이라고 할 때는 e-메일 등으로 질문과 응답이 가능하고, 실시간 혹은 비실시간 토론의 기회를 제공하며, 온라인으로 정보 교환이 허용된 형태를 뜻한다. 수업 내용은 온라인, 인쇄 교재, 시디롬, 방송 등의 형태로 제공될 수 있다. 「머드(MUD)」는 「다중 사용자 공간」이란 뜻으로, 원래 인터넷상의 다중 사용자에 의한 쌍방향 역할 놀이(role-playing) 게임을 일컫는 말로 사용되기 시작했으나 오늘날에는 텍스트에 기반을 둔 모든 다중 사용자 영역을 뜻하는 개념으로 사용되고 있다. 특히 교육 분야에 있어서는 MOO라 불리는 객체 지향 MUD가 가장 널리 사용되는데, 이는 MOO가 정교하게 구성된 프로그래밍 언어를 제공하고 있기 때문이다.

미국은 오래 전부터 교육부 또는 성인교육부를 학교 기관으로 설치해 원격교육을 통해 수업을 진행해왔으며, 최근에 정보통신 테크놀러지를 도입해 성인을 위한 사이버 수업으로 발전시키고 있다. 그러므로 일반 대학에서 기존 교실 수업의 형태를 바꾸어 인터넷 등 컴퓨터 통신을 통해 사이버 수업으로 전환하는 형태가 가장 보편화된 형태라 할 수 있다.

전면적인 온라인 대학으로의 전환은 아니라 할지라도, 부분적으로 사이버 강좌를 제공하는 대학이 늘어나고 있다. 이런 서비스를 제공하는 대학은 거의 전부라고 해도 과언이 아닐 정도로 많다. 그 중 온라인 교육에 가장 보수적인 입장을 취하고 있는 하버드 대학교도 미적분학 등 몇몇 강좌를 온라인으로 진행하고 있는데, 교수들이 외부에 온라인 강좌를 제공하는 것이나 사업적인 일에 관여하는 것은 금지하고 있다. 또 카네기 멜론 대학교(Carnegie Mellon University)는 e-비즈니스 과정을 온라인으로 제공하고 있으며, 펜실베이니아 대학교는 과제물과 채점을 온라인으로 제공하기 시작했다. 또 드렉셀 대학교는 기술 및 솔루션 회사인 e-칼리지(e-college)와 결합해, 기술 경영론이나 정보 경영론 스쿨의 강좌를 개설하고 있다. 그 밖에도 NTU(National Technology University), CSU(Colorado State University) 등 이루 헤아릴 수 없이 많다.

한편 미국 동부에서 비교적 진취적으로 사이버 대학을 시도하고 있는 컬럼비아 대학교는 페덤(fathom) 온라인 교실을 진행시키고 있고, 뉴욕 시립대학교는 인문 계열 중심의 강좌를 일부 개설했거나 준비하고 있다. 또 뉴욕 기술 대학교는 전산학, 정보통신학과 등 공과 계열을 중심으로 온라인 스쿨을 준비하고 있다. 그 밖에도 메사추세추대학교, 다트머스 대학교, 로웰 대학교 등은 「사이버이디(CyberEd)」라는 이름으로 다양한 코스를 제공하고 있다. 버클리 대학교는 UC 통신 학습 센터와 공동으로 197개 학과를 신설할 계획을 갖고 있으며, UCLA는 홈 에듀케이션 네트워크(Home Education Network)사와 공동으로 사이버 수업을 개설할 계획이다. 이런 가운데, 듀크 대학교는 비즈니스 스쿨을 독립시켜 벤처 회사(fuqua MBA)를 차렸다. 시러큐스 대학교는 사회과학 대학원(Public Affairs and Citizenship)과 정보통신 대학원, 컴퓨터 및 엔지니어링 스쿨과 결합해 ITEM(정보통신 정책과 경영) 과정을 열었다.

　미국 전역에 걸쳐 종합 통계를 내기란 쉽지 않지만 대략 5,000여 개의 대학 강좌가 개설된 것으로 집계되고 있다. 그 중에는 기존의 전통적인 대학의 강좌를 일부 또는 전부 온라인 서비스로 전환하는 대학이 있는가 하면, 기술력과 자본력을 가진 기업이 100% 온라인 대학을 개설하는 방식도 있다. 또 다른 경우에 교육 회사가 솔루션을 제공하거나 시스템 구축(System Integration)을 해주면서 사이버 대학 사업에 참가하는 업체들이 많이 생기고 있다. 따라서 과거와 같이 대학만의 특수성을 가진 대학 고유의 「캠퍼스 비즈니스」는 사라지고 있으며, 기업과 기술을 가진 솔루션 회사 등이 사이버 대학 사업에 참여하고, 반대로 일반 대학이 강좌(콘텐츠)를 학생들에게 서비스하고 비즈니스화하기 위해 외부의 교육 벤처나 솔루션 기술 회사와 제휴하는 형태로 변화하고 있다.

　바로 이런 추세에 적응하기 위하여 미국의 일부 대학은 사이버 대학 프로그램 도입을 「강좌혁신(Lecture Innovation)」이란 명분을 걸고 변신을 시도하고 있다. 그래서 정보화 시대에 다른 분야의 변화 속도만큼이나 대학 또한 커다란 변화의 물결에 휩싸여 있다.

　오클라호마 대학교의 교수들은 네트워크를 통해 사이버 수업을 진행하고 있다. 그리고 지역 TV 방송국의 기상 홍보관들 역시 네트워크를 통해 태풍을 비롯한 기타 기상 토픽에 대해 학생들에게 가르치고, 학생들은 그 내용을 주민 전체가 볼 수 있도록 네트워크를 통해 방송

한다. 지역 내 대표적 기업인 데이턴 타이어(Dayton Tire)사는 면접 요령이나 화학 공학 등을 주제로 학생들과 화상 회의를 갖기도 한다. 지역 사회 전체가 이런 식으로 학습에 연관될 수 있도록 TV 방송국과 지역의 타이어 생산 공장에도 광섬유 시스템이 연결되어 있다. 이 대학은 오클라호마 시의 초고속 교육용 네트워크에 연결되어 있다.

한 예로 미국 미네소타 대학교의 성인교육 센터는 프로그램 개발자, 교사, 상담가, 교육 행정가 등 성인교육과 관련된 여러 분야에 종사하는 전문가들을 대상으로 대학원 학위 과정의 프로그램을 제공하는 성인교육 전문 기관으로서 대부분의 강좌를 인터넷으로 진행하고 있다. 이것은 일반 대학이 일부 코스를 온라인 네트워크를 이용해 제공하는 형태에 속한다.

예를 들면 미네소타 대학교의 성인교육 프로그램, 캘리포니아 주립대학교의 온라인 프로그램, 네브래스카 링컨 대학교의 사이버교육 프로그램 등이 있다.

사례 1

미네소타 대학교의 성인교육 및 사이버 교육 센터
http://www.cee.umn.edu

UC(University College)는 미네소타 대학교의 성인교육 파트를 담당하는 분과다. 이는 1913년에 설립된 평생교육원이 그 전신인데 1995년부터 UC로 개칭되었다. UC의 설립 목적 및 취지는 캠퍼스의 장벽을 넘어 성인 및 전통적 의미에서 학생의 범주를 벗어나는 모든 학습자들에게 대학의 자원에 접근할 수 있는 통로를 마련해주는 데 있다. 야간 출석 수업, 웹 기반의 독립적 수업, 상호 작용적 교육 방송 수업, 정규 출석 과정, 온라인 컨퍼런싱의 호스트 제공, 자격증 관련 프로그램, 단기 과정, 집중 과정 등 다양한 매체와 방식의 수업들을 제공한다.

미네소타 대학교의 80여 개의 학과에서 제공하는 강좌들은 약 340개가 넘는다. UC의 주요 수요자들은 산업체 고용인 및 고용주들인데, 이들을 위해 주로 정보 공학, 경영학, 전기 공학, 컴퓨터 공학 등 직무 관련성이 높은 강좌들을 개설하고 있으며, 그 밖에 자기 계발을 위한 인문 사회 교양 과정도 함께 제공하고 있다.

UC에서의 사이버 강좌 운영은 주로 방송 교육이나 비디오, 카세트 테이프, 시디롬을 통한 컴퓨터 보존 교육(CAI) 등의 형태로 이루어지고, 웹은 교육 서비스 소개, 등록, 신청, 졸업 등의 행정절차, FAQ, e-메일 등의 기능을 활용한 다양한 사용 안내, 장애인, 학사 부부, 고등학교 학생인 수강생 등에 대한 지원 서비스 안내, 장학금 지원 규정, 교육 과정 소개, 학위 과정 소개 등 여러 가지 정보를 알리고 나누는 일들과 행정 전산망을 통한 행정 업무, 그리고 전자 도서관 등을 활용한 학습 자료의

〈표 4-1〉 미네소타 대학교의 사이버 교육과정

교육 대상	성인 및 전통적 의미에서 학생의 범주를 벗어나는 모든 학습자들
교육 과정	학위 과정 : 응용 경영 학사 학위 과정과 1개의 자격증 취득 과정 비학위 과정 : 미네소타 대학의 80여개 학과에서 제공하는 　　　　　　　약 340여 개의 과정
조직 및 제도	성인교육부 설치
교육 방법	주로 방송 교육이나, 비디오/카세트테이프, 시디롬을 통한 CAI 등의 형태, 웹을 이용한 인터넷 수업
각종 서비스	전자 도서관, 온라인 교육, 생활 상담, 행정 전산화, 교육 및 연구 자료실 운영
이수 기간	한 코스는 대개 9개월 동안 마치도록 되어 있음

제시 등 교수 학습을 지원해주는 기능을 수행하고 있다.

개설된 수백 개의 강좌들 중에서 학습자는 자신의 일정에 따라 교실 수업에 참여하지 않고, 전자 우편, 교육용 비디오·카세트테이프, WWW, CAI 프로그램 교육용 방송 등을 활용한 다양한 사이버 수업 방식을 통해 미네소타 대학교에서 인정하는 학점을 취득할 수 있다.

학습자는 미네소타 대학교에서 제공하는 사이버 학습 과정을 통해 응용 경영학사 학위 또는 조직 커뮤니케이션 전문 자격증을 취득할 수 있다. 현재 다른 학위 과정들도 계획하고 있는 중이다.

일반 대학이 사이버 캠퍼스를 설립한 경우가 있다. 이는 전통적 방식으로 교실 수업을 위주로 가르쳐온 일반 대학이 정보통신 기술을 도입해 전 과정을 사이버 공간에서 제공하는 형태로, 기존 캠퍼스의 교육 과정과 평가 방식, 교수 및 행정 자원 등을 적극 활용하는 사례다. 이는 기존의 캠퍼스를 그대로 존속시키면서 분교 형식의 사이버 캠퍼스를 설립하는 것이다.

대표적인 사례로는 미국 피닉스 대학교의 온라인 캠퍼스를 들 수 있다.

사례 2

피닉스 대학교의 온라인 캠퍼스
(University of Phoenix Online Campus)

미국 피닉스 대학교 사이버 대학은 1989년 창립해 10년 동안 운영한 결과, 이 대학은 사이버 학위 과정과 사이버 교육 센터를 포함하여 미국 전역에 분포한 지역 캠퍼스 및 학습 센터가 총 45개에 이르고 있으며, 3만 명 이상의 재학생을 확보하고 있고, 졸업생은 10만 명이 넘는다. 다음 10년 내로 20만 명의 온라인 학생을 확보할 수 있을 것으로 전망하고 있다. 이들은 전통적인 교육의 방식에서 과감히 벗어나 대학 교수와 기술업체의 전문가들을 결합해, 강의 계획에서부터 강의법까지 모든 면을 혁신하고 있다.

온라인 학위 과정에 등록한 학생들의 평균 연령은 38세, 중간 지위의 전문직 종사자들이 대부분으로 경영 및 산업 관련 직종에 종사하고 있다. 여성의 등록율이 점차 증가 추세에 있지만, 남성이 전체 학생의 약 72% 가량을 차지하고 있다. 온라인 프로그램에 등록한 학생들의 대부분은 사업상의 출장이 잦고, 주요 대도시에 거주한다. 미국의 각 주에 고르게 분포하고 있으며, 거의가 미국인이지만 해외에 거주하고 있는 학생도 많다.

피닉스 대학은 수익 모델로도 성공했는데 한 학기 수익을 5,000만 달

〈표 4-2〉 피닉스 대학교의 사이버 교육과정	
설립 취지	전통적인 교실 개념의 범주를 확장시켜 직업인을 대상으로 한 컴퓨터에 기반을 둔 온라인 학위 과정 체제를 도입한 것
교육 대상	성인, 직장인
운영 강좌	경영, 간호, 상담, 교육, 정보, 기술, 일반교양, 박사과정 등 8개 학부 운영
학점/학위 인정	학위 과정 기간은 2년이며, 대부분 평균적으로 2년 반에서 3년 사이에 학위 과정 수료. 졸업 학점 120학점. 학위 기간은 학생에 따라 달라질 수 있는데, 예전에 이수한 코스가 어느 정도인지, 그리고 중간에 쉬지 않고 집중적으로 과정을 끝냈는지에 따라 결정
교육 방법	온라인 컨퍼런싱, 메일링 리스트, 실시간/비실시간 토론
각종 서비스	도서 목록 검색 서비스, UOP 온라인 콜렉션, 문자 전달 서비스

러로만 잡아도 총 1억 5,000만 달러의 수입을 낳고 있으며, 최근 주식값이 상승하여 즐거운 비명을 지르고 있다. 이 대학은 미국에서 가장 큰 규모의 기업적인 대학으로서 투자가들이 교육투자를 하도록 유도하는 데 성공했다. 이 대학을 소개하는 사이트에 들어가 보면, 『한 마디로 일반 대학이 가지고 있는 모든 장점을 누린다. 다만 한 가지 예외는 통학하지 않는 것』이라고 말한다.

운영상 특징은 대학의 프로그램을 접속하기 쉬운 컴퓨터를 제공하는 일부터 시작한다. 그리고 온라인 학생들이 상호 교류하여 부족한 점을 서로 도와줄 수 있도록 세심한 학사관리를 한다. 8~13인 정도의 소규모 토론 그룹을 운영하며, 대면 학습 세미나의 스타일을 유지하고, 지도 교사와 1 : 1의 학습을 하도록 한다. 1999년 현재, 학비는 1학점당 대학은 약 390달러, 대학원은 485달러다. 신학기 개념이 따로 없고, 어느 학기나 소정의 자격과 절차를 거치면 온라인 학생으로 등록된다. 그리고 학교 측에서 수업의 질 확보를 위해 주당 15~20시간의 평균 학습을 요구한다.

1994년 이후 정보통신 기술을 이용해 고등교육의 대안적 체제가 새로이 구상되기 시작하면서, 기존 대학의 모형 속에서 사이버 교실, 사이버 학습 환경, 사이버 캠퍼스 등이 나타났다면, 새로운 사이버 대학은 정보사회에서 평생 학습의 실현이라는 교육 패러다임 속에서 발생한 형태다.

앞의 피닉스 대학의 사례가 전통적인 대학을 전면적으로 온라인화하여 성공한 예라 하면, 세번째 범주에 속하는 대학은 처음부터 온라인 대학으로 시작한 경우다. 그 대표적인 사례는 존스 인터내셔널 대학교다. 이 대학은 전통적인 대학 형태와 관계 없이 출발해 미국 내 순수 온라인 대학 중 최초로 「학점 인정 자격」을 취득한 대학(accredited university)이다. 주로 정보화 시대에 필요한 강좌로서 전자상거래(e-commerce), 마케팅과 디지털 기업 경영론, 지구 기업 경영론, 프로젝트 경영론에 이르기까지 다양한 강좌와 학위(MBA)를 제공한다. 학비는 3학점짜리는 725달러, 2학점짜리는 465달러, 기술 지원비는 25달러로 책정했다. 입학 승인에 필요한 학위 과정 응시료는 75달러다.

또 다른 사례는 서부 주지사 대학교(Western Governors' University)다. 이 대학은 콜로라도와 유타 주 등 서부의 주지사들이 중심이 되어 만든 온라인 대학으로, 일단 사이트를 열면 주지사들이 나란히 나와서 동영상으로 환영의 인사를 시작하면서 대학소개를 시작하는 것이 특색이라 할 수 있다. 이 대학의 설립 취지에 걸맞게 일반인들을 위한 평생교육 차원에서 학위와 자격증 과정을 준비하고 있다. 강좌는 아직 자체 생산하기보다는 45개의 교육 관련 대학이나 회사의 공급자들이 제공한다. 수업료는 한 학기당 3,500달러로 주지사들의 공적 지원으로 일부 학비를 보조하기 때문에 가격이 상당히 저렴한 것이 특징이다.

사례 3

서부 주지사 대학교(Western Governors University)
http://www.wgu.edu/

1995년 2월 미국의 서부 주지사 협회는 서부 사이버 대학 설립에 서명하고 1997년 7월 개교를 목표로 사이버 대학 설계팀을 구성했다. 이 시도는 서부의 모든 주지사들이 고등교육 체제에 대한 요구 증가와 고등교육이 주와 국가의 복지에서 차지하는 중요성에도 불구하고, 각 주의 제한된 자원, 전통적 교육 체제의 비탄력적 운용, 고비용, 진부한 정책 등이 날로 변화하는 현실을 수용하는 데 걸림돌이 된다는 인식을 같이 함으로써 시작되었다. 서부 사이버 대학교의 경우, 사이버 공간에서의 대학이 설립되는 과정 자체를 보여주고 있어 사이버 대학을 이해하는 데 많은 시사점을 주고 있다.

서부 사이버 대학의 목적은 각 개인과 시민들이 시간과 공간의 제약이 없이 고등교육에 접할 수 있도록 기회를 확대하는 것으로, 첨단 공학을 활용하여 학습 수요자에게 형식 교육 체제 밖에서도 지식과 기술을 획득할 수 있도록 수단을 제공하는 동시에, 전통적인 캠퍼스 교육 환경이 아닌 곳에서 획득한 기술과 지식을 공식적으로 인정받을 수 있는 기회를 함께 제공하는 것이다.

이 대학은 교육과 학습의 경험을 인정해주는 혁신적이고, 비용 효과적인 새로운 접근법을 적용함으로써 교육 기회와 수단을 확대하는 데 비용 절감효과를 가져온다는 가정으로 출발했으며, 교육의 주안점을 앉아 있는 시간이나 다른 활동 시간이 아니라 학습자의 실제적인 능력 향상에 두었다.

사이버 대학의 설립 목적을 달성하면서 고등교육의 질을 향상할 수 있도록 전통적인 대학에서도 인정하고 받아들일 수 있는 교수와 평가에 대한 기준을 마련하고자 하는 것이 서부 사이버 대학의 전략이다.

서부 사이버 대학의 교육 과정은 자기계발을 위한 교양 프로그램으로부터 각종 자격 인증 프로그램 및 학위 과정 프로그램에 이르기까지 일반적인 고등교육기관이 제공하는 모든 프로그램과 평가들을 포함하고 있으며, 정책 수립 및 관리를 담당할 중앙 조직과 개인별 학습 관리를 담당하게 될 지역 학습관 조직으로 나누어 운영되고 있다.

서부 사이버 대학의 수업은 기본적으로 인터넷이나 컴퓨터 통신을 위주로 진행된다. 그리고 공개 워크숍 개최나 인쇄 자료의 배부 등 필요에 따라 다양한 매체를 이용함으로써 첨단 정보 공학 매체를 최대한 활용하고 있다.

최근 사이버 대학의 큰 흐름 중의 하나로 민간 기업들이 각 회사 내에서 운영하는 사내 대학이 많이 설립되고 있는 추세를 들 수 있다. 우수한 콘텐츠를 확보하여 컴퓨터와 인터넷을 활용해 직원들을 연수시키거나 학습욕구를 충족시켜주고 있다. 이들은 다양한 온라인 교육 과정을 개설하면서 당국이나 학점인정협회(또는 기관)로부터 허가를 쉽게 받고, 학위도 인정 받기 위하여 유명 대학들과 제휴나 컨소시엄을

〈표 4-3〉 서부 주지사 대학교의 사이버 교육과정	
교육 대상	18세 이상 제한 없음
교육 과정	자기 계발 프로그램, 학사학위 과정, 여러 사업체에서 널리 인정되는 자격증 프로그램 과정 등
조직 및 제도	중앙의 관리 및 정책 수립을 위한 중앙 조직과 개인별 학습을 관리하는 지역 학습관 조직
교육 방법	인터넷이나 컴퓨터를 매개로 한 통신 위주 교육. 필요한 경우 공개 워크숍이나 인쇄 자료 등 병행
각종 서비스	행정적 서비스, 학습 자원 제공(공공 도서관 서비스, 개인 교습, 전자적 학습 토론 집단, 기술 지원, 및 직업 안내 등) 장애인들에 대한 각종 서비스, 컴퓨터 하드웨어 및 소프트웨어 설치 및 사용 안내
재정	사이버 대학에 교육 프로그램을 제공하는 대학이나 민간 교육기관, 기업, 협력 기관의 분담금, 주정부의 회비 및 지원금, 학생들의 등록금 등

맺고 있다. 대표적인 사례로 세계무역센터 대학교(WTCU.org), 카딘 대학교(Cardean University), UCLA 등이 있다. 그 중 카딘 대학교는 시카고 대학교, 스탠포드 대학교, 런던 정치경제 대학교(LSE) 등과 공동으로 커리큘럼을 개발한 온라인 MBA 교육기관으로, 참가 대학의 교수들은 물론, 노벨 경제학상 수상자 등 다른 대학의 유명 석학들도 강사진으로 참가하고 있다.

5. 직업 훈련에서의 사이버 교육

우리가 살아가고 있는 정보화 사회에서는 인류의 지식 기반이 하루가 다르게 빠른 속도로 증가하고 변화한다. 이러한 정보화 사회에 능동적으로 대처하기 위해 지식과 기술의 변화에 적응하는 문제는 중요한 현안으로 떠오르고 있다.

현재 기술의 반감기는 소프트웨어 공학에서는 2.5년, 전자 공학에서는 5년, 기계 공학에서는 7.5년으로 추산된다. 이러한 분야에서의 빠른 변화는 모든 기술 전문가들이 그들의 기술을 지속적으로 개발할 필요를 증가시킨다.

그러나 실제 새로운 직업 기술에 대한 교육이 필요한 성인들에게 있어 직업상, 가족 부양상의 이유로 정규 교육을 다시 받는다는 것은 매우 어려운 일이다. 개인의 측면에서 시간과 장소 등의 융통성을 부여하고, 기업의 측면에서는 실제 업무에 피해를 끼치지 않고, 새롭게 필요한 전문 기술을 인력을 확보할 수 있다는 점에서 직업 전문 사이버 교육의 중요성은 날로 증가되고 있다.

NTU(National Technological University)

■ 소개

NTU는 원거리에서 수준 있는 기술 교육과 트레이닝 프로그램을 제공하는 교육기관이다.

공인된 대학 NTU는 대학 연합〔〈뉴스 앤 월드 리포트(News & World Report)〉가 선정한 25개의 graduate engineering programs 중에 13개를 포함한〕으로부터 최고의 원격 통신기술을 제공받아 폭넓은 인증과 비인증 과정을 제공한다. 이 연합은 가장 최고의 기술 교육과 트레이닝 네트워크로 알려져 있다.

NTU의 고객 중에는 세계의 일류 기술의 회사와 중요한 정부 에이전시들이 많다. 예를 들면 IBM, HP, 모토롤라(Motorola), 보잉(Boeing), 그리고 US. Department of Defense and Energy 등이 있다.

제품 개발 시간이 단축되고, 제품의 생명력(life cycle)이 줄어드는 환경 속에서, NTU는 조직의 전략에 맞는 기술 교육과 트레이닝 프로그램을 제공하기 위해 필요 없는 기능과 교육 자원을 제거했다. 교육의 폭과 깊이, 최고의 교육 자원을 제공한다는 대학의 차별성, 학생들의 수준, 그리고 교육 전달 시스템의 효율성이 합쳐져 NTU는 「국가의 보배」라고 불린다.

■ NTU 온라인(Online)

위성으로 전문가 과정(master's program)과 교육 서비스를 전달하는

NTU는 인터넷을 활용하고 있다. NTU는 고품질의 풍부한 내용을 계속 보강하고 있다.

최첨단 기술에 관해 개인적인 교육과 조직적인 교육 중 어느 것을 원하더라도, NTU는 최신 기술에 관한 문제를 해결하는 데 도움을 준다. NTU의 인터넷을 통한 과정은 학습자가 융통성을 갖고 스스로 학습 속도를 조절할 수 있다.

■ 전달 시스템

NTU는 다양한 원격 학습 기술을 선택할 수 있는 옵션을 제공함으로써 학습 경험을 풍부하게 한다. 학습자의 바쁜 스케줄과 활동적인 생활 방식에 맞출 수 있는 가장 편리하고, 융통성 있고, 효과적인 방식으로 교육을 전달한다.

■ 왜 NTU 온라인인가?

• 1984년 이후로 진보적인 기술 교육의 리더다.
• 다양한 학습 제공자로부터 고품질의 내용을 전달한다.
• 전달 방법이 다양하다.
• 개인이나 회사 차원의 솔루션에 적합하다.

■ NTU의 교육과정

NTU는 14개의 주요 공학, 기술, 그리고 경영 분야에 「The North Central Association of Colleges and Schools」가 공인하는 석사학위 과정이 개설되어 있다. NTU의 1,400개 정도의 graduate-level의 과정은 이론과 실제의 풍부한 조화를 제공한다. 이러한 폭넓은 과정은 기술 전문가가 연구하거나, 일하고 있는 프로젝트의 요구 사항을 맞출 수 있게 하고, 앞으로 책임 맡게 될 프로젝트의 요구 사항을 실현할 수 있도록 학습자들의 기술을 새롭게 한다.

NTU는 정식 직원으로 있으면서 자신의 연구 프로그램을 마친 1,200명 이상의 사람에게 석사학위를 수여했다. NTU에 학사와 박사학위 과정은 없다. NTU 대부분의 학위 과정은 세계 곳곳의 협찬 조직에 교육 위성방송으로 전달된다.

학습자는 NTU의 인증 과정을 수강하기 위해 NTU 단계별 프로그램에 허가를 받을 필요가 없지만, 깊이 있는 기술의 개발을 위한 과정에 기술 인증(academic credit)을 받기 위해 혹은 청강하기 위해, 등록할 수 있다. 이러한 융통성은 NTU의 과정 내용이 기술 전문가에게 핵심적인 기술 교육을 받을 수 있도록 해준다.

■ATMP(Advanced Technologyand Management Programs) 과정

회사가 경쟁력을 갖기 위해서, 조직은 자신들의 인력을 변화하는 기술에 적응시켜야만 한다. NTU의 ATMP는 일하는 곳까지 직접 전달되며, 기술 전문 인력들과 관리자들에게 편리하고, 융통성 있는 고품질의 교육을 제공한다.

ATMP는 매년 거의 500개의 단기 과정과 워크숍을 위성과 인터넷을 통해 방송한다. 이 과정은 NTU의 대학 연합 회원 대학과 연합, 기술 조직 그리고 교육 단체를 포함한 다양한 프로듀서에 의해 만들어져 전달된다.

6. 사이버 교육과 인터넷

미국의 사이버 교육의 동향과 사례를 조사하면서, 거의 대부분의 경우에서 인터넷의 사용이 보편화되고 있다는 사실을 확인할 수 있었다. 사이버 교육 환경에서 제한된 상호 작용의 단점을 보완해주는 가장 강력한 테크놀러지는 인터넷과 같은 컴퓨터 네트워크를 꼽는다고 할 때, 그 영향력이 확대되는 추세는 당연한 일이다.

그래서 미국 사이버 교육에서 인터넷과 관련한 활용 부분을 5가지로 나누어보고 간단한 사례를 제시하고자 한다.

1) 직접 교수

인터넷상에는 수업과 관련된 사이트들이 계속해서 증가 추세를 나타내고 있다. 아직까지 이들 사이트들의 일차적인 목적은 수업의 보강 또는 보충적인 자율학습 모듈을 제공하는 것이 대부분이다. 그러나 전적으로 인터넷을 통해서만 교수 학습이 이루어지는 사이버 수업을 시도하는 사이트들이 계속 등장하고 있다.

인터넷을 통한 교수 학습은 모든 수업이 전적으로 인터넷을 통해서만 이루어지는 경우와, 교실 수업의 연장선상에서 수업의 보조물로서 인터넷을 활용하는 경우의 두 가지로 나누어 살펴볼 수 있다. 아직까지는 여러 가지 기술적인 문제점들과 교수 및 학생들의 인식 부족으로 인해 인터넷에만 의존하는 수업보다는 교실 수업의 보조적인 수단으로 인터넷을 이용하는 경우가 더 많다. 그러나 데이터 전송 속도와 수업 진행을 위한 인터넷 환경이 개선되고 좀더 많은 교수와 학생들이 인터넷의 잠재성과 편리함에 대해 인식하게 되면, 인터넷을 통해서만 모든 수업이 이루어지는 본격적인 직접 교수 방식이 점점 더 늘어나게 될 것으로 전망된다.

사례 1

미네소타 대학교의 성인교육 센터
(Adult Education at the University of Minnesota)
http://www1.umn.edu

미네소타 대학교의 성인교육 센터는 프로그램 개발자, 교사 카운슬러, 교육 행정가 등 성인교육과 관련된 여러 분야에 종사하는 전문가들을 대상으로 대학원 학위 과정 프로그램을 제공하는 성인교육 전문 기관이다.

온라인으로 제공되는 강좌는 「아동 및 청소년에 대한 교수 전략, 심리적 요인, 인간 관리, 교육 프로그램 평가」의 4개 영역에 대한 8개의 모듈로 구성되어 있다. 2개의 모듈로 짜여진 한 강좌를 수강하면 2학점을 이수한 것으로 인정된다.

사례 2

펜 주립대학교(Penn State University)의 북미 고고학 개론
http://psu.edu

펜 주립 대학교의 인류학과에서 1997년 봄 학기부터 인터넷을 통해 개설된 이 강좌는 넷스케이프와 웹체트(WebChat), 뉴스 그룹과 e-메일 등의 인터넷 기능을 이용해 강좌와 관련된 모든 활동을 진행한다. 주 교재 이외의 강의 자료 및 참고 자료는 인터넷을 통해 학생들에게 주어진다. 1주일에 2회, 3시간씩 실시간으로 만나는 웹체트에서는 서로의 관심사와 연구 진척 상황에 대한 정보를 주고받는다. 그 밖의 다른 정보는 전자 우편을 통해 전달받는 형식으로 모든 수업이 전적으로 온라인으로만 이루어진다.

특히 이 강좌는 강의를 수강하는 모든 학생들에게 개별적인 홈페이지를 구축하도록 요구하고, 모든 과제는 홈페이지상에 띄우도록 함으로써 학습 효과를 높이고 서로간의 의사소통도 원활하게 하고 있다.

사례 3

듀크 대학교 생명과학부의 자율학습 패키지
(Auto-Tutorial at the Duke University)

http://www.sol.duke.edu/

듀크 대학교 생명과학부의 SOL(the Science Of Life)은 하나의 작은 캠퍼스를 방불케 하도록 구성되어 있다. SOL의 홈페이지로 가면 자율학습 패키지 이외에도 학과(college) 소식, 각종 공고 사항, 강의 교재(course stuff) 등의 메뉴를 볼 수 있다. 화학의 원자론에 관한 온라인 자율학습 패키지(auto-tutorial)는 정식 수업이라기보다는 교실 수업에서 다루어지지 않는 기초적인 과학 과목에 대한 입문 강좌라 할 수 있다. 어려운 개념을 다양한 그래픽을 곁들여 쉽게 설명하고 있으며, 전체적으로 깔끔하게 구성해 사용자가 편안함을 느낄 수 있도록 배려한 점이 돋보인다.

2) 사이버 캠퍼스

입학 및 수강, 학위취득 등 대학의 전과정을 인터넷상에 개방함으로써 시간과 공간의 제약 없이 누구나 원하는 대학과 전공을 선택해 학습할 수 있도록 하는 새로운 개념의 대학이 바로 사이버 캠퍼스다. 네트워크를 통해 학생과 교수가 새로운 아이디어와 시각, 문화, 정보를 교류할 수 있다는, 단순히 교육 기회가 확대되었다는 데 그치는 것이 아니라, 열린 교육과 평생교육의 방식을 새롭게 제시했다는 점에서 기대되고 있다. 사이버 캠퍼스는 교육기관의 역할을 담당하는 정보 서비스 주체가 인터넷 등 통신망을 통해 온라인 학습 모듈, 전자 도서관, 화상 강의 등을 보내주면, 학생들은 이를 편리한 때에 자신의 학습 속도에 맞추어 학습하는 식으로 수업을 진행한다. 일방적으로 정보를 제공하는 차원을 벗어나 양방향적 대화, 토론 기능과 강의 시간표 관리 기능을 담아 실제 대학교육과 대등한 형태로 발전하고 있다. 또한 고립된 교육으로 학생들이 소외감을 느끼거나 독단에 빠지는 것을 방지하기 위하여 협동 과제와 상담 서비스를 제공하는 등 다양한 지원 서비스를 제공하고 있다.

사례 1

피닉스 대학교 온라인 캠퍼스
(University of Phoenix Online Campus)

http://www.uophx.edu/

전문직에 종사하는 성인들의 고등교육에 대한 욕구를 충족시키기 위해 설립된 피닉스 대학교는 1989년부터 학위 과정을 포함하는 모든 교육 과정이 전적으로 온라인을 통해서만 이루어지는 온라인 캠퍼스를 운영하고 있다. 2~3년 이상의 사회 경험을 가진 23세 이상의 성인으로 입학 자격을 제한하고, 직장을 가진 학생들이 자신의 업무 일정에 맞추어 수강할 수 있도록 5~8주 단위로 구성된 독특한 학사 일정에 따라 모든 수업이 이루어진다.

온라인 강좌에 알맞게 제작된 컴퓨터 시스템(ALEX)을 통해 학생들은 시간과 공간에 상관없이 강사 및 동료 학생들과 대화를 나눌 수 있는 전자 교실을 이용한다. 피닉스 대학교의 온라인 과정은 융통성 있는 양방향의 그룹 단위 학습이라는 새로운 교수 기법을 활용함으로써 미국 내 비즈니스 및 경영학 분야에서 가장 성공적이고 널리 알려진 프로그램으로 인정받고 있다.

사례 2

서부 사이버 대학(Western Governors University)

http://www.wgu.edu

한 미국의 서부 주지사 협회가 양질의 교육 프로그램을 단기간에 비용효과적인 방법으로 지역을 망라한 모든 학습자들에게 제공해 줄 수 있는 고등교육기관의 설립이라는 취지에 따라 서부 사이버 대학을 개교했다.

사례 3

온라인 사이버 대학
(Virtual Online University; Athena University)
http://www.athena.edu/

아테나 대학은 온라인 사이버 대학에 의해 지원, 운영되는 대학으로 가능한 한 저렴하고 학생들의 접근하기 쉬운 방식으로 수준 높은 교육을 제공하기 위해 설립되었다. 인터넷을 통해 전세계 어느 곳에서나 접근이 가능한 사이버 교육 환경을 구축하고 있으며, 특히 사용자가 실시간으로 다른 사용자들과 의사소통할 수 있도록 MOO라는 텍스트 중심의 다중 사용자용 객체 지향 환경을 제공하고 있다.

비판적 사고가 강조되는 교양 과목과 취업에 대비할 수 있는 전공 과목을 중심으로 다양한 내용의 단기 과정과 13주 정규 과정이 개설되어 있다.

3) 전자 토론

전자 토론은 다수의 이용자들이 컴퓨터를 통해 문자로 의사소통을 구성, 저장, 처리하는 것을 말한다. 전자회의, 컴퓨터 회의, 온라인 토론 등으로도 부른다.

전자토론의 형태는 실시간으로 진행되는 동기적(synchronous)인 방식과 모든 사람들에게 메시지가 즉각 전달되기는 하지만 각각의 수신자들이 자신이 편리한 시간에 게시물을 읽고 응답하는 비동기적(asynchronous) 방식이 있다. 그 각각에 있어서도 다 대 다, 일 대 다 혹은 일 대 일 등 다양한 커뮤니케이션 형태를 취할 수 있다.

개별적인 교수·학습으로 학습자가 고립되기 쉬운 온라인 수업에 있어 전자 토론의 사용은 학습자 간의 학문적인 협력 활동을 강화할 수 있고, 피드백과 지속적인 토론이 가능하다는 점에서 이상적인 학습 도구로 적극 활용되고 있다. 그 중에서도 특히 주목해야 할 것은 MUD 와 MOO라는 새로운 전자토론 방식이다.

MOO는 일반적으로 다음과 같은 특징을 지니고 있다.

- 여러 명이 동시에 같은 서버에 접속하는 것이 가능하다. 즉 다수 사용자 간의 실시간 대화가 가능하다.
- 공간적인 구조로 조직되어 있다. 즉 사용자는 기본적으로 자신이 속해 있는 「방(room)」 안에 있는 다른 사용자와 상호 작용한다.
- 「방」안에 있는 다른 사용자들에게 이야기하고 감정을 전달하는 실시간적 상호 작용이 가능하다.
- 인터넷 전자 우편이나 뉴스 그룹, 자율 학습실, 게시판 등의 비동시적 의사소통수단도 지원하고 있다.

사례 1

텍사스 오스틴 대학교의 아카데믹
(Academic at the University of Texas at Austin)

http://www.eco.utexas.edu

수사학 및 작문과(Dept. of Rhetoric and Composition)의 컴퓨터 작문 연구실(Computer Writing and Research Lab)에서 2년 전에 개발한 아카데믹은 온라인상에서 학생들에게 사회적인 주제에 관한 의견을 교환하고 여가를 활용할 수 있는 공간을 마련한다는 취지로 시작되었다. 그리고 약 1년 간의 실험적인 프로젝트 운영 기간을 거친 후, 그것의 성공에 힘입어 두 번째로 「OWL(Online Writing Laboratory)」이라는 온라인 작문 프로젝트를 시작했다.

OWL은 위스콘신 대학교의 교수진과 텍사스 대학교의 학생들을 연결해 온라인상으로 작문 기법 및 표현 방식 등에 관한 자문을 구할 수 있도록 하고, 학생들이 하이퍼 텍스트의 형식으로 자신의 작품을 공개할 수 있는 별도의 페이지를 마련해놓고 있다.

사례 2

부에나 비스타 대학교의 칼리지 타운
(College Town at the Buena Vista University)

http://www.bvu.edu/ctown/

칼리지 타운은 전자토론 기능을 활용, 텍스트에 기반을 둔 가상 학문 공동체다. 전세계의 교수 및 학생들에게 학문 탐구의 장을 마련한다는 취지에서 마련되었으며 다양한 사람들이 사이버 공간에서 만나 강의와 세미나를 열고, 연구 조사를 실시하며 교수 프로젝트를 실행하고 의견을 교환할 수 있는 장소를 제공한다. 이러한 취지에 공감하는 사람은 누구나 칼리지 타운의 회원이 될 수 있다.

4) 교육 자료 데이터베이스

원래 인터넷의 근본 취지가 학술 연구와 정보의 공유에 있었던 만큼, 인터넷의 교육적 활용과 관련해 가장 긍정적으로 평가되고 있는 부분은 바로 인터넷이 방대한 교육 자료의 데이터베이스로 이용될 수 있다는 점이다.

현재 인터넷을 이용하여 찾을 수 있는 정보는 인문학, 생물학, 화학, 수학, 신문, 잡지, 취미 및 특수 기술 등 몇십만 내지 몇백만 종에 이르러 단순히 「정보의 보고」라는 말로 표현하기에는 부족할 정도다.

교육 자료의 데이터베이스 이외에도 전자 저널, 소프트웨어, 동호인들이 올린 자료들이 교육적 목적을 위하여 사용될 수 있다.

전자 저널은 인터넷을 통해 가입자에게 제공되는 정기 간행물로서 정보와 학습의 중요한 원천이 되고 있다. 전자 저널은 수업의 일부로 통합될 수 있고 수업의 보충 자료로 사용된다. 이는 최신의 자료를 제공할 수 있어 학습자에게 더없이 귀중한 자료원이 되고 있다. 아울러 전자신문의 활용도 가능하다.

인터넷에는 사용자들이 네트워크를 통해 자신의 컴퓨터에 다운로드받아서 쓸 수 있는 소프트웨어 프로그램들이 올려져 있다. 응용 소프트웨어에는 소프트웨어 개발 도구, 통계 패키지, CAI 등에 이르기까지 다양하다.

인터넷을 통해 공통의 관심을 가진 이들이 만든 동호인 집단이 있다. 이 집단은 몇천 개에 이르고, 각 집단의 목적에 따라 유용한 정보를 올려놓거나 서로 연결하여 아이디어와 정보를 주고받는다. 학습자나 교수자는 자신의 목적에 맞는 집단에 가입하여 그들의 정보를 이용하고 의견을 교환할 수 있다.

이제 고등교육과 관련하여 유용한 정보를 제공하는 데이터베이스의 역할을 수행하고 있는 몇몇 웹 사이트들을 살펴보자.

월드 렉처 홀(World Lecture Hall : WLH)
http://www.utexas.edu/world/lecture/

WLH는 웹을 통해 온라인으로 강의를 진행하고 있는 전세계 여러 교수들의 홈페이지를 링크해놓은 방대한 교수 자료의 데이터베이스다. 회계학(Accounting)으로부터 동물학(Zoology)에 이르는 90여 개의 주제 영역들이 알파벳순으로 정리되어 있어 관심 분야에 따라 쉽게 접근할 수 있으며, 각 항목들에 링크되어 있는 과목들의 참고 문헌, 강의 노트, 강의 계획서, 과제, 평가, 학사 운영까지도 살펴볼 수 있다.

Lookout on US Higher Education

미국의 고등교육과 관련된 각종 통계 자료, 미 정부의 고등교육 정책, 고등교육 관련 기관 및 단체, 관련서적 연구 결과 등 미국 고등교육의 현장과 미래의 전망에 대한 모든 자료들이 한 곳에 집대성되어 있는 데이터베이스다.

글로벌 캠퍼스

교육적 목적으로 사용될 수 있는 이미지·음성 파일, 텍스트, 비디오 각종 교육 자료들을 총망라해놓은 멀티미디어 데이터베이스다. 이 사이트에서 제공되는 거의 모든 자료들은 비영리 단체가 저작권을 가지고 있는 경우가 대부분이며, 그대로 사용 가능한 형태로 저장되어 있어 학교 현장에서 쉽게 사용할 수 있다. 「비즈니스, 예술, 공학, 인문 과학, 도서관, 과학」으로 항목을 나누어 자료들을 범주화해서 자료 검색이 쉽다〔본 장의 자료는 한국교육학술정보원의 《교육정보화백서 2000》에서 일부 참고한 것이다〕.

5

유럽의 사이버 교육

1. 유럽의 사이버 동향

유럽의 사이버 교육은 지역마다 그 위상과 전통이 상당히 다르기는 하지만, 교육의 주요한 형태로 확고히 자리 잡고 있다.

서유럽의 경우, 성인을 대상으로 중등 교육 및 비형식 교육을 제공하는 사립 사이버 교육기관이 압도적이다. 이에 따라 대다수의 국가들은 사학 교육의 질을 관리하기 위해 마련한 평가 인정 제도를 실시하고 있다.

어떤 나라에서는 국립 사이버 교육기관을 설립하고 있는데, 그 중에는 중등교육기관도 있고 고등교육기관도 있다. 영국은 개방대학교라는 특별한 대학교육 체제를 설립한 경우다. 이와 유사한 기관이 유럽의 4개국에도 설립되어 있다. 다른 국가들에서는 이중적 대학교육 체제를 통해 사이버 교육을 실시하고 있으며, 최근에는 컨소시엄 형태의 다양한 사이버 교육기관들이 나타나고 있다.

구소련과 동유럽에서는 맞대면 상담 지도를 병행하는 통신 교육 형태의 사이버 교육을 많은 사람들에게 실시하고 있다. 그러나 이 모형은 그 위상과 교육의 질이 낮다는 사회적 평가, 그리고 고용주의 지원 부족 등으로 정치 개혁 이후 급격하게 학생 수가 감소했다. 그러나 사이버 교육은 아직도 이 지역에서 매우 중요한 교육 수단이다. 다만 현재 모든 교육이 그렇듯이 사이버 교육도 근본적인 개혁을 필요로 한다. 사이버 교육이 동유럽과 구소련 지역에서 현대화와 교육수요 충족에 중요한 역할을 할 것이라는 점에 대해서는 의심의 여지가 없다. 그러나 좀더 효과적인 교육 체제가 되기 위해서는 이를 새롭게 구조조정하고, 국가 간, 지역 간 협력 체제를 구축해 재정지원의 합리화를 도모해야 할 것이다.

유럽 국가 간의 문화적 다양성, 언어와 교육적 전통의 차이는 결국 유럽의 사이버 교육을 위한 국제적 노력을 실패로 만드는 원인이 되고 있다. 그러나 현재 진행되고 있는 경제와 정치적 통합은 이러한 상황을 뒤바꾸고 있다. 유럽 연합은 최근 10년 간 유럽 전체 차원에서 또는 회원 국가의 교육기관들 간의 협력을 통해 사이버 교육을 발전시켜 왔다. 사이버 교육 분야의 진흥에 대해서는 정책 문서에서도 강조되었고, 1992년 마스트리히트 조약에서도 특별히 언급되었다.

동유럽과 구소련에 대한 경제 원조 프로그램에서도 사이버 교육에 대한 지원이 중요한 사업으로 포함되었다. 이는 유럽 연합의 사이버 교육에 대한 지속적인 관심이 그들 국가의 정책 결정에 영향을 미친 것으로 보인다.

2. 유럽의 교육 정보화

1) 영국

(1) 교육 정보화 배경

영국은 세계 최초로 교육용 초고속 정보통신망을 구축·운영했다. 또한 정보 교육의 개념을 국가 교육 과정 수준에서 제시하는 등 교육 정보화를 선도했다. 영국의 교육 정보화는 국가 산업 발전에 필요한 인력 양성을 위한 기간 사업으로 1960년대부터 시작되었다.

그러나 연방제 실시에 따른 뿌리 깊은 교육 자치제로 인해 국가적으로 통일된 교육 과정이나 교육 정책을 실시하는 데 무리가 있었다. 따라서 교육 정보화에 있어서도 국가적 차원의 사업 추진이 어려웠다. 정작 학교 현장에서 인터넷 환경을 구축하는 데 있어서는 다른 나라에 비해 다소 뒤처지고 있는 형편이다.

이러한 문제 해결을 위해, 영국은 1988년 국립 교육공학연구소(National Council for Educational Technology : NCET)를 설립해 국가 차원의 교육 정보화 사업을 시행했으며, 1998년 4월에는 영국 교육정보공학원(British Educational Communications and Technology agency : BECTa)으로 개편해, NCET의 사업을 이어가고 있다.

교육 정보화의 추진 방향도 이제까지의 인력 양성과 양질의 교육 제공에서 교육용 콘텐츠 개발과 구축을 통한 국가 경쟁력 강화에 초점을 두었다. 그 일환으로 1998년 11월에는 중앙 교육 정보 시스템(National Grid for Learning)을 인터넷상에 개통·운영하는 등 인터넷을 중심으로 활발한 활동을 펼치고 있다.

또한 중앙 정부의 「정보 공학의 교육적 활용」 지원 정책은 정보 공학 관련 제반 사항에 대해 자문을 제공하는 교육부 소속 「학교 교육 정보화 팀(IT in Schools Team)」과 NCET, 초고속 교육정보망인 슈퍼 자넷(Super JANET)을 중심으로 체계적으로 추진되어 왔다.

영국 정부의 교육정보화 5대 전략은 정보사회에서 필요로 하는 정보 기술 활용 교육 제공, 정보 활용 기회의 균등화, 산업체의 경쟁력 강화, 정부의 민간 서비스의 제고, 신기술 활용을 통한 좀더 수준 높은 서비스의 제공이다. 이러한 전략은 국가 경쟁력 제고 차원에서 세계 제일의 교육용 콘텐츠 산업 구축을 국가적 과제로 삼아 중앙정부와 지방정부, 학교 및 교사, 민간업체 등의 긴밀한 협력을 바탕으로 추진되고 있다.

〈표 5-1〉 영국의 2000년 이후의 연도별 교육정보화 목표 및 내용

연도	사업 목표 및 내용
2000	UfI(University for Industry) 창립 - 산업 인력의 정보통신 기술 재훈련 프로그램 제공
2001	경쟁력 강화를 위해 신기술을 도입 활용하는 중소기업체의 지원 배가 전국의 학교, 도서관, 대학에 초고속 정보통신망 및 NGfL 활용 가능한 시설 설비 지원
2002	교육 및 문화 정보를 디지털화 도서관 사서의 정보화 연수 제공 모든 교원의 75%, 학생의 50%가 개인 e-메일 계정 활용 가능 모든 교원의 정보통신 기술 활용 연수 완료

(2) 교육 정보화 현황

① 초 · 중등 교육기관 정보화 기관: NCET와 BECTa

영국에서 교육 정보화를 담당한 최초의 기관은 교육공학연구소로 1967년 설립되어 국가산업 발전을 위한 인력 양성 및 질 높은 교육 실현을 위한 활동을 해왔다. 1986년에는 컴퓨터의 급속한 확산에 따라 컴퓨터 교육 지원단(Microelectronics Education Support Unit: MESU)이 설립되어 컴퓨터 교육 정책을 개발, 지원했고, 1988년에 NCET로 통합되면서, 교육 정보화의 전담 기관의 역할을 수행했다. NCET는 발족된 지 10년 만인 1998년 4월 BECTa로 개편되었다. 이러한 변화에는 영어가 세계 공통어인 점을 최대한 활용해 교육용 콘텐츠 산업의 세계 선두주자가 되기 위해 주력하겠다는 의지가 담겨 있다. 또한 NCET는 중앙 교육 온라인 사업인 NGfL의 전담 기관으로서 교육 정보 시스템 그리드(Grid) 개발, 운영 및 교육용 콘텐츠의 온라인 제공을 함께 담당하고 있다.

② 영국 국립 개방 대학교(Open University: OU)

고등교육기관의 정보화에 주력한 대표적인 기관으로는 1969년에 설립된 영국 국립 개방 대학교가 있다. 이는 영국뿐 아니라 유럽과 다른 나라들의 열린 교육과 사이버 교육의 발달에 크게 기여했다. OU는 또한 사이버교육 제공을 비롯하여 교원과 기업체 직원의 연수를 담당하고 있으며, 최근에는 교육 대상을 유럽 지역의 성인에게까지 확대시켰다.

구분	BECTa	NCET
목적	교육용 콘텐츠 평가를 통해 산업체의 경쟁력 강화	국가 산업 발전을 위한 인력 양성 지원을 위해 초·중·고등학교 및 대학에 질 높은 교육 실현
기능	교육 정보 시스템 그리드 개발 운영 정보통신 기술의 특수 교육 활용도 제고 교육용 콘텐츠 평가	학교 체제 및 교육 과정의 정보화 교원, 학부모, 공무원 대상 IT연수 특수 교육 분야에 IT 활용 방안 수립
주요 사업	그리드 개발운영	해외 선진 사회의 성공적인 IT 활용
예산 출처	교육용 콘텐츠 평가 NCET 사업 승계 교육 고용부 출연금 지방 정부 지원금	사례의 지속적인 조사 연구 시디롬과 휴대용 컴퓨터의 보급 사업 교육 고용부 출연금 타부처 및 타기관의 수탁 연구비
주요 IT	네트워크(웹)	시디롬, 멀티미디어, 노트북, 위성 유선 무선 방송
제작물	교육용 콘텐츠 평가 교육용 콘텐츠 개발 온라인 교육 서비스 제공	인쇄물, 인터넷 자료, 시디롬, 텔레비전 방송

③ 온라인 교육 서비스 NGfL과 그리드(Grid)

NGfL은 1997년 착수된 국가 주도의 온라인 교육 콘텐츠 서비스로, 인터넷상에 교육 정보 시스템인 그리드를 개발, 운영하는 프로젝트이다. 1998년 11월 그리드 사이트가 인터넷상에 개통되어 현재 서비스 중이며, 2002년까지 모든 학교, 단과 대학, 종합 대학, 도서관, 박물관, 갤러리의 교육 콘텐츠를 연계할 계획이다. NGfL은 현재 영국 교육 정보화의 주력 사업으로, 정보 공학을 통합해 개정한 국가 교육 과정의 학교 실행 지원은 물론, 최상의 교육용 콘텐츠를 구축해 세계 시장을 선도하겠다는 의지를 담고 있다.

④ Ufl(University for Industry)

Ufl는 NGfL 사업의 일환으로, 산업 인력의 정보통신 기술 재훈련 프로그램을 제공하는 개방 대학으로 2000년에 개교했다. Ufl는 기업의 경쟁력 강화와 개인의 고용 가능성 촉진을 목적으로 민간과, 공공 부문이 협력했으며, 2002년에는 IT를 활용해 가정, 직장 또는 지역 학습센터에서 성인들이 평생 학습할 수 있는 프로그램을 제공하는 것을 목표로 하고 있다.

⑤ 슈퍼 자넷(Super JANET)

JANET(Joint Academic Network)은 전국에 네트워크 기반을 마련하는 교육 정보망 사업이다. 정보사회에 대비한 정보활용 능력을 키우고, 열린 교육과 평생교육을 지원함과 동시에, 학교 업무의 전산화를 달성하기 위해 영국의 모든 학교, 대학, 연구소를 연결하는 사업을 진행했다. 1989년부터는 자넷을 발전시킨 초고속 교육 정보망 슈퍼 자넷의 구축 사업이 진행되었다. 슈퍼 자넷은 집단 학습과 사이버 교수·학습, 사이버 자문제공, 선진 정보 제공 등이 원활히 이루어질 수 있도록 네트워크의 질을 높이는 데 그 목적을 두고 있다.

슈퍼 자넷은 교육망을 통하여 양방향 통신을 통해 사이버 교수·학습이 가능하며, 희귀하고 다양한 정보를 확보하고 있다. 또한 집단적이거나 협력적 작업, 진보적 정보 서비스, 원거리 상담, 교수 등에 활용한다. 최근에는 초·중등 학교의 영어, 과학, 실업, 제2 외국어, 예능 등 여러 교과목에도 슈퍼 자넷을 활용하는 방안이 심도 있게 연구되어 시범 적용되고 있다.

⑥ 초고속 정보통신 교육 시범 사업

국가 교육 기술 회의는 인터넷을 교육에 활용하기 위하여 시범 사업의 선정 기준과 경비 조달 방안을 강구해 23가지의 교육부 초고속 정보통신 시범 사업(Educational Department Superhighways Initiative: EDIS)을 시작했다. 사업의 일환으로 교사의 전문성 개발을 위해 연구, 학습 지도안 작성, 학습 경영과 관련된 정보망을 구축하고 있으며 학교와 가정, 지역 사회를 연계하기 위해 과제물의 해결이나 사이버 교육의 가치를 알아보기 위한 정보망을 구축하고 있다.

2) 독일

(1) 교육 정보화 배경

독일은 철저한 교육 자치 원칙을 추구하고 있다. 따라서 교육 정보화에 있어서도 연방 및 주정부 차원에서 표준 교과 과정을 설정하여 각급 학교에 권고하고 소요 경비를 지원하는 수준으로 진행되었다. 이와 같은 교육환경은 정보기술과 통신기술이 결합해야 하는 교육 정보화 사업에 많은 제약과 한계를 가져오게 되었고, 국가 차원에서 교육 정보화를 추진해야 할 필요성이 높아졌다. 이에 따라 연방 교육 과학부가 중심이 된 국가적인 교육 정보화 프로젝트가 펼쳐지고 있으며, 1998년에는 정부의 정보사회 실행 계획이 발표되어 다양한 교육 정보화 프로젝트가 시행되었다.

(2) 교육 정보화 현황

① Fit for the Information Age

Fit for the Information Age는 1998년 국가 차원에서 제시된 정보화 프로젝트로 교사와 학생, 기업가, 멀티미디어 전문가, 노인 등이 정보기술을 쉽게 이용할 수 있도록 하는 것을 목적으로 정보기술 업체와 정부가 협력하여 다양한 프로그램을 개발·운영하는 캠페인이다. 현재 Virtual Congress, Qualification via own Initiatives, Active in the Third Phase of Life, Teach the Net, Teach Multimedia 등의 프로젝트가 진행되고 있다.

② 정보 학교 프로젝트

1996년 연방교육 과학기술부는 대표적인 정보통신업체인 Deursche Telekom사에 정보 학교(Schools on the Network) 프로젝트를 의뢰했다. 이 프로젝트는 일정 수의 학교, 기관, 도서관, 박물관, 중소 기업, 직능 단체 등을 광케이블로 연결해 일반 교육에서 정보통신의 기반과 사이버 교육의 영향을 알아보고자 하는 것이다.

③ COMENIUS 시범 사업

베를린에서는 1995년 여름부터 베를린 소재 자료 센터와 5개의 공립 학교를 광케이블로 연결해 학교마다 멀티미디어 워크스테이션 장비를 갖춘 학습장을 만들고 이들을 랜(LAN)으로 학교 서버와 연결했다. 이 사업의 목적은 접속의 증대, 교육비용의 절감, 교육이나 훈련의 질과 효율성 증대를 통한 효율적인 교육 방안의 모색에 있으며 공동의 과제를 통해 열린 교육을 실시하는 데 있다.

3) 프랑스

(1) 교육 정보화 배경

프랑스는 1980년대부터, 미니텔이라는 비디오 텍스트 시스템의 전국적인 보급을 통해 교육 정보화에 있어 선도적인 위치를 확보했다. 미니텔은 교육을 비롯하여 영화, 홈쇼핑, 홈뱅킹 등을 온라인으로 일반 가정에 보내는 효과를 거두었으나, 오히려 인터넷에 대응하는 속도가 늦어지게 되는 결과를 낳았다. 1998년 1월 국가 차원에서 인터넷의 적극 수용과 활용이 필요하다는 인식에서 「정보사회를 향한 실행계획」이 발표되었는데, 여기에는 교육 부문을 정보화의 최우선 대상으로 하는 여러 가지 교육 정보화 계획들이 포함되어 있다.

이에 따라 1998년 8월, 교육부에서는 교육 부문 혁신을 위한 정부의 실행 계획과 관련된 정책을 발표했고, 멀티미디어 교육 산업을 위해 약 2억 프랑의 초기 기금을 조성하는 등 혁신적인 교육 정보화 사업을 추진하고 있다.

현재 실시 중인 프랑스 교육부의 교육 정보화 정책으로는 학교 정보화와 교사교육, 대학망 구축, 교육 위성 등이 포함되어 있으며, EDUC-NET과 EDUCASOURCE라는 교육 정보 시스템이 인터넷상에 구축되고 있다.

(2) 교육 정보화 현황

① 학교 정보화

프랑스의 네트워크 구축 상황을 살펴보면, 고등학교의 82%, 단과 대학의 60%가 인터넷에 연결되어 있는 반면, 초등학교는 상대적으로 뒤처져 있는 형편이다. 또한 Eutelsat, Canal+ 등의 교육 위성이 실험 가동 중으로, 위성방송을 활용한 교육용 멀티미디어 방송 프로그램에 대한 계획도 갖고 있다.

② EDUCNET과 EDUCASOURCE

EDUCNET은 프랑스 교육부가 구축한 교육 네트워크로 다양한 교육 자원들을 제공하고, 교육 정보화에 대한 정보를 공유하며, 홍보하는 역할을 한다. 교육용 콘텐트의 개발 부분에 있어서는 EDUCASOURCE 라는 프로젝트를 통해 교육 과정에 따른 자원들을 제공한다.

4) 스웨덴

(1) 교육 정보화 배경

스웨덴은 EU 중심의 국제적 정보화 실행에 있어서 구심적인 역할을 수행하고 있는 나라로, 1994년 「Wings to Human Ability」라는 캠페인을 통해 교육 정보화를 본격적으로 실시했다. 세계 최고의 복지 국가답게 스웨덴의 교육 정보화는 삶의 질 향상과 민주주의의 강화, 고용 창출, 소외 계층의 정보통신 활용 등에 초점을 맞추고 있다. 그리고 공청회를 통해 광범위한 여론을 수렴하고, 이를 바탕으로 교육 정보화 정책을 채택해 실행하고 있다.

스웨덴의 정보화 전담기구는 1994년 설립된 정부 자문기구인 IT 위원회(Information Technology Commission)로 정보화 관련 계획 수립과 구체적인 프로젝트 재정 지원을 담당한다. IT 위원회는 교육과 지식, 문화, 미디어 등의 부문에 우선 순위를 두어 중점적으로 정보화를 진행하고 있다.

1998년에는 교육 부문의 정보화 추진 활동에 중점을 두고 학교의 IT 활용을 촉진하기 위한 범국가적 프로그램을 착수했다. 이 프로그램의 핵심 목표는 학생 및 6만여 명의 교사를 대상으로 교육 도구로서의 IT 활용을 교육하는 데 있다. 그밖에도 모든 학교를 인터넷에 연계하고 학생 및 교사에게 전자 우편 주소를 부여하며, 특히 장애인 학생을 위한 IT개발, 스웨덴과 유럽 네트워크 공동구축 등을 주요 추진 프로그램으로 책정했다.

(2) 교육 정보화 현황

① 소피아 학교(Sofia Skola)
소피아 학교는 다른 나라에 있는 스웨덴 국민들을 위한 컴퓨터 활용 교육기관으로, 현재 200명의 학생들이 재학 중이다. 학교는 최상의 모뎀을 통해 강의물, 시험지, 과제, 지도 등을 전송하고 학생들은 일과에 따라 네트워크를 통해서 학습을 진행한다. 질문이나 과제물, 시험지 등도 스톡홀름의 교사에게 제출해 피드백을 받는다.

5) 덴마크

(1) 교육 정보화 배경

덴마크의 정부 차원 교육 정보화는 1994년 3월 발표된 「정보화 사회 2000」이라는 보고서로부터 시작되었다. 이 보고서에는 정보기술을 경제 성장, 삶의 질 향상, 보다 나은 서비스를 위한 자원으로 인식하고 여러 가지 정보화 정책을 제안, 실시했다. 1995~97년까지 덴마크 정보 사회 전략을 추진하기 위한 연간 실행 계획을 담은 「IT Action Plan」을 발표 · 실행했다. 덴마크의 정보화의 특징은 정보기술의 활용에 있어서 공공 부문의 역할을 중시한다는 점에 있다. 교육 부문의 경우 학교 정보화보다는 평생교육 분야에 초점을 맞추어 도서관 및 공공 시설에서 모든 국민이 활용할 수 있는 인프라 구축, 전국민의 컴퓨터 사용능력 배양 등에 중점을 두었다.

(2) 교육 정보화 현황

① 학교 정보화
학교 정보화 부문에 있어서는 초 · 중등 학교에 매년 1만 2,500대의 PC를 추가 구입하여 인터넷 시설을 구축하고 있으며, 교사의 정보화 교육과 평생 학습 및 대학 간의 사이버 교육 협력, IT 연구 개발 등에 중점적으로 투자하고 있다.

② Danish IT Speech
덴마크는 「Danish IT Speech」라는 프로젝트를 통해 음성인식 기술

을 활용한 언어 학습과 컴퓨터 전자사전 등을 제공하고 있다. 또한
「Denmark's Electronic Research Library」라는 연구 도서관을 인터넷상
에 구축해 교육 정보화를 적극적으로 추진하고 있다.

3. 각국의 사이버 교육 사례

1) 영국 개방대학교

OU는 1971년에 개교했다. OU는 현재 영국에서 매년 배출되는 대
졸자의 9% 정도를 배출할 정도로 양적인 면에서도 매우 중요한 위치
를 차지하고 있다. 또한 선구적인 교육 방법, 각 분야의 전문가들이 팀
을 구성하여 심혈을 기울여 제작한 교육 매체, 높은 수준의 교육 내용
등 여러 면에서 전세계적으로 주목의 대상이 되고 있다.

교육학적 측면에서의 선구적 업적 외에도, 기타 영국의 대학과는 달
리 남녀 학생수가 거의 같다는 점, 학생의 4분의 3 가량이 정규 근로자
라는 점, 학생의 약 절반이 생산직 근로자인 아버지를 가졌다는 점(일
반 대학의 경우는 그 비율이 약 20%), 다른 영국 대학을 합친 것보다
훨씬 많은 수의 장애자 학생이 다니고 있다는 점 등의 사실에서 볼 때
OU는 영국의 경제 발전과 고용의 안정, 사회적 형평을 높이는 데 크게
기여하고 있다고 할 수 있다.

OU의 기원은 1963년 당시 야당 당수였던 해롤드 윌슨(Harold Wil-
son)이 글래스고에서 행한 연설 중 「방송대학」에 대한 그의 견해를 피
력한 데서 유래된다. OU는 라디오와 TV를 교수 체제로 수용하는 가정

학습 대학(Home Study University)으로서, 대학 졸업 자격을 가진 교사 및 과학자, 공학자를 양성하는 데 그 목적이 있었다. 1960년대 당시 졸업생 중 6~7%만이 고등교육을 받기 위해 진학했는데 이 비율은 다른 선진국들에 비해 상당히 낮은 수치였다. 런던 대학 교외 학위과정(External Degree Programme)에 등록한 2만여 명의 학생 중 7,000명이 통신을 통해 공부하고 있었다는 것을 보면 고등교육을 받으려는 욕구가 높았다는 것을 알 수 있다. 그리고 50만 명 이상이 그 밖의 기관에서 행하는 통신 교육 강좌에 참여하고 있었다는 점도 이를 잘 말해준다. 1964년 수상에 당선된 윌슨은 교육 과학성 관리인 제니 리(Jennie Lee)로 하여금 방송 대학 프로젝트의 책임을 맡게 했다. 1967년 정부는 계획 위원회를 창설하였고, 1969년 작성된 보고서는 OU에 대한 청사진을 제공했다.

보고서가 발표될 무렵 윌슨 페리(Wilson Perry)가 부총장에, 아나스타시스 크리스토도울루(Anastasis Christodoulou)가 사무국장에 임명되었고, 학교 본부는 런던에서 서북부로 72km 떨어진 밀튼 키네스(Milton Keynes)에 설립되었다. 1969년 황실 헌장(Royal Charter)은 개방 대학이 독립적이고 자주적인 교육기관으로서 독자적인 학위수여를 승인했다. 또한 개방 대학은 40명의 교수팀과 학교 운영에 필요한 행정 요원을 구성하고 운영상의 여러 조건을 완비했다. 이에 따라 BBC는 알레산드라 팔레스(Alexandra Palace)에 개방 대학 TV, 라디오 프로그램 제작소를 설치해 1970년 1월, 처음으로 학생을 모집했고, 이듬해 첫 방송통신 대학 강의가 시작되었다.

1979년에는 7만 8,000명의 재학생이 있었으며, 3만 2,000명의 졸업생을 배출했다. 이러한 개방 대학은 집에서 자기가 편리한 시간에 공부할 수 있다는 것, 성인이 된 후에도 대학교육을 받을 수 있으며, 사회 생활을 하면서도 필요한 지식을 취득할 수 있다는 점에서 많은 환영을 받았다.

개방 대학의 입학 자격은 21세 이상의 성인이면 학력, 직업 등의 제한 없이 누구나 선착순에 의해 선발된다. 등록 신청은 매년 6월에 마감하며, 학기 시작은 이듬해에 시작한다. 새로 들어온 학생에겐 3개월 간의 실험 기간을 주는데, 이 때 자기의 수업 능력을 지켜보면서 가정, 직장, 학교 생활을 잘 병행해 나갈 수 있는지 스스로 파악한다. 따라서 처음에는 기본 학습비만 지불하고, 실험 기간이 끝난 후 계속 공부할 의사가 분명해졌을 때, 나머지 수업료를 지불하게 된다. 보통 25%가 포기하나 70% 이상은 그 해의 학과를 모두 마치고 학점을 취득한다.

학생 현황을 보면, 연령은 대체로 21세부터 70세에 이르기까지 폭넓은 분포를 보이고, 60%이상이 20대 후반부터 30대다. 남녀의 비율은 처음에는 여자가 4분의 1 정도였으나 해마다 그 비율이 늘고 있는 추세다. 직업별로 본다면, 초기에는 교사와 전문직이 많았으나, 현재는 기술 분야에 종사하는 사람이 많다.

개방 대학의 주요 교수 프로그램은 대학 과정(Undergraduate Program), 학부 후 과정(Postgraduate Program), 준 학생 과정(Associate Student Program)의 3가지로 이루어져 있다. 그 밖에 연구 프로그램, 교육기관 연구 및 개발 프로그램, 국제활동 프로그램, 경영 프로그램 등이 있다. 세부적인 내용은 다음과 같다.

(1) OU의 교육과정

OU에서 제공하는 교육과정(programme)으로는 학사학위 과정, 고급학위 과정, 계속 교육 과정이 있다.

① 학사학위 과정(undergraduate programme)

OU 교육의 중심이 되는 과정으로서, 학사학위 과정에서 공부하는 과목들은 학문의 영역에 따라 인문 과학(arts), 사회 과학(social science), 교육학(education), 수학(mathematics), 자연 과학(science), 공학(technology), 기타(각 학문 분야가 중첩되는 여성학, 제3세계 연구 등) 과목으로 구분되며, 각 교과목은 난이도와 이수의 순서에 따라 기초 과목(foundation course)과 2~4단계로 구분된다.

이를 우리나라의 방송통신대학교의 경우와 비교하면, OU는 광역 학문 계열별로 전공이 구분되고 전공하지 않는 타부분의 과목까지 선택할 수 있도록 학생들의 과목 선택폭이 무제한적인데 비하여, 우리나라의 방송통신대학교에서는 세분된 학과별로 전공이 나누어져 있는 대신 학과 내 과목 선택의 폭이 좁다.

그리고 OU에는 방송통신대학교에서는 개설되어 있지 않은 수학, 과학, 공학 부분도 전공할 수 있다.

② 고급학위 과정(higher degree programme)

이 과정에는 사이버 교육 방식으로 수업을 진행하는 과정인 수업에 의한 석사(taught master degree)과정과 지도교수의 지도에 따라 연구 논문만을 제출하는 연구 학위(M. Phil 및 Ph. d.) 과정이 있다. 수업에 의한 석사과정이 설치되어 있는 분야는 경영학(MBA), 수학(MSc), 교육 및 사회 연구(MSc), 교육학(MA), 문학(MA), 공학(MSc in manufacturing), 응용 전산학(MSc in industrial application of computers) 등이다.

1989년 수업에 의한 석사학위 각 과정별 재학생수와 졸업생 누계는 〈표 5-3〉과 같다.

③ 교육과정

비 학위 과정으로서 과목의 성격에 따라 자격증 취득 등 수강자들의 경력 개발에 도움이 되는 과정(컴퓨터, 엔지니어링, 경영관리 분야의 과목), 가족 및 지역 사회 활동과 관련된 과정(어린이, 육아, 노인에 대한 보살핌, 정년 퇴직에 대한 대비 등의 과목), 수강생들이 관심을 갖고 있는 분야를 공부하는 과정 등과 같이 학부 과정에서 개설되는 것과 동일한 교과목을 9개월 간 교육하는 세 가지로 나눌 수 있다.

위의 9개월 과정을 수료하는 사람 중에는 학위 과정 입학 허가를 받는 데 실패한 사람도 더러 있는 것으로 보인다. 위 9개월 간의 교육 과정을 통해 학부과정에서 개설되는 것과 동일한 과목을 이수하고 시험도 합격한 경우에는 수강생에게 과목 이수증서(certificate of satisfactory completion)를 수여한다. 이 증서를 받은 사람이 나중에 학위과정에 정식 입학하고 기초과정을 이수한 다음 과목 면제를 신청하면 일정한

〈표 5-3〉 수업에 따른 석사학위 과정 현황(1989)		(단위: 명)
과 정	재학생수	졸업생 누계
문 학	122	55
교육 및 사회 연구	128	144
수 학	136	32
경영학	744	–
교육학	1,532	293
공 학	16	1
응용 전산학	2	–

한도 이내에서 계속 교육 과정에서 이수한 과목을 학위과정의 이수 학점으로 전환(conversion)할 수 있다. 1988학년도에 위 9개월 과정 이수를 신청한 학생은 약 1만 2,000명이었으며, 그중 과목 이수증서를 받기 위한 시험 응시자는 6,835명, 합격자는 6,427명이었다.

자격 시험과 관련된 과목의 수강자는 관련된 과목의 학습자료(study pack)를 구입한 다음 학습은 자율적으로 진행한다. 1989년도의 학습자료 판매량과 학습자료가 개발되어 있는 과목 수를 교육 분야로 나눠 보면 〈표 5-4〉와 같다.

(2) OU의 조직

① 교육 연구 조직

위에서 열거한 과정과 코스를 교육하고, 교육 자료를 개발하기 위한 교육 연구 조직은 크게 5개 학부, 2개 대학과 기타 조직으로 나누어진다. 5개 학부란 인문 과학부(Arts), 사회 과학부(Social science), 수학부(Mathematics), 자연 과학부(Science), 공학부(Technology)를 말하며, 2

〈표 5-4〉 학습자료의 개발 및 판매현황(1989)		
분 야	개발 과목수	판매량
지역 사회교육	23	167
보건 및 사회보장	9	836
경영 교육	15	262
교양 교육	12	304
교사 교육	2	304
과학기술 교육	46	22
합 계	137	1,895

개 대학은 교육대학(School of Education), 경영대학(School of Management)이다. 이 가운데 경영대학은 학부과정이 없고 대학원만 있다. 기타 교육 연구 조직으로는 교육공학 연구소(Institute of Educational Technology), 계속 교육부(Continuing Education), 지역 학습 후원부(Regional Academic Service) 및 지역 학습관이 있다.

이들 기관에 근무하는 교수 연구요원(academic staff)은 약 786명이며, 여기에 행정 요원 660명을 합쳐 OU의 전임 교직원은 약 1,446명이다. 전임 교직원 이외에 비상근 학습지도 및 상담요원(tutorial and counseling staff)이 5,582명에 이르고 있다. 그 밖에 OU에서 근무하면서 OU의 교육과 관련된 일을 하지만 OU에 소속되지 않은 약 370명의 방송국 요원이 있다.

대학의 전임 연구원과 교수요원 중 대학본부에 있는 교수요원이 447명, 연구 요원(research staff)이 108명, 지역 학습관에 근무하는 교수요원이 231명이다. 본부 근무 교수요원을 주요 조직별로 구분하면 인문과학부 41명, 사회 과학부 57명, 수학부 54명, 자연 과학부 7명, 공학부 78명, 교육대학 49명, 경영대학 22명, 교육공학 연구소 39명, 계속교육부 39명, 기타 8명으로 구성되어 있다.

2) 네덜란드 개방대학교(The Open University of the Netherlands: OUN)

OUN는 연구 장소, 연구 시간, 연구 진행 속도에 관해 상당한 재량을 가지고 고등 개방 원격교육(open higher distance education)을 개발하고 제공한다. 「독립 학문 안내(guided independent study)」 과정은 모듈 시스템으로 학생이 교과목이나 교과 과정을 다양하게 선택해 학점을 얻을 수 있도록 한다. 결과적으로 연구의 강도나 사전 지식에 있어 매우 다른 학생 부류가 형성된다.

(1) 설립목적

- 성인들에 대한 교육 기회의 확대.
- 고등교육기관의 재적학생의 감소.
- 학생 1인당 교육비의 절감 및 교수방법과 교육 과정의 혁신.

(2) 운영상의 특징

① 공개 입학

18세 이상의 모든 지원자는 자격이나 과거의 교육과는 관계 없이 입학이 허가된다. 기획 위원회는 입학 최저 연령을 21세로 할 것을 제안했으나, 의회는 18세로 결정했다.

입학 지원자의 결정은 자기 자신의 성공 기회에 대한 실제적인 평가에 근거한 것이어야 한다. 개방 대학은 전국 24개 지역의 학습 센터에 정보 제공, 조언, 안내 등의 업무를 담당할 부서를 두고 있다. 오리엔테이션 과정에서 학생들은 자신의 능력을 스스로 평가해보는 기회를 가질 수 있다.

② 강좌의 자유 선택

개방 대학은 사전에 계획된 학과 과정을 마련하지는 않는다. 학생 자신이 여러 이수 과정의 강좌들을 놓고 그 이수 기간, 전문화의 정도,

방향 등을 고려하여 수강 계획을 만든다. 학위 과정에는 총 이수학점 가운데 최소한의 필수 과목을 배정하게 되어 있다. 한 과목이 1학점이고, 정상적인 학생은 해당 과목당 200시간을 공부해야 한다. 각 과목은 2학점까지 취득할 수 있도록 되어 있다.

③ 학습 속도의 자유 조절

학습자 스스로 학습 속도를 조절하는 것은 학생들에게 규칙적인 학습을 촉진시킨다. 생활과 직업이 다양한 학생들은 해마다 자기가 원하는 만큼의 강좌를 자유롭게 택하고, 과목에 따라서는 시험도 학기가 끝난 뒤 자기 사정에 맞춰 자유롭게 치를 수 있다.

(3) 교육 대상

① 학력에 의한 구분
- 정규 2차 교육을 받지 않은 집단.
- 과거에 고등교육을 받을 수 없었거나 받지 않은 사람의 집단.
- 공부와 직장을 다녀야 하는 고등학교를 막 마친 젊은이들.
- 대학(university)의 학위를 얻고 싶어하는 전문 학교(college) 출신자들.
- 고등교육을 계속받고 싶어하는 대학이나 전문 학교의 탈락자들.
- 더 많은 교육을 받고 싶어하는 대학이나 전문 학교의 졸업자들.

개방 대학의 교육 정책은 그 중 처음의 두 집단을 가장 중요하게 여기고 있다.

② 학생의 학습 목표에 의한 구분

학습 목표를 중심으로 생각하면, 학위나 자격을 위해 공부하는 사람들과 학위나 자격, 증명서까지도 원하지 않으면서 공부를 원하는 사람들로 구분할 수 있을 것이다. 후자에 속하는 사람들이 상당수에 이른다.

(4) 교육 방식

여러 가지 매체의 도움을 받는 자율 학습이 개방 대학의 기초가 된다. 기획 위원회는 여러 매체가 가지는 장단점과, 어떤 매체를 선택할 때를 가정해 경비를 비교하기도 했다.

① 사전 작업

학습 목표는 지식의 획득과 기능의 획득이라는 두 가지 범주로 분류할 수 있다. 기능이란 지식에 관한 활동이나 지식을 갖고 할 수 있는 활동과 관계된다. 고등교육의 경우 기능은 소홀히 되는 경향이 있다. 교수와 학습이 모두 지식의 재생산에 편중되고 있다. 이런 재생 학습의 위험은 사이버 교육의 경우 훨씬 크다. 이런 위험을 피하기 위해서 기획 위원회는 두 가지 형태의 범주를 모두 보장할 수 있는 방법을 선택해야 했으며, 어떤 형태의 이수과정과 강좌가 적절할지를 결정해야 했다. 물론 학습 목표를 고려하고 사이버 교육의 방법상의 특수성에도 유의했다.

② 인쇄물

고등교육의 학습 목표와 사이버 교육 방법이 지니는 속성을 충분히 비교해 가장 기본적인 방법을 선택했다. 인쇄물이 시청각 자료나 컴퓨터에 우선한다. 네덜란드의 경우에는 인쇄물이 훨씬 경제적인 방법이기 때문이다.

확인 점검 제도를 통해 인쇄물에 의한 교육의 효과를 유지·향상시키고자 노력했다. 그런 제도는 통신 과정에 과제물을 부여하고, 그것을 지도 교수나 컴퓨터가 확인·평가하는 방법으로 실현된다.

③ 컴퓨터

컴퓨터는 일종의 보완 설비지만 대단히 중요한 역할을 한다. 지역 학습 센터에서도 컴퓨터 터미널을 두고 있어 그 이용이 가능하다. 컴퓨터의 주요 공헌은 학생과 교사 상호 간의 관계를 더욱 가깝게 해준다는 데 있다. 어떤 인지 과정에서의 실수도 그 위치를 밝혀낼 수 있고, 즉시 정정할 수 있으며, 교정 학습도 컴퓨터를 통해 이루어질 수 있다.

개방 대학은 인쇄물과 컴퓨터화한 교수 방법의 결합을 통해서 그 주된 교육 기능을 수행하고 있다. 이러한 형태의 교수 방법에 대한 학생이나 교수진의 태도가 컴퓨터의 이용 범위를 결정해줄 것이다.

④ 시청각 매체

시청각 매체는 중요한 역할을 하고 있지 않다. 물론 시청각 매체를 필요로 하는 몇 개의 과정은 예외다. 시청각 매체가 갖는 특수한 이점이 꼭 필요한 곳에서만 쓰이게 되는 것은 그 비용 때문이다. 예를 들면 언어 학습에는 녹음 테이프가 말하기와 듣기에 사용되고 있다. 텔레비전과 라디오는 코스를 보급하는 데 별 역할을 하지 못한다. 텔레비전 방송을 하는 경우는 극히 드문데, 그것은 시간대가 극히 한정되어 있기 때문이다. 따라서 지역 학습 센터에, 궁극적으로는 가정에까지 시청각 자료를 보급하는 방안을 연구하고 있다.

⑤ 개별 지도

학생 개개인의 연구나 논문 작성, 학위 논문 등을 위해서는 개별적인 지도가 제공된다. 약간의 교정 학습이 학습 센터나 전화로 이루어질 수 있으며, 학습 센터에 출석하는 것은 그것이 학습목표 성취를 위해 어쩔 수 없는 경우로 제한하고 있다.

(5) 문제점

네덜란드 개방 대학교에서 현재 활용하고 있는 학습 자료는 주로 인쇄 교재다. 이는 매우 경직된 접근 방법이며 두 가지 주요한 문제를 일으킨다. 첫째는 경제적·교육적인 문제로, 학습 교재의 고안, 제작과 사용의 전과정에서 속도와 비용, 개발되는 자료의 일관성, 유연성 등을 따져볼 때 효율성이 낮다는 점이다. 또한 교재의 개편은 전과정을 다시 시작하는 것을 의미한다. 두번째로 지적되는 문제점은 인쇄 교재는 품질이 낮고, 학생의 개별적 연구 과정에의 적합성에 있어서 효과가 낮다는 점이다.

이러한 문제점이 지적되면서, 학습자료의 개발, 제작과 이용의 경제적·교육적·기술적 문제를 다루기 위해 「대화형 학습 과정 개발 환경(ILCE)」으로 불리는 프로젝트가 제안되었다. 이 프로젝트는 한편에서는 과정 개발팀과 개별 지도 교사의 작업을 지원하고, 다른 한편으로는 학생의 학업을 지원하기 위해, 컴퓨터 이용 시스템의 연구, 고안, 설계에 초점을 맞춘 것으로, 이는 네덜란드 개방 대학교에서의 사용과는 별도로 교육기관과 전문기관을 지원하는 교육 패키지의 일부로도 사용되고 있다. 이에 따라 교육기관과 전문 기관은 사이버 교육 환경을 개발해서 기관마다 특수한 상황에 맞게 적용할 기본 원칙을 숙달하게 되었다.

3) 독일

독일의 사이버 교육은 영국의 대학 개방 운동에 영향을 받아 비교적 오랜 역사를 갖고 있으나, 두 차례의 전쟁으로 말미암아 확대되지 못했다. 1956년 괴팅겐 대학교에서 지역사회 주민을 위한 프로그램을 실시해 점점 국민들의 호응을 얻게 되자 각 대학으로 확장되기 시작했다.

1965년 튀빙겐에서 독일 원격교육기관(German Institute of Distance Education)이 창설되어 사이버 교육 계획에 주와 연방 정부가 참여했고, 1970년에는 독일 대학들을 복합 매체 사이버 교육 프로젝트에 포함시키려는 계획이 설정되었다. 어떻게 보면 이 때부터 본격적으로 독일 개방 대학이 시작되었다고 할 수 있다

그러나 이렇게 본격적으로 시작된 독일의 사이버 교육은 한편으로는 심각한 비판을 받게 되었다. 한 마디로 독일의 사이버 교육에서의 큰 문제점은 탈락생 비율이 다른 기관에 비해 상당히 높다는 데 있었다. 1981년 말까지 66명의 졸업생만이 배출되었다는 사실은 과연 사이버 대학이 성공적일 수 있겠느냐는 논란의 여지가 되었다. 이것은 독

일 사이버 대학의 학문적 기준이 매우 높아서, 다른 나라 대학 졸업생보다 엄격한 학습을 요구하는 데 그 원인이 있다.

특히 학생들로 하여금 미리 정해진 기간 내에 과제물을 제출토록 하는 엄한 페이싱 시스템(Pacing system)을 적용하고, 교재도 학생들의 진도나 희망에 관계없이 여러 교수진이 설정한 시간표에 따라 정규적으로 배부하며, 학생들이 제출한 과제물이 거의 지적이나 조언 없이 되돌려지는 쌍방향 의사소통의 부재가 영국 개방 대학의 학습 절차와 비교할 때 두드러지게 구분되는 점이라 볼 수 있다.

그래서 어떤 이들은 사이버 대학(Fernuniversitat)의 명칭이 내포하고 있는 의미와는 반대로 엄밀한 의미에서 독일 사이버 대학은 사이버 교육기관으로 간주될 수 없다고 주장하기도 한다. 좀더 체계적이고 현실적인 사이버 학습을 도입하려면, 각 학생들에게 자율성을 부여해야 하고 효과적인 쌍방향 의사소통에 기반을 둔 개별 학습을 강조해야 하는데, 종래의 전통적 독일 대학 체제와 병행해 나간다면 독일 사이버 교육은 위태로울 것이라고 예견하고 있다.

사례

독일 개방 대학

1974년 북(北)라인 베스트팔렌 주의 사회 민주주의 정부는 사이버 대학의 창설을 선포하고, 오토 페테르(Dr. Otto Peters)를 초대 부총장으로 임명했다. 이듬해에는 임직원, 수학, 교육학, 경제학 교수들이 임명되었고, 70강좌 이상이 준비되어, 그 해 9월 첫 수강생들을 받기 시작했는데, 등록 학생수는 1,304명이었다.

1976년과 1977년 사이에 강좌수가 증설되었고, 1977년의 등록 학생수는 1만 1,671명으로 증가되었으며, 1981년에는 2만 991명으로 늘어나 재정적인 문제로 인해 학생들에게 인쇄비를 부담하기에 이르렀다. 또한 하겐에 위치한 대학의 일부를 그곳에서 20Km 정도 떨어진 보쿰대학교(University of Bochum)의 사용하지 않는 건물로 이동시키게 되었다.

독일 사이버 대학의 공식명칭은 「Fernuniversitat-Gesamthochschule in Hagen」으로서, 「Fern」은 멀리 떨어져 있음을 의미하고 「Gesamthochschule」는 「전통적 대학의 교과 과정에 기술 전문 대학의 교과 과정을 병합시킨 종합 대학」을 의미한다.

■ 설립 목적

초창기의 설립 목적은 첫째 학문 연구를 위한 이해를 제공함으로써 독일 대학 체제 내에 더 많은 학생 수를 수용하며, 둘째 학구적인 계속 교육 체제를 개발하고, 셋째 새로운 교수 방법론과 매체를 개발함으로써 대학에서의 교수질을 개혁하려는 데 있었다. 그 후 이 목표는 1977년 6월에 일부 수정되어, 학교를 떠난 사람들의 교외 학습 장소(extra place)로서도 제공될 수 있도록 했다. 그리고 사이버 대학 자체 내에서도 나름대로 목표를 설정했는데 첫째 독일 연방공화국 국민은 많은 수가 사이버 대학에 등록할 수 있도록 하고, 둘째 대학사회에서 인정받는 인쇄 학습자료를 제작하고, 셋째 다른 독일 대학과 동등한 자격을 부여받을 수 있도록 하며, 아울러 전통적 대학 수준에 비추어 우수한 졸업생을 배출키 위해 철저한 교육을 실시하도록 했다.

■ 재학생 특성

학생들은 크게 네 가지 유형으로 분류될 수 있다. 첫째, 학위 취득을 위한 종일반 학생(full-time student), 둘째 시간반 학생(part-time student), 셋째 학위와 무관한 전문적 혹은 개인적 계속 교육을 위한 청강생, 그리고 마지막으로 전통적인 대학에 재학 중인 학생들로 자기 대학에서 개설하지 않는 학과목을 수강하거나 자기 학습에 도움이 되는 부차적인 학습 자료를 얻기 위해서 등록하는 학생들이다. 그 외에 독일어를 해독할 수 있는 외국인도 수강이 가능하다. 1981년도 등록학생 중 75%가 남성이었으며, 연령별로 볼 때도 4분의 3정도가 25세 이상의 고령자였다. 그리고 86%가 직업에 종사하고 있었고 학생의 절반 정도가 북라인 베스트팔렌 주 외에 거주하고 있었다.

■ 사이버 교육의 정착을 위한 FU의 정책

FU에 등록하기 전에 모든 예비 학생들은 「학습방법」이라고 불리는 예비 과정에 들어갈 수 있는 기회가 주어진다. 거기에서 하는 것은 정규 과정과는 다르다.

「학습방법」은, 본격적인 사이버 교육이 시작되기 전에 제공되는 학습 상담이라고 볼 수 있는데, 상담자는 학습자에게 그의 생활 상태, 학습 동기, 학습 습관 등에 관한 여러 질문들을 던지게 되고, 이러한 질문들은 학습자에게 공부한다는 것에 대해 일종의 자기 성찰을 할 수 있도록 함으로써 자신의 학습 동기를 파악하게 한다.

학습자가 실제적인 질문을 해오면, 대학은 우편으로 상담 서비스를 제공한다. 그래서 학생들의 생활 환경에 대한 자료와 함께 학습동기 상담과 학교 적응이라고 하는 문제에 대한 정보를 수집하게 된다. 학습자의 질문들은 컴퓨터에 입력되어 각 문제 영역에 대한 자료 은행에 포함된다.

학습자는 질문에 대해 평균 5~30개의 텍스트 모듈로 된 편지를 1주일 내에 받게 된다. 편지들 중 96%는 전적으로 개인적인 것이다. 각 계절마다 4,000통 정도의 편지를 발송하는데, 동일한 내용의 편지는 전혀 없다.

편지에 담긴 정보는 학습자가 장래 희망을 실현하기 위해 노력하는 데 의욕을 북돋아준다. 그런데 89%에 달하는 학생들이 그러한 편지가 도움이 된다고 생각했으며 이러한 상담기구가 계속되기를 원했다.

독일 개방 대학의 이 같은 초기 원격 상담은 두 가지 측면에서 주목할 만하다. 첫째 사이버 학습을 시작하고자 원할 때 학습자 스스로가 좋은 학습 의지를 견지하지 않으면 안 된다는 것을 확신시켜주기 위한 목적으로 운영되며, 둘째 단순한 정보처리의 의도가 아니라 자기 성찰을 이끌어내기 위한 분위기를 조성할 수 있도록 한다는 것이다.

4) 덴마크

(1) 국가적 배경

덴마크는 공개 토론회 등을 통해 첨단 매체 이용에 관심을 가졌으나, 오직 초등학교와 중등학교의 컴퓨터 교육에 초점이 맞추어져 있는 경향이 있다.

교육 매체와 교육 보조재는 몇백 년 동안 덴마크 교육 시스템의 본질적인 부분으로 책, 칠판, 백묵, 투시 환등기(overhead projector), 오디오 카세트, 비디오 등이 사용되었다. 이러한 보조 기구들은 인구 밀도가 높은 나라(인구 520만, 면적 4만 4,000km²)에 매우 적합하다.

덴마크는 무상 공공 교육(free public education)의 오랜 전통을 가지고 있어 다른 나라들과는 달리 교육기관은 국가 전역에 골고루 분포되어 있으며 고등교육 수준의 몇몇 과정을 제외하고는 요건만 충족되면 입학은 비교적 자유롭다.

높은 인구 밀도와 잘 갖춰진 교통망은 가정과 교육기관 간에 거리를 좁혔고, 야간 수업과 주말 수업을 통해 성인 교육(adult education)을 실시해왔다. 이러한 요인으로 학교와 대학은 노트와 교과서 위주의 전통적인 교육형태가 유지되었다. 이와 같은 교육 전달 방식(delivery mode)은 높은 수준의 교육재정 지원이 뒷받침된 것으로 덴마크의 대부분 교육 시스템에서 교사 대 학생 평균 비율 1 대 20으로 유지된다.

따라서 덴마크의 교육 전문가를 포함한 대부분의 사람들은 이러한 가르치고 배우는 방법이 최선이라고 최근까지 이해해왔다. 물론 사이버 교육 방식이 있다는 사실을 알고 있었다. 교육 방송(라디오와 텔레비전)과 통신과정 형태의 사이버 교육은 지금까지도 활용되고 있다. 그러나 공교육 시스템의 주요한 일부분으로서 사이버 교육에 관한 어떤 공식적인 교육 정책도 최근까지 명백히 거론되지 않았다.

사이버 교육 개발에 대한 국민적 관심은 거의 없었지만 정부는 막 출현하고 있었던 컴퓨터 또는 모듈(module)의 사용 증대를 꾀했다.

1970년대 덴마크 중앙정부와 지방정부는 고등교육 과정에서 컴퓨터를 활용한 학습(computer-assisted learning: CAL)의 가능성을 분석하기 위해 한 위원를 설립했다. 위원회의 전반적인 결론은, 의학 교육에서는 몇몇 성공적인 시도가 있었지만 CAL 전달방식은 비용이 많이 들고 오직 매체 기술에 근거한 학습에만 사용된다는 것이다. 그 단계에서의 위원회 평가는 CAL을 고등교육에 일반적으로 적용할 수 없다는 것이었다.

이러한 이유 때문에 1990년대까지 교실 교육의 일부분으로서 사이버 교육과 기술 매체(distance education and technology supported)를 활용한 전달 방식(delivery systems)은 덴마크 교육의 주류로서는 적당치 않은 것으로 판단되었다.

(2) 사이버 교육의 도입방안 모색

성인을 위한 학위 과정으로 가장 탄력적인 모델은 OU다.

이 모델은, 덴마크와 같은 특징을 많이 가지고 있는 네덜란드에서 수년 전에 도입하여 설립이 착수되었는데, 덴마크에서도 평생교육 가능성이 있는 역할 모델로서 검토되었다.

그러나 결론은 특별한 목적을 가진 개방 대학 모델이 덴마크 상황에서는 적당하지 않다는 것이었다. 그 만한 규모의 제2 교육 기회 시스템이 전혀 필요하지 않다는 것이다. 그러나 1980년대 말 컴퓨터와 네트워크가 몇 년 안에 사회 각 부문에서 일상생활의 주요 부분이 될 것이라는 사실이 명백하게 제시되었다.

반면에 성인을 위한 좀더 유연한 과정이 필요했지만 편리한 이동 거리 지역 내에는 전통적인 교실 위주의 교육기관이 아직도 많이 있었다. 그러므로 앞으로 개설되는 과정 대부분이 덴마크 사람들에게 매우 익숙한 형태인 전통적인 야간 수업과 주말 수업, 혹은 전일제 교과 과정의 형태로써 제공될 것이다.

이러한 과정에 대한 일반적인 지지를 예를 들어 설명하면, 1993년 통계에 약 4백만 명의 총 성인 인구(18세 이상) 중에 성인교육 과정에 등록한 사람은 170만 명 정도인 것으로 나타났다. 두 과정 또는 그 이상에 등록한 성인의 비율은 참여한 성인의 수보다 많았는데, 이러한 수치는 전통적인 교육 방법의 인기도를 말해주는 것이라 해도 과언이 아닐 것이다.

(3) 혼합 형태 기관(mixed-mode institutions)의 모색

위에서 언급한 것과 같은 덴마크의 특수한 국가적 배경 때문에 성인을 위한 사이버 교육을 유일한 목적으로 하는 새로운 형태의 기관을 설립할 필요가 없다는 결정이 내려졌다. 이는 사이버 교육은 어느 기관이라도 원하는 경우 활용할 수 있다는 것이다.

또 다른 핵심적인 정책 결정은 새로운 성인교육 시스템은 근본적으로 젊은 학생들을 위한 전일제 교육과 대등한 시스템으로 인식되어야 한다는 것이다. 교육과정은 사이버 교육, 전통적 교육 또는 두 가지를 혼합한 형태의 시간제(part-time)로 구분되었다. 새로운 시스템에서 과목의 수는 다를 수 있지만, 시험과 교과 과정 목표는 전통적인 시스템과 똑같았다.

이와 같이 개방교육 시스템(1989년의 법에서 이렇게 불렀다)에서 획득한 학점은 전통적인 전일제 교육 시스템에서 얻은 학점과 같다. 만약 개방교육법(Open Education Act)의 교육과정에서 학점을 취득한 학생이 나중에 전통적 교육 시스템에서 학위과정을 계속하기로 결정한다면 개방교육 시스템에서 취득한 학점은 자동적으로 인정되는 것이다.

즉 덴마크에서는 사이버 교육(그리고 기술 매체를 활용한 학습)을 단순히 학습 방식으로 규정함으로써 교육 시스템의 새로운 수업 방식인 기술을 활용한 학습을 추구하고자 했다.

HWU(Horiot-Watt University) MBA

HWU MBA는 13개 스코티시 대학교(Scottish Universities) 중의 하나로 1966년 로얄 차터(Royal Charter)에 의해 설립되었다.

HWU MBA는 집에서 스스로 공부하는 것으로 전체 교과과정을 수강할 수 있을 뿐 아니라 모든 프로그램을 자유롭게 이용할 수 있다.

HWU MBA는 2,500명의 졸업생과 9,000명의 활동적인 학생들이 참여하고 있다. 이는 독립적이고 융통성 있을 뿐 아니라 우수한 학습자료와 가격 면에서 다른 사이버 교육기관들의 모범이 되고 있다.

HWU MBA를 수강하기 위해서는 GMAT나 학사학위는 필요하지 않고, 단지 필수 모듈 2개만 합격하면 된다.

HWU MBA의 교과과정은 7개의 핵심 과정과 12개의 선택 과정으로 구성되어 있다. 그 내용을 살펴보면, 먼저 핵심 과정에는 회계, 경제, 재정, 마케팅, 조직적인 행동, 양적인 방법, 전략적인 계획이 있고, 선택 과정에는 결정, 기술, 재정, 위험관리1·2, 정부, 산업과 기업의 민영화, 인적 자원 관리, 세계적 무역과 재정, 협상, 전략적 정보 시스템, 변화를 위한 전략이 있다.

한편 학생들이 접속하는 화면에서는 학생들을 위한 텍스트, 전자 토론 그룹 워크숍 등을 제시해 커뮤니케이션 도구로 활용하고 있음을 알 수 있다.

5) 핀란드

(1) 국가적 배경

핀란드는 33만 7,000km의 광대한 면적에 겨우 470만 명의 인구가 살고 있는 인구 밀도가 낮은 나라다. 인구의 절반은 남쪽 4개 주에, 나머지는 동쪽과 북쪽의 8개 주에 살고 있다. 핀란드의 북단 랩랜드 지역은 인구 밀도의 중앙치가 1km당 10명도 안 된다.

여러 기구가 자체적으로 개설하거나 정부나 지방자치단체가 재정을 지원하는 자유 학습과 자유 협회가 운영되고 있다. 그 중 정부의 지원에 의해서 지역자치 체제가 유지하고 있는 성인교육 센터가 가장 광폭 넓은 조직을 갖추고 있다.

1979년 말 270개 성인교육 센터에서 약 54만 5,000명의 학생이 수업을 받고 있었으며, 86개의 고등 공민 학교(folk high school)에 약 6,500명의 학생들이 교육을 받고 있었다. 이들 기관에서는 문화, 사회 과학, 자연 과학 등 많은 분야에서 주간 또는 야간으로 자유롭게 교육을 받았으며 수업은 통상 학급 단위로 행해진다.

다른 형태의 자유학습 제도로는 통상 정부로부터 재정 지원을 받는

〈표 5-5〉 핀란드 4개 종합대학이 제공하는 개방 대학 학습의 통계 현황

대 학	학 생	성인교육 센터와의 협조	고등 공민 학교
Helsinki	526	4	3
Joensuu	474	8	
Tampere	1,409	12	
Turku	734	4	
합 계	3,143	28	3

다양한 기구들에 의해 운영되는 학습 서클이 포함되어 있다. 이 기구들은 「학습활동 중앙회」를 결성했으며, 이곳에서는 회원들의 학습 활동을 조정하고 지원하는 임무를 맡았다. 그 결과 1979년 말 약 2만 개의 학습 서클에 18만여 명의 학생이 참여하게 되었다. 그러나 1970년대부터 시작된 이러한 기구들에 의한 학습 활동은 아직도 초보적인 단계에 머무르고 있다.

1979~80년 동안에 핀란드에 있는 4개의 종합대학들은 성인교육 센터와 고등 공민 학교와의 협조 아래 개방 대학 학습을 제공했는데 통계현황은 〈표 5-5〉와 같다.

핀란드에서는 원칙적으로 학생들은 개방 대학교육을 통해서 정규학위를 이수할 수 없다. 통상 개방 대학생들은 특정 직업과 관련된 분야의 보완적이고 제한된 프로그램을 선택하게 된다. 단지 개방 대학생들은 프로그램의 수료증을 획득할 수 있는데, 보충 학습과정과 프로그램을 거친 뒤에 정규대학 등록이 허용된다.

(2) 각 대학별 사이버 교육 형태

① 실험 도입 학교

Joensuu 대학교와 Tampere 대학교는 1970년대 초에 개방 대학 수업을 도입했다. Turku 대학교와 Helsinki 대학교는 몇 년 후에 그 뒤를 따랐으며 최근 들어 Turku에 있는 스웨덴의 대학 Abo Academi와 Jyvaskyla 대학교, Kuopioeo 대학교도 시작했다.

핀란드 개방 대학의 발전은 재정 확보 능력에 달려 있다. 개방 대학은 매우 제한되어 있음에도 학생 수는 더 증가할 것으로 예상된다.

② 지구별 지원체제 개발 학교

　대학 당국자들은 개방 대학교육을 위해 지구별 지원 체제를 개발하려고 노력하고 있으나 재정적인 어려움 때문에 아직도 대부분 실험적 단계에 머무르고 있다. Tampere 대학교는 보충 교육을 위한 중앙 시설을 세워서 개방 대학 활동을 포괄하고 있으며, Helsinki 대학교는 100km나 떨어진 Lahti에 센터를 가지고 있다. Turku와 Joensuu도 센터 설립 계획을 갖고 있다.

③ 하기 대학 개설 학교

　핀란드 22개 하기 대학들은 6월~8월까지 열리는 개방 대학 과정을 개설하고 있다. 이는 정부가 지원하는 시나 특별위원회에 의해 운영되고 있다. 대학들은 여름 동안에도 공부를 계속하려는 정규학생들에게 정상적인 대학 과정을 개설할 뿐만 아니라 개방 대학 수업을 개설하고 세미나, 토론회, 그리고 문화 행사 등을 개최한다. 사실상 하기 대학은 핀란드에서 가장 오래된 형태의 개방 대학 제도다.

　하기 대학은 최초로 1912년에 설립되었는데 1960년대와 1970년대에 들어와서야 비로소 급진적인 발전을 했다. 오늘날은 개방 대학생들의 교과 과정에 하기 과정을 포함시키고 있다. 대학은 개방 대학 수업에 관해 하기 대학과 긴밀히 협조하고 있다.

　대학은 정규 학기 중에도 성인교육 센터와 고등 공민 학교를 통해 개방 대학이 확대되도록 협조하고 있다. 센터와 고등 공민 학교에는 자격증을 소지한 선생들이 대학과의 협조 속에서 개방 대학교육을 지도하고 있다. 특정 분야를 공부하고자 하는 학생들 3~10인이 학습 서클을 만들어 지도 교수에게 지도받고 있다.

서클 회원들은 강의나 세미나를 위해서 정규적으로 모이며, 각자 책이나 시청각 자료, TV와 라디오 프로그램을 통해서 학습한다. 또한 시험은 현지 기관에서 시행되며, 대학에서 채점한다.

(3) 핀란드 개방 대학의 학습 서클

핀란드의 개방 대학은 거의 모두 학습 서클을 포함하고 있다.

개방 대학의 가장 보편적인 연구 분야는 사회 과학, 인문 과학, 그리고 교육학이며 자연 과학이나 수학은 거의 개설되지 않다. 왜냐하면 이들 과목이 실험실 없이 학습 서클을 편성하는 것이 어렵기 때문이다.

학습 서클은 인구 밀도가 낮은 지역에서 신축성 있고 잘 적응된 학습 조직의 한 형태다. 학습 서클은 성인교육 센터나 고등 공민 학교에서 개방 대학 학습의 요구에 따라 조직된다. 보통 이러한 학습 서클들은 중등학교 수준을 공부하지만 인근 대학과의 협조 속에서 대학 수준의 학습을 진행하기도 한다.

각각의 학습 서클은 완전히 자율적이어서 수업 시간이나 수업 방식은 현지 기관(home institution)의 일반적인 프로그램에 따라 선택할 수 있다. 학습 서클은 하나 또는 몇 개의 프로그램을 공부할 수 있으며, 수업량도 특정 한계 내에서 조정할 수 있다. 또한 공부 방식을 다양하게 선택할 수 있을 뿐만 아니라 도서관, 시청각 센터, 라디오, TV 등과 같은 형태의 보조 시설을 활용할 수 있다.

학습 서클은 성인교육 센터나 고등 공민 학교에서 정규적으로 공부하는 회원들을 상대로 하지만 개방 대학 수업을 받을 수 있도록 하기 위해서 외래 회원도 받아들인다.

(4) 핀란드 사이버 교육의 문제점

학습 서클을 조직하는 것은 많은 어려움이 따르는 일이다. 학습 서클 회원들의 지역적 조건과 가족 부양에 대한 책임감에 따른 학습 시간 부족 등이 개방 대학교육의 걸림돌이 되고 있다. 훌륭하고 경험 많은 지도 교수나 선생을 찾는다는 것도 항상 쉬운 일만은 아니다.

대학에는 개방 대학교육에 충당할 수 있는 아주 적은 재원과 인원만이 있을 뿐이고, 정부는 아직까지 대학의 개방 대학 수업에 특별한 위치를 부여하지 못하고 있는 실정이다. 대학 교수들은 지방으로 학습 서클 찾아 나서기를 꺼리며, 따라서 많은 경우 특히 인구 밀도가 낮은 지역은 배제되기 마련이다.

가장 어려운 문제는 교과 수준(academic level)이 체계적이지 못하고 개방 대학을 위해 만들어진 별도의 교육 자료가 없다는 것이다.

많은 학생들은 대부분 기초 교육이 매우 부족해 수업을 따라갈 수 없어 첫 해에 탈락한다. 정규 대학의 학생들을 위한 표준 교육 자료는 독학이나 자율 집단에서 공부해야 하는 개방 대학생에겐 별로 소용이 없다. 핀란드 개방 대학의 발전을 위해서 가장 시급한 과제는 교육자료, 특히 시청각 자료의 개발이다.

6) 노르웨이

스웨덴, 노르웨이, 덴마크, 핀란드와 같은 스칸디나비아 국가는 인구가 적고(모두 합쳐서 약 2,000만 명) 생활 수준이 상당히 높은 편이다. 또한 사이버 교육에서 매우 앞서가고 있다.

이들 나라는 인구가 많지는 않지만 넓은 지역에 걸쳐 분산되어 있으며 지형과 기후 때문에 고립되어 있다. 더욱이 이들 국가의 문화 풍토에서 교육은(다른 사회적 서비스와 마찬가지로) 미국이나 다른 나라들보다 훨씬 높은 비중을 갖고 있으며, 어떤 형태로든지 그에 대한 요구가 강하다. 또한 기초교육 수준이 매우 높은 편이어서 사람들의 학습능력이 뛰어나 사이버 교육에 쉽게 적응할 수 있다.

노르웨이의 사이버 교육과 전자, 정보통신에 대한 정부 및 정계의 높은 관심은 넓은 인구 분포, 산, 호수, 계곡을 가진 지형적 특성에서 비롯되었다. 외국의 몇몇 사이버 교육자는 노르웨이를 『개방 학습과 사이버 학습에 대한 정부 지원의 이상적인 국가』로 간주한다.

예를 들어 전세계 16개국의 민간 사이버 교육에 관한 한 독일인의 박사학위 논문에 따르면, 노르웨이의 사이버 학생수는 그 다음으로 많은 국가인 일본의 2배 이상이고 스웨덴보다는 3배 이상이며 영국 비정부 기관의 5배 이상이다.

노르웨이에서는 1977년에 20만 명이 원격 과정에 등록했는데, 이는 전체 인구의 5%에 해당한다.

노르웨이에서 사립 통신교육의 지위는 특이하다. 역사적으로 노르웨이의 사이버 교육은 민간 기관에 의해 실시되어왔다. 1941년에 세워진 NKS(North Korrespondanse Skole)는 노르웨이의 첫번째 사이버 교육기관이었다.

오늘날 NKS에는 중등학교부터 대학에 이르기까지 다양한 과정에 연간 7만 명의 학생이 등록하고 있다. NKI(North Korrespondanse Institute)에는 기술, 직업, 행정 분야에 집중된 코스에 연간 4만 5,000명이 등록하고 있다.

두 기관 모두 예전에는 인쇄물 원격교육의 유일한 매체로 활용했지만, 지금은 오디오, 비디오, 텔레비전, 라디오, 컴퓨터 통신 등의 다양한 매체를 사용하고 있다. NKS와 NKI는 최근에 사이버 학습을 위한 다양한 비디오 컨퍼런스 시스템 유형들의 활용을 알아보고자 노르웨이 통신과 공동으로 작업하고 있다.

노르웨이 정부는 사이버 교육에 대해 적극적인 자세를 취하고 있다. 1948년에 통신 프로그램과 기관에 관한 규정을 입법화했고, 1975년에는 국회가 학점이수 학교의 통신 학생들에게 재정적인 지원을 하기로 결정했으며, 1977년에는 노르웨이 사이버 교육기관(Norwegian State Institution for Distance Education : NFU)을 창설했다.

NFU는 전국의 방송사, 출판사, 공립 학교, 대학들과 연계해 사이버 교육 프로그램의 개발과 확산을 조정하는 역할을 하고 있다. 1991년에는 NFU가 사이버 교육 과정의 멀티미디어 개발을 촉진하기 위해 약 20여 개의 프로젝트를 시작했다.

NKI와 NKS는 독립된 사이버 교육기관이지만, 최근에는 노르웨이의 일반 대학에서도 프로그램 만들어 사이버 교육을 시작하고 있다. 이런 학교들은 University of Bergen, University of Trondheim, University of Oslo, North Norwegian Conservatory of Music, Opplan College, Stavanger College, Stord College, Tromsoe College, Nordland College, Sagene College, Stord College, Tromsoe College, Nordland College, Sagene College, Norwegian College of Public Administration and Social Work 등이다.

이런 교육기관들을 조정하기 위해 1990년에 「대학 수준의 사이버 교육을 위한 노르웨이 행정 위원회(Norwegian Executive Board for Distance Education at University and College Level : SOFF)」를 설립

했다.

　학점이수 통신학교 협회로서 1968년에 설립된 「노르웨이 사이버 교육 협회(Norwegian Association for Distance Education : NADE)」는 1984년에 NFU와 SOFF처럼 사이버 교육에 관련된 모든 기관을 포함해 재조직되었다. 1988년에는 NFU, NKI, NKS에 의해 연구 프로젝트를 수행할 목적으로 노르웨이 사이버 교육 센터(Norwegian Center for Distance Education : SEFU)가 세워졌다. 또한 노르웨이 정부는 1988년에 오슬로에 ICDE의 상임 사무국을 설치하고 현재까지 이를 지원하고 있다.

　여기서는 노르웨이 사이버 교육의 특징이라 할 수 있는 민간 사이버 교육과 공립 사이버 교육에 대해 살펴보고, 그 밖에 사이버 교육의 운영 및 관리와 관련된 후원 · 협력 체계, 연구 개발 내용, 기술의 활용과 인터넷의 교육적 사용에 관한 정책을 살펴보고자 한다.

(1) 노르웨이 사이버 교육의 분류

① 민간 사이버 교육

　노르웨이는 사이버 교육에 대한 정치적 관심으로 1948년에 독립된 법으로 민간 사이버 교육을 규제하는 세계 첫번째 국가가 되었다. 이에 따라 사이버 교육과정과 사이버 교육기관에 대한 정부 감독이 강화되었다. 1993년에는 통신학교법이 폐기되었으며 독립적인 사이버 교육기관 활동에 대한 규제는 성인교육법 아래 두었다. 이러한 개혁으로 사이버 교육은 국가 성인교육 체계로 통합할 수 있게 되었다.

　현재 교육부가 공인한 사이버 교육기관은 대략 20개가 있다. 가장 큰 두 개의 사이버 교육기관인 NKS와 NKI는 비영리 기관이며 매년 사이버 교육과정 등록자의 약 80%를 점유하고 있으나 최근 전체 등록 학생의 수가 감소하고 있다.

1976년에는 등록 학생수가 20만 명으로 최고였으며 1994년에는 10만 명도 되지 않았는데, 이러한 현상은 아마도 근본적으로는 국가로부터의 재정 지원이 감소되었기 때문이었던 것 같다. 독립적인 사이버 교육기관들은 지난 20년 동안 체제 분석과 연구 결과를 바탕으로 교육의 질을 개선했다. 특히 최근 10년 동안에는 노르웨이 텔레콤사와 협력해서 새로운 미디어 적용에 관한 여러 가지 실험을 했다.

② 공립 사이버 교육

최근까지 사이버 교육은 민간이 주도해왔다. 1980년대 후반에 몇몇 정부 보고서와 백서 이후, 정부는 1990년부터 3년 동안 SOFF를 설립했으며, 이는 1994년에 영구적인 기관이 되었다.

SOFF의 주요 목적은 고등교육 수준에서 사이버 교육의 개발 및 실험을 촉진하고 활동을 조정하며 재정 지원을 하는 것이다. 또한 활동을 평가하고 장래의 개발 잠재성을 추천하는 것이다. SOFF를 통해 정부는 대학교와 전문 대학들이 사이버 교육에 관심을 갖도록 하고, 사이버 교육에 대해 독립된 지위를 부여하고 독립된 학과를 설립하도록 격려했다.

고등교육 수준의 사이버 교육에 있어서 노르웨이 정부의 계획은 정부 정책을 체계적으로 적용한 실례로서 자주 언급된다. 노르웨이 정부는 조정, 협력, 재정 지원을 통해 효율적인 자원 활용이라는 명확한 목적을 갖고 수준 높은 사이버 교육을 개발해왔다.

이러한 계획은 앞서 언급한 고등교육 시스템의 또 다른 변화와 밀접하게 관련되어 있다. 처음 3년 동안 SOFF는 60개 이상의 프로젝트에 대해 재정을 지원했다. 이 프로젝트들은 60여 개의 기관을 포함하고 다양한 기술을 사용한다.

(2) 후원 체제

1949년에 처음으로 국가 보조금이 통신 교육계에 주어졌는데, 이것은 정규 성인교육계의 연구 단체에 주어지는 기존의 보조금과 비슷한 것이었다. 1961년부터 1975년까지 국가는 일정한 공공 시험에 응시하는 통신학교 학생에게 수험료를 돌려주었다.

1975년에는 근본적으로 새로운 제도가 실시되었다. 학생은 등록할 때 약간의 수업료를 냈다. 교재와 수업에 대한 모든 추가 비용은 국가가 지불했다. 통신교육 과정에 새로 등록하는 사람이 크게 늘어나자 국가 보조금도 폭발적으로 증가했다.

국회는 지출액을 통제할 것을 요구했고, 1977년에는 새로운 제도가 제정되었다. 이 제도에 따라 학생은 입학할 때 수강비 중 50%를 내고, 졸업할 때 국가가 학교에 나머지 50%를 지원했다. 또한 학생이 처음에 낸 수업료 중 35%를 반환하고, 지방 학무당국이 주관하는 통신 교육 강좌를 수강할 때는 당국이 첫 수업료의 50%를 지원한다.

(3) 협력 체제

노르웨이 사이버 교육 방식의 특징은 관련 기관들의 협력으로 정의할 수 있다. 사이버 교육기관과 연구 단체는 사이버 수업과 일 대 일 수업을 결합하기로 하고, 사이버 교육 프로그램은 노르웨이 방송사

(NRK) 간의 협력의 결과로서 얻게 되었다.

NFU는 사이버 교육 프로젝트, 일반적으로는 라디오, 텔레비전, 비디오, 인쇄 교재, 학습 지도, 통신 교육과 일 대 일 수업을 포함하는 멀티미디어 프로젝트를 촉진하고 조정하기 위해 창설되었다. 이 프로젝트의 협력 기관에는 연구 단체, 사이버 교육기관, 전문 대학, 대학교, NRK와 출판업자가 포함되어 있다.

(4) 사이버 교육의 연구 개발

노르웨이는 사이버 교육의 체계적인 연구 개발에 대해 20년 이상의 오랜 전통을 가지고 있다. 연구 개발 프로젝트는 개별 지도와 학생 지원에 관한 연구, 왕복 소요시간, 컴퓨터 통신, 시청각 통신기술, 현지 답사연구, 공식적인 평가 프로젝트를 포함하고 있다. 이들 프로젝트는 독립적인 사이버 교육기관의 연구 그룹에 의해 주로 착수되었고 수행되었다.

지난 10년 동안에 노르웨이 텔레콤의 연구는 주로 기술과 통신 매체에 관한 현장 실험을 통해 적극적으로 사이버 교육 연구를 지원하고 조정해왔다. 이러한 프로젝트는 특히 컴퓨터 통신, 화상 회의, 비디오 전화 실험, 그리고 위성 배급 등을 포함했다.

최근에 몇몇 대학교와 전문 대학은 주로 SOFF 계획의 결과로, 연구 분야로서 사이버 교육에 관심을 갖게 되었다. 사이버 교육에 관한 여러 편의 학생 논문이 나왔으며 몇몇 교수들이 이 분야로 진출했다. SOFF 프로젝트는 분명히 개방 학습과 사이버 학습에서 신기술에 관한 실험과 연구를 촉진했다.

(5) 기술의 활용

기술 개발은 국가 차원의 정책결정과 어느 정도 관련되어 있다. 또한 고등교육 수준의 사이버 교육 개발을 촉진하고 몇몇 특정 기관을 개발 센터로 지정했는데, 이는 성인에게 학습을 보급하기 위해 조직과 기술을 확대·재편한 것이다. 몇몇 대학교와 전문 대학은 비디오 제작 부서와 위성 배급기술을 증대했고, 또 어떤 기관들은 컴퓨터 통신의 성능과 기술을 향상시키기 위해 노력했다. 교육부는 노르웨이의 인터넷 학문분야인 유니넷(Uninett)을 통한 전자통신을 위해 국가 구조 구성을 강조했다.

(6) 인터넷의 교육 사용에 관한 노르웨이의 정책

1995년 9월 교육부는 노르웨이 교육에서 정보기술을 위한 전략적인 실행 계획을 발표했다. 이 실행 계획은 노르웨이 교육 시스템의 모든 학습자와 교사들이 정보기술을 사용할 수 있도록 촉구하는 것을 목표로 했다.

전략적 실행 계획의 중요한 부분은 노르웨이에 있는 모든 교육기관에게 인터넷을 적정한 가격으로 보급될 수 있도록 인터넷 국가 하부 구조를 지원하는 것이다. 이 계획에는 초등학교와 중등학교가 인터넷을 활용하도록 장려하는 여러 계획들이 포함되어 있다.

노르웨이 학문 네트워크는 대학교, 주(county) 전문 대학, 연구소, 그리고 사립 전문 대학을 연결한다. 점차 많은 초등학교와 중등학교가 학문 네트워크에 다이얼 인(dial-in) 접속을 할 수 있다. 이는 주 전문 대학 시스템 내에 있는 협력 대학 사이의 통신과 학문 분야가 같은 대학 간의 통신에 있어서 매우 중요한 역할을 담당하고 있음을 보여준다.

노르웨이에는 인터넷 제공 업체가 점차 많아지고 있으며, 이들은 넓게는 다음의 4개 그룹으로 분류할 수 있다.

- MS 네트워크(Network) 및 컴퓨서브(Compuserve)와 같은 국제 제공 업체
- 텔레너(Telenor), 오슬로넷(Oslonett), 파워데크(Powertech)와 같은 국영 제공업체
- 학문적 네트워크를 제공하는 유니넷사
- NKI와 같은 사립 대학

4. 유럽 각국의 사이버 교육 비교

최근 정보기술의 발전과 더불어 활발히 논의되고 있는 사이버 교육은 이전의 새로운 공학적 매체가 등장했을 때처럼 많은 관심의 대상이 되고 있다. 특히 대학교육에서의 사이버 교육은 「사이버 대학」의 형태로 구체적으로 운영되고 있다. 일부 전통적인 캠퍼스 중심 대학들은 이 사이버 대학이 미래의 정보화 사회에 적합한 대학교육의 모형으로 인식하고 있다.

이 같은 시대적 전환의 시점에 있어, 각 나라별 사이버 교육의 사례 연구는 우리나라의 사이버 교육에 많은 시사점을 보여줄 수 있으리라 생각된다.

이 책에서는 주로 유럽 각국의 사이버 교육 사례들을 살펴보고 각국의 사이버 교육의 발전과 특성 등에 관하여 살펴보았는데, 그 내용은 다음과 같이 정리해볼 수 있다.

먼저 영국의 경우, 세계 사이버 교육의 기원으로 여겨지고 있는 OU를 중심으로 살펴보았는데, 크게 두 가지 점에서 다른 사이버 교육기관과 구별되는 특징을 발견할 수 있었다.

첫째, OU는 평생교육을 목적으로 하는 다른 사이버 교육기관들과 달리 대학졸업 자격을 가진 교사 및 과학자, 공학자의 양성을 그 목적으로 시작되었다는 것이다. 따라서 지금의 평생교육의 이념과는 다소 거리가 있어 보이지만, 당시 고등교육을 받으려고 하는 사람들의 수요가 급증하는 시대적 상황에서 OU는 이들의 수요에 맞는 적합한 교육환경을 제공하고자 했다.

그 후 수많은 졸업생을 배출하면서 OU는 21세 이상의 성인이면 학력, 직업 등의 제한 없이 누구나 선착순으로 선발해 고등교육의 기회를 가질 수 있도록 하는 평생교육기관으로 그 취지를 굳혀나가게 되었다.

둘째, 다른 나라에 비해 다소 깊은 역사를 가지고 있는 OU는 그 간의 경험을 통해 학생들이 도중하차하는 경우가 많다는 점을 발견, 이에 대한 대안을 마련하고자 했다는 점이다. 학생들의 도중하차를 막기 위해 이를 위한 정책적 대안들을 제시하고자 했던 것이다.

OU가 파악한 학생들의 도중하차 배경은 주로 등록 포기와 등록 후 중도 포기, 시험 실패와 같은 세 가지 유형으로 발견되었다.

등록 포기의 주된 이유는 수업료 납부의 어려움이 가장 컸으며, 등록 후 중도 탈락의 이유는 주로 일반 대학으로의 진학이나 다른 고등교육기관에 입학해 정규 학생으로 공부하게 되는 경우가 가장 큰 비중을 차지했다.

그러나 이 세 가지 유형의 이유들을 곰곰이 살펴보면 주로 학생과 교수, 동료끼리 맞대면 접촉의 기회 부족이 가장 근본적인 원인이 되고 있음을 발견할 수 있었다. 이에 따라 OU는 탈락 가능성이 가장 높은 1학년이 이수하는 기초 과정에 대해서는 반드시 출석 수업을 실시하게 했다.

이 같은 사이버 교육을 위한 OU의 정책은, 사이버 교육의 가장 중요한 문제점이 되고 있는 도중하차에 대해 매우 중요한 시사점을 준다.

OU는 학생들의 중도 탈락 가능성을 줄이는 데 가장 큰 노력을 기울이고 있다고 해도 과언이 아니라 할 만큼 많은 정책적 노력을 하고 있음이 그 특징이다.

평가 요원(External Assessor)을 두어 이들로 하여금 교재와 교육의 질에 관한 대외적인 평가를 높이도록 우수한 교재를 제작하는 것이나, 맞대면 방식의 접촉 기회를 최대한 넓히기 위해 지역 학습관과 학습센터의 기능을 강화해 비상근 지도 교수와 상담 요원이 학생들의 학습 지도 및 상담활동을 담당하게 한 것, 학생과 사회가 필요로 하는 교육 프로그램을 제공하고자 하는 노력 등이 특징적인 OU의 정책이라 할 수 있다.

한편 네덜란드의 대표적인 사이버 교육기관인 OUN의 특징으로는 자격이나 과거의 교육 수준과는 관계없이 입학을 허가하는 공개 입학제, 그리고 학생들 스스로의 판단에 따라 수강 계획을 만드는 이른바 「자율적 커리큘럼」을 들 수 있다. 또한 대상 학습자들의 다양한 특성을 고려해 강좌 선택이나 시험 시기에 많은 자율성을 허용한다는 점이다.

OUN에서 활용하는 주교재는 인쇄물인데, 이는 매우 경직된 접근 방법으로 그 활용 및 운영에 많은 문제점들이 지적되고 있다. 이에 따라 OUN은 학습 자료의 개발과 학습자 지원 등을 위한 시스템을 연구,

활용하고자 하는 노력을 기울이고 있다.

덴마크는, 높은 수준의 교육 재정 지원으로 인한 무상 공공교육(Free Public Education)의 오랜 전통을 가지고 있어 대부분의 다른 나라들과는 달리 교육기관이 국가 전역에 골고루 분포되어 있다. 고등교육 수준의 몇몇 과정을 제외하고는 입학 요건만 충족되면 입학이 자유롭다.

또한 인구 밀도가 높고 교통망이 잘 발달되어 있어 가정과 교육기관과의 거리가 가까워 야간 수업과 주말 수업을 통한 성인교육이 1세기 이상 계속 실시되어온 전통이 있다는 것이 특징이다.

따라서 덴마크의 사이버 교육은 1990년대까지도, 교실 교육의 일부분으로서 기술 매체를 활용한 전달 시스템 사용이 주된 것이었지, 교육의 주류로서 인정받지 못했다.

그러나 세계적 시대 흐름에 따라 덴마크에서도 보다 유연한 성인교육 과정을 위한 매체 활용의 필요성이 인식되기 시작했다. 덴마크의 특수한 국가적 배경으로 인하여 주로 혼합 형태 기관을 모색하게 되었다. 즉 성인을 위해 사이버 교육을 유일한 목적으로 하는 새로운 형태의 기관을 설립할 필요는 없기 때문에, 사이버 교육과 전통적 교육, 또는 두 가지를 혼합한 형태의 시간제 교과 과정을 도입하고자 했으며, 사이버 교육을 하나의 학습 방식으로 규정함으로써 교육 시스템의 새로운 수업 방식인 기술을 활용한 학습을 추구하고자 한 것이 가장 큰 특징이라 할 수 있겠다.

독일의 사이버 대학 같은 경우는, 종래의 전통적 독일 대학 체제를 고수하면서 이를 사이버 교육의 형태를 빌어 운영하는 듯한 인상을 준다. 학습자들로 하여금 자신들의 학습 속도에 따라 스스로 선택한 강의를 자유롭게 학습하도록 하는 것을 기본적 지침으로 하고 있는 대부분의 사이버 기관과는 다른 모습을 보여준다. 이 대학에서는 획일적인 강의 계획을 정규적으로 배부하는 등 대다수의 학습자를 대상으로 하는 집합 교육 방법과 별반 다를 것이 없어 보이기 때문이다.

이에 더해 영국의 OU와 두드러지게 비교되는 점으로 지적되는, 양방향 상호 작용의 부재는 사이버 교육의 장점을 살리지 못하는 동시에 그 단점만을 부각시키는 결과를 초래했다.

특히 독일 사이버 교육에서 지적되는 문제점은 중도 탈락자의 비율이 다른 기관에 비해 상당히 높다는 것이다. 이는 독일 사이버 대학이 학문적 기준을 지나치게 높게 잡아 학습자들이 부담을 느낄 정도로 엄격한 학습을 시행하는 데 원인이 있다 하겠다. 이와 관련해 독일 사이버 대학은 실제 교육이 시작되기 전에 학습상담 시간을 가짐으로써, 관련정보를 수집하고 이를 긍정적 태도를 강화하는 방향으로 활용하는 등 다각도의 노력을 기울이고 있다.

전문가들은 전통적 체제를 벗어나지 못한 채 운영되고 있는 독일 사이버 교육 대학의 미래를 불투명하게 내다보고 있으며, 좀더 현실적이고 효과적인 사이버 학습이 되려면 학습자에게 자율성을 부여해주는 동시에, 활발한 양방향 상호 작용을 지원해야 한다는 점을 강조한다.

또한 핀란드 사이버 교육의 특징은 「학습 서클 활동」이라 할 수 있다. 핀란드의 개방 대학은 거의 모두 학습 서클을 포함하고 있다. 핀란드 개방 대학의 가장 보편적인 연구 분야는 사회 과학, 인문 과학, 그리고 교육학이며, 그 이유는 이들 과목은 실험실 없이 학습 서클을 편성하는 것이 어렵다는 이유로 자연 과학이나 수학 관련 학습서클을 개설되지 않았다.

학습 서클은 핀란드처럼 인구 밀도가 낮은 지역에서 신축성 있게 잘 적응되는 학습 조직의 형태로 학습 서클은 성인교육 센터나 고등 공민 학교에서 개방 대학 학습의 요구에 부응해서 조직되고 있다.

핀란드에서는 원칙적으로 개방 대학교육을 통해서 정규 학위를 이수할 수 없다. 따라서 개방 대학 학생들은 특정 직업과 관련된 분야의 보완적이고 제한된 프로그램을 선택하게 된다. 단 개방 대학의 학생들이 일정 프로그램의 수료증을 획득하는 경우 정규 대학교육을 위한 등록이 허용된다.

이와 같은 핀란드의 학습 서클 활동 중심의 사이버 교육의 가장 어려운 문제는 개방 대학을 위해 만들어진 별도의 교육 자료가 없다는 것이다. 따라서 핀란드에서 개방 대학의 발전을 위해 가장 시급한 과제는 교육 자료, 특히 시청각 자료의 개발이라 하겠다.

마지막으로 노르웨이는, 적은 인구가 넓은 지역에 분산되어 있으며, 지형과 기후 때문에 고립되어 있는 환경적 상황과 교육을 중시하는 문화적 풍토를 기반으로 오래 전부터 사이버 교육이 시행되었다. 또한 정부 및 정계 역시 사이버 교육에 대한 지원에 적극적이다.

노르웨이의 사이버 교육에서 또 하나 주목할 만한 점은 민간 기관의 주도적 역할이다. 정부 또한 사이버 교육 지원에 적극적이어서 사이버 교육 코스 개발을 위한 프로젝트를 착수하는 등 활발한 활동을 벌이고 있다. 그 밖에 노르웨이 사이버 교육 방식의 특징으로 유관 기관 간의 밀접한 협력을 들 수 있다. 사이버 수업과 일 대 일 수업의 결합, 사이버 교육기관과 연구 단체, 그리고 노르웨이 방송사 간의 합작 프로젝트를 그 예로 들 수 있다.

5. 유럽에서 사이버 교육의 주요 공헌

유럽 사이버 교육은 일반적인 사이버 교육의 발전 기원과 유사하게, 종종 정규 학교에 취학할 수 없거나 그 교육 서비스를 받을 수 없는 학령기 아동이나 청소년을 위한 교육 수단으로 이용되어 왔다. 이러한 목적의 사이버 교육은 초등 및 중등학교 수준에서 활성화되었지만 대부분의 학력 인정 사이버 교육 프로그램은 성인을 주요 대상으로 삼고 있다. 개발 도상국에서는 사이버 교육을 성인에게 교육 기회를 확대해 주는 유일한 현실적인 방법으로 활용하고 있으며, 선진국에서는 학교 교육을 받을 기회를 놓치거나 전통적인 학교 교육에 만족하지 못하는 사람들을 위한 수단으로 활용하고 있다. 대체로 고등교육 수준의 사이버 교육 체제는 일반 대학과 동일한 교육 과정을 제공하고 동일한 학위를 수여하고 있다.

유럽의 사이버 교육은 산업과 상업의 발전에 지대한 공헌을 했다. 사이버 교육 프로그램에는 기업 경영과 기술자 훈련을 위한 전문 직업 교육을 위한 프로그램들이 특히 많으며, 농민 교육, 공공 행정 및 보건 교육을 위한 프로그램도 많이 개발되어 있다.

교사 교육은 사이버 교육이 광범위하게 이용된 특히 중요한 영역이다. 교사 교육에는 교사 자격증이 없는 사람을 대상으로 하는 교사 자격증 취득 과정과 이미 교사로 재직 중인 사람을 대상으로 하는 재교육 과정이 포함된다. 재교육 과정에는 자격 갱신을 위한 자격 연수 교육과 특정한 교과나 주제에 관한 심화 교육을 위한 일반 연수 교육이 있다.

개발 도상국의 많은 사례들은 사이버 교육을 통한 교사 교육이 여러 교사들에게 접근할 수 있고 국가 교육 체제 발전에 지대한 영향력을 가지고 있음을 잘 보여주고 있다.

계속 교육, 비형식 교육, 지역사회 개발 교육도 유럽의 사이버 교육이 적용되고 있는 영역이다. 사이버 교육 프로그램이 상당수의 여성들, 특히 전통적인 교육에서 동등한 기회를 누릴 수 없었던 여성들에게 교육의 기회를 크게 확대하고 있다. 또한 사이버 교육은 다양한 학문적 접근이 필요한 현대 사회의 복잡한 문제들을 효과적으로 교육시키는 데에도 활용되고 있다.

전자 전달 매체를 통해 각기 다른 문화를 가진 학생들과 청소년이 함께 할 수 있는 프로젝트도 추진되고 있다. 이러한 것들은 민족과 문화적 경계를 뛰어넘어 국제적 이해를 증진시키는 매우 좋은 사례들이다.

6. 유럽 사이버 교육의 한계점

이상과 같이 유럽 사이버 교육은 많은 분야의 다양한 부분들에 영향력을 미치고 있음에도 실현하는 데 한계점을 가지고 있음을 알 수 있다.

사이버 교육 역시 만병 통치약은 아니다. 사이버 교육이 성공적이고 효과적으로 시행될 수 있기 위해서는 극복되어야 할 몇 가지 장애와 문제가 있다.

즉 부적절한 기술공학 체제, 기획과 프로그램상의 결함, 인력과 경험의 부족, 불충분한 재원, 교육적 가치에 관한 인식의 부족, 학습 조건과 문화적 특성이 고려되지 않는 등의 문제가 해결될 때, 좀더 적극적이며 효과적인 사이버 교육이 이루어질 수 있을 것이다.

7. 유럽 사이버 교육의 활용 방안

유럽 사이버 교육이 앞으로 지향해야 할 점은 대략 세 가지 정도로 정리해 볼 수 있다.

첫째, 지식을 생산할 수 있는 공간을 제공하는 것이다.

학습자가 교수·학습 과정에서 정보 소비자가 아닌 정보 생산자가 되어야 한다는 것과 인터넷을 기반으로 하는 사이버 교육 환경이 이것을 가능케 한다는 점은 이미 잘 알려져 있다. 지금까지 학습자는 정보를 공유하도록 해왔다. 생산자 위치에 놓기 위해 대학교육에서는 학습자와 교수가 연구 과제를 공유하도록 해왔다.

이러한 방법은 교수자가 학생들에게 과제를 원격으로 제시하고, 학생들은 그 과제에 대한 보고서를 다시 원격으로 게시하는 활동이다. 이 활동은 서로의 과제를 볼 수 있기 때문에 학습자들이 학습 과제에 대해 좀더 깊이 있게 생각하고 더 많은 노력을 기울이게 함으로써 결과적으로 더 좋은 결과물을 작성케 하는 장점이 있다.

그러나 사이버 교육에서 학습자들의 지식 생산을 이와 같이 과제물에 국한하는 것은 매우 소극적인 접근 방식이다. 과제물은 대부분 자신이 학습한 내용에 대한 이해를 재구성해 제시한 것이라는 점에서 기존의 지식을 습득하는 것에 초점이 맞춰져 있기 때문이다.

그러나 학습자들이 단순히 이미 밝혀진 지식을 습득하는 차원을 넘어서 새로운 지식을 추가하게 될 때 의미가 달라진다. 이것이 적극적인 의미에서의 지식 생산자다. 따라서 학습자들이 진정 정보의 생산자 역할을 수행할 수 있도록 하려면, 현재의 지식에 자신의 이해를 바탕으로 새로운 지식을 더할 수 있도록 하는 공간이 제공되어야 한다. 이 공간을 통해 학습자들은 소극적인 지식의 생산자에서 적극적인 지식의 생산자가 될 수 있을 것이다.

둘째, 비동기적 학습을 보조한다.

강의실 수업에서 교수와 학습은 대부분 비동기적이다. 학습자들은 교수 현장에서 제시되는 지식을 그 자리에서 습득하지 못한다. 이것은 학습자들마다 학습에 필요로 하는 시간, 학습 방법, 심리적 특성 등이 다르기 때문이다. 강의실 수업은 이러한 학습자의 상이한 특성을 고려해 각자에게 적합한 학습 경험을 제공할 수 없다.

따라서 학습은 일반적으로 교수 이후에 개별적으로 이루어진다. 즉 학습자들은 교수에서 경험한 내용을 자신이 원하는 장소와 시간에 원하는 방식으로 재학습하는 과정에서 완전한 이해에 도달하게 된다. 따라서 학습의 효율성을 높이기 위해서는 바로 이 비동기적 학습을 지원하는 시스템이 필요하다.

사이버 교육이 비동기적 학습을 지원하는 방법으로는 교수 과정을 녹화한 비디오 정보, 강의 노트, 다른 학습자들과의 질의 응답 통로, 추가적인 학습 자료 등을 제공하는 것을 들 수 있다. 학습자들의 비동기적 학습을 도와주기 위해 교수자가 질문을 게시할 수도 있을 것이다.

물론 이와 같이 비동기적 학습을 보조하기 위해 제공되는 기능들은 사이버 교육을 위해 구축된 사이버 강좌와 거의 동일할 수도 있다. 그렇지만 근본적으로 이 기능들은 외부의 학습자를 위한 것이 아니라는 점, 강의실 활동을 활발히 하는 것을 목적으로 한다는 점 등에서 차이가 있다.

셋째, 새로운 교수·학습 방법을 수용한다.

전통적인 교육에서의 교수는 동일한 장소에 다수의 학습자와 교수자가 모여 교수자의 일방적인 정보제시 위주로 진행된다. 캠퍼스 중심 대학에서 강의식 수업이 지배적인 것은 그 환경에서 가장 간편하고 효과적인 방식이기 때문이라고도 볼 수 있다. 따라서 캠퍼스 중심 대학이 교육의 효율성을 제고하기 위해서는 비효율적인 강의식 수업이 필요하지 않도록 환경을 조성해야 한다.

강의식 수업이 정보를 전달하는 데 있어서 비효율적이긴 하지만, 강의식 수업에서 의도하는 정보의 제시가 필요하지 않은 것은 아니다. 단지 이 정보의 제시가 좀더 효율적인 방법으로 이루어져야 하며, 이것이 바로 사이버 교육을 통해야 한다는 것이다. 사이버 교육은 교수자들이 제시하고자 하는 정보를 학습자가 가장 편리한 장소에서 원하는 시간에 접할 수 있도록 하기 때문이다.

현실적으로 볼 때 정보 제시가 원격으로 이루어지면 지금처럼 정보 제시가 대부분인 수업은 자연히 새로운 형태로 변하게 될 것이다. 그리고 이러한 변화는 교수자가 정보전달에서 벗어나 학습자와의 개별적인 만남에 더 많은 시간을 투자할 수 있게 할 것이다. 이와 더불어 교수자들은 학습자의 적극적인 참여를 이끌어내는 다양한 교수 방법을 활용할 수 있게 될 것이다.

우선 사이버 교육은 일반 강의실에서 협동 학습을 실행하는 데 있어서의 어려움을 극복할 수 있도록 활용될 것이다. 또한 강의실에서 문제 해결 학습을 수행할 수 있도록 환경을 제공할 것이며, 물리적 장벽이 없는 사이버 대학은 또한 현장 중심의 수업을 가능케 할 것이다.

8. 유럽 사이버 교육의 주요 과제들

이상과 같은 유럽 사이버 교육의 현황과 동향에 기초해서 앞으로의 발전을 위해 해결해야 할 몇 가지 주요 과제들을 정리해보자.

첫째, 국가 정책과 전략을 수립할 때 교육 기회의 평등, 인적 자원의 개발, 교육 훈련 체계의 조직, 자격 및 학력 인정, 기술 공학적 토대의 구축, 평가 및 연구 개발의 영역에서 사이버 교육에 대한 진지한 고려가 요청된다.

둘째, 모든 사람, 특히 성인에 대한 교육과 훈련 기회의 확대, 전통적인 교육 훈련의 질 관리, 사회의 교육 수요를 충족시키기 위한 교육과 훈련 체제의 조정과 같은 우선적인 목표를 달성하기 위해 사이버 교육에 대한 진지하고도 체계적인 활용이 요청된다.

셋째, 전통적인 교육기관의 혁신과 사이버 교육의 효과적 활용을 위해 국제 협력의 강화와 교육 조직체제의 정비가 있어야 한다.

넷째, 사이버 교육을 실시할 때는 교육 시설 및 유능한 교직원의 확보, 교수와 관리 기능 개발을 위한 교직원 교육이 필요하다.

다섯째, 매체와 기술공학에 대한 적절한 활용과 이를 위한 활용 가능성, 비용, 교육적 가능성에 대한 연구가 진행되어야 한다.

여섯째, 사이버 교육과 관련된 비용, 조직 및 비용 효과성에 대한 진지한 검토가 있어야 한다.

일곱째, 사이버 교육을 위한 국제 협력, 특히 특정 지역의 사이버 교육 발전을 위한 협력 체제를 강화해야 한다.

마지막으로 여성을 위한 교육, 세계적 문제에 대한 교육, 문화 이해를 위한 다양한 관점의 세계시민 교육과 같은 범세계적인 문제의 해결을 위해 사이버 교육의 활용이 요청된다.

9. 유럽 사이버 교육이 한국 사이버 교육에 주는 시사점

유럽과 한국은 전반적인 교육 제도 또는 교육 수요와 관련된 사회 문화적 여건이 같지 않기 때문에 유럽의 운영 방식이 선진적이라 하더라도 이를 그대로 모방할 수는 없다. 그러나 우리의 정책 방향을 수립하는 데 참고로 할 요소는 있을 것이다.

그러므로 여기서는 지금까지 소개한 유럽 사이버 교육의 제도 및 운영에서 우리가 얻을 수 있는 정책적 시사점을 생각해보고자 한다.

첫째, 학생과 그 주변 대상에 대한 기초적인 통계수집과 분석이 있어야 한다. 15% 정도에 이르는 합격생이 등록 포기를 하는데 어떤 이유에서 하는지, 30~40%에 이르는 신입생이 1학기 중도 탈락을 하는 어떤 이유는 어떤 것인지, 끝까지 학업을 마치는 사람은 어떤 속성의 학생인지 등의 조사 작업이 이루어져야 한다.

현재 우리의 주된 교육 대상이 어떤 계층인지를 모르는 가운데, 한편에서는 취업자의 학업 부담을 무시한 4년제 개편이, 다른 한편에서는 취업자의 학습 편의를 배려한다는 명분으로 1학년 출석수업 폐지가 이루어지고 있는 실정이다.

둘째, 학생들의 학습 동기를 유발하고, 학습 결과를 적절히 평가할 수 있을 정도로 교직원수를 늘리고 학생수를 줄여야 한다. 교육의 질과 유용성에 관한 사회적 평가를 유지할 수 있는 범위 내에서 학생수가 증원되어야 하며 질적 저하를 수반하는 증원은 피해야 한다.

유럽에서 매년의 입학 정원을 유지하면서 입학 후 10년이 경과하면 입학생의 40% 정도가 대개 학사학위를 취득하도록 철저히 사후 관리를 하고 있는 데 비해, 우리의 경우에는 1학년 입학 후 한 학기가 지나면 40% 정도가 탈락하는 높은 탈락률을 보이고 있다.

이같이 높은 탈락과 중도 포기가 이루어지는 상황에서는 계획에 입각한 체계적이고 안정적인 학교 행정이 어려움은 물론, 학생들에게 학교에 대한 애착과 소속감을 갖게 하는 것도 불가능하다.

방송통신대학은 사회교육기관이며 동시에 사이버 교육기관이기 때문에 교육 매체를 공급하기만 하고 학습의 진행 과정에 대한 관리와 평가를 하지 않아도 괜찮다고 주장하는 것을 흔히 볼 수 있다. 학습 진행에 대한 관리와 그 결과에 대한 엄격한 평가에 신경을 쓰지 않아도 되려면 학생들이 성적 또는 학위와는 무관하게 오직 실력을 쌓기 위해서 입학할 때 가능하다. 현재 방송통신대학이 처한 여건은 이러한 조건과는 상당히 거리가 있으며, 학생들의 학점 취득과 학사학위에 대한 열망은 대단하다.

유럽의 경우도 마찬가지라는 점을 지적했지만, 평생교육기관에 지원한 성인 학생이라 하더라도, 입학 후 누구나 철저한 자기 관리로 독학의 어려움을 극복하는 것은 아니다. 따라서 하나의 교육기관으로서 학교는 자질을 갖춘 일정수의 학생을 대상으로 선정하고, 선정된 대상에 대해서는 학습이 실제로 진행되도록 관리하며, 그 여부를 엄격하게 평가해야 한다. 학생의 학습 과정에 대한 구체적인 지도와 그 결과에 대한 평가가 효율적으로 이루어지려면 우선 물리적인 측면에서만 보더라도 관리가 불가능한 규모인 현재의 정원은 축소되어야 한다.

셋째, 사이버 교육이기 때문에 더욱 중시되어야 하는 교재(인쇄 교재 및 시청각 교재 포함)의 개발에 교수들의 역량이 집중될 수 있도록 현재의 직무 규정이 조정되어야 할 것이다.

방송통신대학의 경우에는 일반 대학의 경우처럼 몇 단위의 방송 수업 녹음(녹화)이 중심적 임무가 되어서는 안 될 것이며, 1~2개 과목의 교재를 완벽하게(대학 수준을 유지하면서 이해가 쉽도록) 만들 수 있도록 개인의 역량과 학교 내의 제도가 뒷받침되어야 할 것이다. 인쇄 교재가 바뀌지 않고 있는데도 새로운 시청각 교재를 만들도록 하고 있는 현재의 직무 규정은 시간과 자원의 낭비이며 완벽한 교재 개발을 저해하고 있다.

넷째, 우리 대학에서도 자연 과학 및 공학 계열의 학과를 다수 신설하는 것이 필요할 것이다. 현재 우리 대학이 주로 개설하고 있는 인문 사회 계열학과는 일반 대학 졸업생들도 지금 심한 취업난에 허덕일 정도로 대학 졸업자 공급 과잉인 상태에 직면해 있다. 따라서 이러한 분야의 학과 증설, 학생 증원을 계속하는 것은 직장이 없는 상태에서 졸업하는 학생에게는 별 다른 도움이 되지 않을 것이다. 유럽의 경우처럼 자연 과학 및 공학 계열의 학과를 개설함으로써, 산업현장에서 기능 기술직으로 일하고 있는 공고 및 공업 전문 대학 졸업생들에게 그 기술 수준을 높일 수 있는 교육의 기회를 제공할 수 있을 것이며, 나아가 이는 현재 우리나라에서 심각한 부족 현상을 빚고 있는 기술 인력을 공급한다는 점에서도 큰 사회적 공헌이 될 것이다.

다섯째, 지역 학습관 및 학습 센터 등의 지역 조직과 그 인원을 늘려야 한다.

유럽의 경우 전체 교수 연구 인원의 약 3분의 1, 대학 전체 지출의 약 28% 정도가 지역 학습관 및 학습 센터의 운영과 거기에 근무하는 교직원의 인건비를 위해 지출될 정도로 지역 조직은 중요한 비중을 차지하고 있다. 이러한 지역 조직의 확대와 활성화는 사이버 교육에 있어서 학생들이 겪기 쉬운 고립감, 무력감을 극복하게 하는 대학과 학생의 접촉 창구라는 점에서 중시되어야 할 것이다(본 장의 자료는 한국교육학술정보원의 《교육정보화백서 2000》에서 일부 참고한 것임을 밝혀둔다).

6

한국의 사이버 교육

1. 평생교육법령의 제정

고속 인터넷 서비스와 고성능 PC가 대중화되면서 인터넷에 기반을 둔 각종 온라인 교육 서비스가 쏟아지고 있다. 인터넷은 시디롬과는 달리 실시간 자료 업데이트가 가능하고, 양방향 학생 지도까지 가능하기 때문에 어학교육, 초·중·고 과외, 유아교육 등에 광범위하게 응용되고 있다.

이에 따라 동영상 소프트웨어나 VOD 시스템 등 사이버 학교 구축에 필요한 소프트웨어 시장도 크게 성장했으며, 학습자료 구축이나 검색에 필요한 검색 엔진, 웹 에디터 시장도 크게 성장하고 있다.

콘텐츠 쪽에서는 단순한 정보제공 차원에서 벗어나 사이버 강좌, 실시간 시험, 온라인 채점, 학습진도 자동 관리 등 고난도의 서비스가 속속 등장하고 있다.

1999년 8월 31일 「평생교육법」이 공포되고, 2000년 3월 31일 평생교육 시행령과 시행 규칙이 공포됨으로써 지금까지는 시간적, 공간적 제약을 받는 사람들이 주로 이용하던 사이버 교육이 강의실 중심의 현장 교육과 동등하게 인정 받게 되었으며 사설, 대학 부설, 사내 온라인 교육을 통해서도 학점과 학위 취득이 가능해졌다. 이 법이 시행됨에 따라 사이버 대학을 받게 되었으며 세울 수가 있게 되었다.

평생교육법의 입법 취지 그리고 평생교육법과 사회교육법의 비교는 다음과 같다〔본 자료는 교육부 홈페이 자료실(www.moe.go.kr/data-room/dataroom.html)에 등재되어 있음〕.

1) 입법 취지

(1) 교육 관계법의 기본 체제 구축

교육 개혁 방안으로 현행 교육법과 사회교육법 체제를 교육기본법 아래 초·중등교육법, 고등교육법, 평생교육법으로 체제 개편하고, 종전의 공급자(교육자) 중심의 사회 교육보다는 넓은 개념으로 수요자(학습자) 중심의 평생학습으로 범위를 확대하기 위해 사회교육법을 전문 개정해 평생교육법으로 제정한다.

(2) 21세기 지식 기반 사회를 주도하는 신교육 체제 「열린 교육 사회·평생학습 사회」 건설

평생교육법은 급변하는 지식기반 사회에서 누구나, 언제, 어디서나 배울 수 있는 평생학습 기회를 확대하여 국민의 삶의 질 향상과 사회 발전에 기여한다.

(3) 국민의 학습권과 학습자의 선택권을 최대한 보장

평생학습 분위기 조성, 평생교육기관의 상호 유기적인 수평적 통합과 정보통신매체를 통한 사이버 교육 확대, 평생교육 정보 센터 및 평생학습관 운영 등 다양한 평생교육 제도 마련과 폭넓은 교육과정 운영으로 학습자 중심의 학습 기회 확대와 평생학습 분위기 조성한다.

(4) 평생교육 과정 이수자의 사회적 대우와 평생학습 의욕 고취

평생교육 과정 이수자에게 학점 및 학력인정, 각종 자격시험 및 승진 · 승급 기회 부여, 유 · 무급 학습 휴가 및 학습비 지원 등 금전적 · 비금전적 보상을 통해 평생학습 의욕을 고취한다.

(5) 형식적 학력 위주 사회를 실질적 능력 위주 사회로 변화 유도

성인의 경험 학습 인정, 문하생 학력 인정 등을 통해 우리 사회를 형식적 학력 위주에서 실질적 능력 위주 사회로 변화시키기 위한 새로운 제도를 마련하고 평생교육법과 학점인정 등에 관한 법률에 의거 취득한 학점 및 학력으로 대학의 편입학 기회를 부여한다.

(6) 성인교육 기회 확대와 고등교육수준으로 국민 능력 향상

지역 사회 학교, 평생교육원, 사업장 및 언론기관 부설 평생교육 시설 등 다양한 평생교육 기관을 통해 성인교육 기회를 확대하고, 학점은행제, 사내 대학, 사이버 대학 등 다양한 학력 인정 제도를 통해 고등교육수준으로 국민의 능력 향상에 중점을 둔다.

(7) 국가 및 지방자치단체의 평생교육 정책 지원 강화

국가 및 지방자치단체는 평생교육 기관의 학습비용 지원, 평생교육 기관의 네트워크 구축, 중앙 단위의 평생교육 센터와 시 · 도 단위의 평생교육 정보 센터 및 평생학습관 운영 등 행정 · 재정 지원을 강화한다.

(8) 지식 인력개발 사업과 교육훈련 산업 육성

민간자본을 통해 교육훈련, 연구 용역, 프로그램 개발, 평생교육 기관의 경영진단 및 평가, 교육 서비스 사업 등 지식 · 인력 개발 사업을 육성한다.

2) 평생교육법과 사회교육법 비교

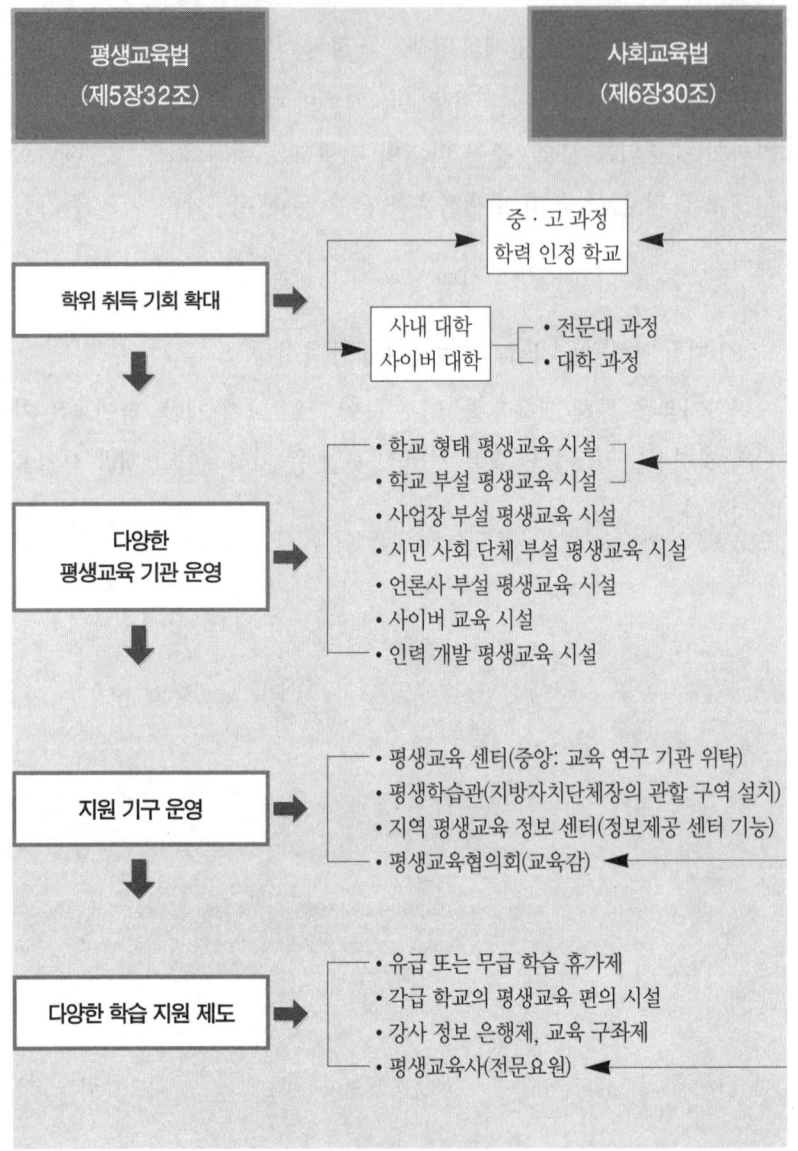

2. 교육부 선정 시범 및 실험 사이버 대학

교육개혁위원회가 1996년 미래의 지식 · 정보 사회에 대비한 새로운 대학 모형으로 사이버 대학을 제시한 이 후 교육부에서는 1998년에 65개 대학교, 14개 업체를 참여시켜 「사이버 대학 실험 운영 기관(46개 대학교)」과 「사이버 대학 시범 운영 기관(19개 대학교)」를 선정했다 (표 6-1 참조). 이들 중 대부분의 대학은 업체나 다른 대학교와 손을 잡고 운영하는 컨소시엄 형태지만, 대학교(8개 대학교) 자체적으로 사이버 캠퍼스를 운영하는 경우도 있다.

기업에서는 상대적으로 잘 갖추어진 인트라넷(Intranet)을 기반으로 사내 직원들을 대상으로 인터넷 통신 교육 훈련을 활발하게 실시하고 있다. 그 밖에도 동아일보의 「사이버 캠퍼스」, 인터넷의 「사이버 대학」, LG의 「사이버 아카데미」, 「캠퍼스 21」, 그리고 「삼성멀티 캠퍼스」와 같은 사설 온라인 학원도 성행하고 있다.

또한 인터넷의 「관문」을 의미하는 포털 사이트가 유행하면서 교육 정보 포털 사이트들도 속속 등장하고 있다. 한국교육학술정보원이 운영하는 에듀넷은 메뉴를 대폭 개편해 포털 사이트로 탈바꿈하고 있다. 「오픈 스쿨」은 교과 내용에 따라 필요한 사이트를 찾을 수 있도록 꾸며져 있고, 「온스터디」는 자격증, 외국어, 컴퓨터 등 다양한 강좌를 제공하고 있다.

유아 전문정보 서비스의 등장도 눈에 띄는데 두루넷과 한얼기획은 케이블 TV망을 통한 유아교육 시스템인 「멀티 유치원」 서비스를 제공하고 있다.

그 밖에도 초 · 중등 학생을 대상으로 하는 학습지 형태의 우편물을

구 분	명 칭	구 성 원
시범 사이버 대학	열린 사이버 대학	강릉대, 고려대, 공주대, 부경대, 부산외대, 성균관대, 성신여대, 순천향대, 인하대, 제주대, 충북대, 삼성 SDS, 중앙일보
	부울 사이버 대학	부산대, 울산대, 동아대, 동명정보대, 부산광역시, 울산광역시, 현대정보기술
	서울 사이버 디자인 대학	국민대, 홍익대, 삼보컴퓨터, 쌍용정보통신, 솔빛미디어
	서울대학교	서울대
실험 사이버 대학	숙명 가상 교육 센터	숙명여대, 한국통신, (주)미래넷
	한반도 가상 캠퍼스	숭실대, 서울여대, 인제대, 한림대, 금오공대, LG정보통신
	한국 사이버 대학연합	경북대, 경성대, 경희대, 광운대, 대구대, 이화여대, 전남대, 한국방송통신대, 한양대
	한국 온라인 사이버 대학	중앙대, 경기대. 공주전문대, 대전산업대, 나우컴
	한국 대학 가상 교육 연합	연세대, 강원대, 전문대, 경남대, 건국대, 계명대, 관동대, 동양대, 명지대, 목원대, 배제대, 삼육대, 상명대, 아주대, 영남대, 원광대, 전주대, 조선대, 한남대, 한동대, 호남대, 호서대, 조선일보, 디지털조선, SK텔레콤
	충남대학교	충남대, 현대정보기술
	서강대학교	서강대, 현대정보기술
	동국대학교	동국대
	한국외국어대학교	한국외대
	경상대학교	경상대
	영진전문대학	영진전문대
합 계		총 65개 대학, 14개 업체

통한 사이버 교육이나, 영어 학습 같은 전화를 통한 사이버 교육, 고등
학생의 대입 수학능력 시험 준비를 돕기 위한 EBS의 공중파나 위성을
이용한 사이버 교육도 크게 활용되고 있다.

여기에서는 크게 학교 교육, 기업 교육, PC 통신, 우편 서비스 네트
워크를 기반으로 한 것, 한국방송통신대학, 그리고 전화를 이용한 사
이버 교육에 대한 사례들을 살펴보고자 한다.

3. 한국 대학의 사이버 교육

한국 대학의 사이버 교육은 4가지 유형으로 나누어볼 수 있는데, 첫
번째 유형은 기존의 대학이 일부 전통적인 수업을 사이버 교육으로 전
환해 나가는 것이고, 두 번째 유형은 기존 대학이 독자적으로, 또는 다
른 대학과 연합해 새로운 사이버 대학을 설립하는 것이고, 세번째는
순수 사이버 대학의 신설이고, 마지막 유형은 기존의 대학과 관계없이
기업이나 정보통신 투자자가 새로운 사이버 대학을 설립하는 것이다.

1) 기존 대학의 사이버 교육 확대

거의 모든 대학이 사이버 교육을 희망하는 교수들을 중심으로 일부
강좌를 사이버 공간에서 제공하고 있다. 이런 대학들은 기존의 전통적
인 대학 교육을 보완하는 의미에서 「사이버 교육 센터」, 「멀티미디어
센터」, 「사이버 대학」, 「사이버 캠퍼스」, 그리고 「디지털 대학」 등을 만
들어 나가고 있다. 이러한 기존 대학의 사이버 교육 도입은 어디까지

나 전통적인 대학 교육을 보완하는 의미가 크며, 특히 컴퓨터를 많이 다루는 공대, 경영대 등 일부 대학에 소수 교수들만이 참여하고 있는 실정이다. 그러나 학교에 따라 사이버 교육에 대한 관심이나 투자, 참여 교수, 사이버 수업 제공 비율 등이 다르다. 1998년 교육부가 사이버 대학 시범사업 대상으로 서울대학교, 서강대학교, 한국외국어대학교, 숙명여자대학교, 동국대학교, 충남대학교, 경상대학교 등 65개 대학을 지정했다. 당시 교육부는 사이버 대학에 관련된 정보화 사업을 추진하는 5개 회사도 선정해 지원했다. 기존의 대학이 사이버 교육을 확대하는 데 있어서 가장 유리한 조건을 갖춘 대학은 한국방송통신대학교라 할 수 있다. 이 대학교는 기존의 방송교육과 인터넷을 결합시켜 새로운 교육환경에 적응하기 위해 노력하고 있다.

최근 교육부는 이화여자대학교를 운영 기관으로 하는 국제 사이버 대학(International Cyber University)을 구축하고 있다. 이 대학의 목적은 우리나라의 교과 과정을 인터넷으로 다른 나라에 수출하는 것으로서 우선 한국학(역사, 지리, 문화, 사회 등)과 여성학(페미니즘, 여성과 일, 인권, 리더십 등) 5개 과목을 영어로 개설해 미국 러거스대학, 일본 와세다 대학 등에 제공한다.

사례 1

서울대학교 사이버 대학 프로그램 시범 운영 사례
(http://iscu.ac.kr)

서울대학교 사이버 대학은 1997년 12월 10일 발표한 「서울대학교 종합정보화 계획」에 기반을 두고 설립되었다. 단기적으로는 시설과 공간의 물리적 제약과 제도적 미비점을 보완하고, 장기적으로는 독립된 형태를 가진 사이버 대학으로 발전시키며, 기존 서울대학교가 가지고 있던 「등록과 입학 자격의 제한」을 완화해 「산학 협동」, 「재교육」 같은 다양한 요구를 좀더 많은 학습자들에게 제공하는 것을 목적으로 한다.

이러한 장·단기 목적의 달성을 위해 단기적으로 복수전공 제도의 성공적 정착, 타 대학과의 학점 상호인정 제도의 활성화, 교수·학습에 있어 시간적·공간적 제약의 극복에 중점을 두고, 장기적으로는 독립된 사이버 대학으로 발전하는 데 중점을 두고 시행하고 있다.

사이버 대학 시범 운영본부가 1998년 1월에 조직되었으며, 현재 사이버 교육환경 프로그램으로 개발되어 있는 톱 클래스(Top Class)를 활용해 4개의 강좌가 시범적으로 운영되고 있다. 이 시범 운영기간 동안 제도를 정비하고 사이버 대학과 관련된 교수 및 조교의 교육훈련 실시에 중점을 두고 있다.

〈표 6-2〉 서울대학교 사이버 교육과정

교육 대상		서울대학교 학부 및 대학원 학생
교육 과정		학부 및 대학원 과정
조직과 제도		사이버 대학 본부를 중심으로 연구, 교육, 학사, 기술 지원 부서를 두어 긴밀한 지원 체제 구축
교육 방법	현 재	사이버 수업/ 출석 수업 병행 양자 간의 비중은 강좌마다 다름
	전 망	인터넷을 기반으로 한 온라인 교육코스, 원격 화상 강의, 시디롬, VOD 및 오디오 등을 활용한 사이버 수업 등 다양한 매체, 기법 활용
각종 서비스		교육·생활 상담, 교육자료 개발 및 협조, 장비 대여 등의 활동
재정		1997년 12월 10일 발표한 「서울대학교 종합정보화 계획」에 근거해 예산 집행 계획

사이버 강좌는 학습자 중심의 교육 과정을 개발 운영하는 데에 초점을 두고 있다. 강좌의 성격에 따라 인터넷을 기반으로 한 온라인 교육 코스, 사이버 화상 강의, 시디롬, VOD 및 오디오 등을 활용한 사이버 수업 등을 계획하고 있다.

사례 2

서울 사이버 디자인 대학교

서울 사이버 디자인 대학교는 세 개의 대학교와 세 개의 정보통신 사업체가 컨소시엄을 구성해 인터넷과 위성 통신을 매체로 한 사이버 대

〈표 6-3〉 서울 사이버 디자인 대학교 교육과정

설립 취지	사이버 매체와 첨단 디자인의 특별한 친화력을 최대한 이용해 사이버 디자인 분야를 개척
교육 대상	디자인 전공 학생 및 관련 업종 종사자
운영 강좌	시범 운영 기간 중 기존 강좌의 20개 강좌 운영 중
학점/학위 인정	참여 대학의 학점과 동일하게 인정, 앞으로 자체적 학위 및 자격증 관련 과정을 개설할 예정
조직-제도	3개 대학 및 3개 사업체에서 컨소시엄을 구성해 운영(국민대학교, 숙명여자대학교, 홍익대학교, 삼보컴퓨터, 쌍용정보통신, 솔빛미디어)
교육 방법	각 강좌별 웹사이트를 열린 사이버 대학 플랫폼에서 연결시켜주는 정도
각종 서비스	24시간 전자 도서관과 연결, 토론 게시판 운영, 실습과 연계하여 각종 준비물 공동 구입 방안 강구 중 취업 지도, 신입생 확보를 위한 홍보 및 지도업무 담당부서 설치, 성적 처리 시스템, 수강신청 시스템, 학적관리 시스템 등의 교무행정 통합관리 소프트웨어 구축 중
재정	현재로서는 각 참여 주체들의 분담금으로 운영
평가	수업 참여도, 월 1회의 온라인 시험 및 과제, 접속 회수, 출석 등

학이다. 참여한 대학과 사업체는 국민대학교, 숙명여자대학교, 홍익대학교, 삼보컴퓨터, 쌍용정보통신, 솔빛미디어 등 여섯 개 단체이며, 산업체의 기술과 대학의 전문적 내용이 결합한 산학 협동의 결과물이라고 하겠다. 서울 사이버 디자인 대학교는 전통적인 교육 내용을 인터넷을 통해 전달하는 기초기술 활용에 머무르지 않고 사이버 매체와 첨단 디자인의 특별한 친화력을 최대한 이용해 사이버 디자인 분야를 개척하고자 한다는 설립 취지를 밝히고 있다.

이런 취지와 목적에 입각해 운영 방향을 제시하고 있다. 강의의 질을 관리하기 위해 수강생의 학력을 제한하고, 과도한 이윤 추구를 지양하기 위해 운영의 주체를 참여 대학교들로 한정한다. 교육 과정, 코스웨어, 평가 기준 등은 참여 대학 간의 협의를 통해 관리하며, 학술적이면서도 실무 현장에 근접한 디자인 교육 과정의 개발에 주력한다. 시범 운영 기간 중에 제공하는 강의는 우선 참여 대학의 재학생을 대상으로 해 학점을 부여하며, 추후 일반인들에게로 확대해 나간다. 궁극적으로는 사회 교육의 일환으로 디자인 및 미술 교육에 관한 전문 과정과 기타 분야의 프로그램을 개발해 수강 대상자를 확대해 나가며, 산학 협동의 일환으로 참여 사업체들과 연계해 네트워크 접속 같은 수강자 편의 위주의 환경을 조성한다.

사례 3

한국방송통신대학교
(http://www.knou.ac.kr/)

한국방송통신대학교는 고등교육의 기회 확대, 국민교육의 수준 향상, 사회 교육의 확대 발전, 국가 사회의 인재 양성을 목적으로 하는 원격교육 전문 대학교로 1972년에 개교했으며, 현재까지 15만여 명의 졸업생을 배출했다. 초기에는 라디오 방송을 통한 강의를 실시했고, 원격 강의의 효율성을 높이기 위해 각 지역의 협력 대학에서 출석수업을 병행했다. 1984년부터는 출석 수업의 난점을 해결하기 위해 일부 과목에서 우편을 이용한 지상 강좌를 실시했다. TV 방송 강의는 1985년에 시작했으며, 근래에는 쌍방향으로 정보를 주고받을 수 있는 사이버 영상 강의를 도입했다. 또한 방송통신대학교만의 프로그램을 독자적으로 송출하는 케이블 방송국(채널 47번)을 개국했고 컴퓨터 통신망을 이용한 학습정보의 전달체계를 구축했다. 현재 VOD 시스템을 개발하고 있으며, 최근 한국 사이버 대학연합에 참여해 1998년 1학기부터 강좌를 인터넷상에서 진행하고 있다.

1997년 하반기에 교육부의 사이버 대학 시범 기관 선정 계획과 관련해 여러 대학들이 컨소시엄으로 사이버 대학을 운영할 계획을 마련했으며, 이로 인해 국내 대학의 사이버 교육수준이 크게 발전할 전망인데, 한국 사이버 대학연합은 이 컨소시엄 중 하나다.

한국 사이버 대학연합은 정보 사회의 교육환경 변화에 능동적으로 대처하고 열린 교육, 평생학습 사회 기반 구축을 목적으로 9개 대학교(경북대학교, 경성대학교, 경희대학교, 광운대학교, 대구대학교, 이화여자대학교, 전남대학교, 한국방송통신 대학교, 한양대학교 등)가 구성한 컨소시엄이다. 이 컨소시엄은 1997년 12월에 구성되었으며 사이버 대학 내 학점 취득 상호 인정, 사이버 대학 프로그램 공동 개발, 사이버 대학 관련연구와 학술 회의 공동추진, 시설, 설비, 정보와 자료 공동이용, 전자 도서관 공동구축과 상호 개방 등을 추진하고 있다. 공동 운영 위원

〈표 6-4〉 한국방송통신대학교의 사이버 교육과정		
설립 목적조직	교육환경 변화의 능동적 대처, 열린 교육, 평생학습 사회 기반 구축 등	
제도	실질적 운영은 컨소시엄에 참여하는 9개 대학 대표들로 구성된 공동 운영위원회의 결정을 따르고 있음	
교육대상	초기	컨소시엄 참여 대학의 학생들
	장기적	나이, 성별과 관련 없이 모든 성인 학습자들
교육과정	초기	학위 과정 위주
	장기적	학위 과정/비학위 과정 분리(시범 운영 2차년도부터)
교육방법	인터넷 강좌, 사이버 영상 강좌, 위성 방송 강좌 등으로 나뉜다.	
평가	강의의 특성에 따라 온라인 평가나 출석 평가를 선택 혹은 병행	

회를 구성해 운영하고 있다.

2) 새로운 사이버 대학 설립 추진과 개교

1999년 9월 정부는 「평생교육법」을 제정하고, 교육부가 2000년 3월 사이버 대학의 학위 및 학력을 인정하는 평생교육법 시행령과 시행 규칙을 마련했다. 이에 따라 2000년 7월초에 사이버 대학 및 사내 대학 설치 계획서를 접수하고 심사해 그해 11월, 인가 대학을 최종 확정하고 2001년 1학기부터 사이버 대학을 개교할 수 있도록 했다. 그 당시 교육부에 사이버 대학 설립을 신청한 건수는 16개 대학으로 81개 학과, 전체 정원은 1만 5,800명이며 학사 과정 13개 대학, 전문 학사 과정은 3개 대학이었다. 신청한 16개 대학 중에서 4개 사이버 대학은 기존 대학이 연합해 신청한 것이고, 8개 대학은 기존 대학이 단독으로 신전자를 비롯해서 기업 등이 신청한 것이다. 교육부는 2000년 12월 1일 사이버 대학 형태, 평생교육 시설(통칭 「사이버 대학」) 9개교와 사내 대학 형태, 평생교육 시설(통칭 「사내 대학」) 1개교에 대하여 설치를 인가했다.

그 동안 교육부는 설치 인가를 신청한 기관에 대해 관련 민간 전문가로 구성된 설치 심사 위원회를 각각 구성하고, 동 위원회가 서류 심사 및 현지 실사를 통해 공정하고 객관적으로 심사했다. 특히 사이버 대학의 경우는 교육이 주로 인터넷상에서 이루어지는 특성을 감안해 웹에서 운영 시연회를 실시하는 등 2001년 3월부터 원활한 사이버 대학의 운영이 가능하다고 판단되는 시설에 한해 인가했다고 밝혔다.

사이버 대학과 사내 대학은 소정의 과정을 이수할 경우 전문 대학 또는 대학 졸업자와 동등한 학력·학위를 인정하는 고등교육 기관의 기능을 수행하는 평생교육 시설로서 평생교육법의 시행과 함께 2001년에 새롭게 도입된 제도다.

2001년에 사이버 대학이 개교하여 우리나라도 사이버 대학의 시대가 본격적으로 열렸다. 이에 따라 시간적·경제적 여유가 없어 대학에 진학하지 못한 근로 청소년 등 교육 소외계층에서도 원하는 시간과 장소에서 양질의 교육을 받을 수 있는 기회가 대폭 확대되었다. 2001년 3월 정식으로 개교한 대학은 서울 디지털 대학교, 열린 사이버 대학교, 한국 디지털 대학교, 한국 사이버 대학교, 서울 사이버 대학교, 경희 사이버 대학교, 세종 사이버 대학교, 세계 사이버 대학, 경북 사이버 대학교 등 9개 대학이며, 39개 학과(학부)에 총학생수는 6,220명이나 된다. 설치 인가 사이버 대학 및 사내 대학 세부 내역은 다음과 같다.

(1) 사이버 대학

■ 학사 학위 과정

구분	구성 형태	원격 대학	설치 학과	입학 정원	비 고
학사 학위 과정	재단 법인 (컨소 시엄)	열린 사이버 대학 (OCU) (14개 대학)	인터넷 콘텐츠학과 인터넷 경영학과 컴퓨터 디자인 학과 인터넷 어학과 (4개학과)	800	재단법인 열린 사이버 교육 연합 이사장 심윤종(성균관대 총장) 성균관대, 강릉대, 공주대, 동덕여대, 부경대, 부산외대, 성신여대, 순천향대, 용인대, 인제대, 인하대, 제주대, 중앙대, 충북대, 영산정보통신(주), 중앙일보
		한국 사이버 대학 (KCU) (36개 대학)	온라인 실용 영어학과 벤처 경영학과 법학과 정보통신 학과 디지털 미디어 디자인 학과(5개학과)	900	재단법인 한국 대학 가상 교육 연합 이사장 김우식(연세대 총장) 연세대, 강원대, 경남대, 건국대, 경기대, 경상대, 경주대, 계명대, 관동대, 광운대, 대구가톨릭대, 대전산업대, 대진대, 동덕여대, 동양대, 명지대, 목원대, 배제대, 부산대, 삼육대, 상명대, 세종대, 아주대, 연세대, 영남대, 우석대, 울산대, 원광대, 인하대, 전북대, 전주대, 조선대, 창원대, 한남대, 한양대, 호남대 및 보령제약(SK 텔레콤), 디지틀조선일보 등
		한국 디지털 대학 (KDU) (7개 대학)	디지털 경영학과 디지털 정보학과 디지털 미디어학과 문화 예술학과 평생교육학과 사회 복지학과 실용 어학과 (7개 학과)	900	재단법인 한국 디지탈 교육 재단 이사장 오명(동아일보사 사장) 고려대, 숭실대, 홍익대, 덕성여대, 광주대, 한림대, 안동대, 동아일보사, 삼성 SDS, 한국 IBM 등
		서울 디지털 대학 (SDU) (22개 대학)	법학과 경영학과 정보학과 국제학과 (4개 학과)	800	재단법인 디지털 스쿨 이사장 엄영석(동아대 총장) 동아대, 대구대, 대전산업대, 덕성여대, 동서대, 동의대, 밀양대, 부산가톨릭대, 부산교육대, 삼척대, 선문대, 신라대, 영산대, 울산대, 원광대, 제주교육대, 제주대, 창원대, 한국산업기술대, 한국해양대, 한동대, 한라대, (주)매경휴스닥

구분	구성 형태	원격 대학	설치 학과	입학 정원	비 고
학사 학위 과정	학교 법인	경희 사이버 대학	미디어 문예창작과 e-비지니스학과 사이버 NGO학과 디지털 미디어학과 (4개 학과)	800	학교법인 고황재단 (경희대학교)
		세종 사이버 대학	호텔 관광 경영학과 e-비지니스학과 게임PD학과 만화 애니메이션학과 인터넷학과 (5개 학과)	500	학교법인 대양학원 (세종 대학교)
	재단 법인	서울 사이버 대학	정책학과 통상학과 (2개 학과)	900	재단법인 동오 이사장 김선화(웅진개발대표이사)

■ 전문 학사학위 과정

구분	구성 형태	원격 대학	설치 학과	입학 정원	비 고
학사 학위 과정	학교 법인	경희 사이버 대학	영어과 관광과 멀티미디어학과 (3개 학과)	800	학교법인 경북학원 (경북 외국어 테크노 대학)
		세계 사이버 대학	사회복지과 디지털 실용음악과 인터넷 비지니스학과 약용 건강 식품학과 관광 호텔 외식학과 (5개 학과)	500	학교법인 성령 학원 (한성 신학교)

(2) 사내 대학

구분	사내대학	설치학과	입학정원	비 고
전문 학사 학위 과정	삼성 반도체 공과 대학	디지털 공학과 디스플레이 공학과(2개과)	65	삼성 전자 주식회사 이윤우(대표이사)

금년 첫해 평균 입학경쟁률은 약 2.44 대 1이었다.

열린 사이버 대학교(Open Cyber University)는 사이버 대학을 가장 체계적으로 운영하고 있다. 성균관대학교, 중앙대학교, 강릉대학교, 공주대학교, 동덕여자대학교, 부경대학교, 부산외국어대학교, 성신여자대학교, 순천향대학교, 용인대학교, 인제대학교, 인하대학교, 제주대학교, 충북대학교 등 14개 대학교와 영산정보통신과 중앙일보사 등 2개 기관이 참여해 성균관대학교에 사무국을 두고 있는 이 대학교는 1998년 9월부터 강좌를 개설해 참여 대학생들의 상호 학점 교류가 가능하다. 2000년도 1학기까지 6만 3,199명이 학점 인정 또는 공개 강좌를 수강했으며 2000년 2학기에 총 243개 전공 및 교양 과목을 개설했다. 이 대학의 특징은 100% 인터넷을 통해 강의 서비스를 하고 있다는 점이다. 사이버 교육을 위해 설립된 7개의 대학연합 중에서 가장 활발한 곳이다.

한국 사이버 대학교(Korea Cyber University)는 조선일보사가 주축이 되어 연세대학교, 명지대학교, 아주대학교, 건국대학교, 부산대학교, 조선대학교, 강원대학교 등 전국 30여 개 대학이 참여하고 있는 한국 대학 사이버 교육연합의 새로운 이름으로 사이버 학위과정을 개설하고 있다. 이 대학의 특징은 개인별 교육(인터넷 강좌) 외에 집체 교육(위성 강좌)을 개설, 1999년 1학기부터 위성 강의실에 원격 화상 강좌를 제공하고 있는 것이다. 2000년 2학기부터는 「북한 사회의 이해」 등 11개 강좌를 개설했는데, 회원 대학의 재학생만이 수강할 수 있다.

한국 디지털 대학교(Korea Digital University)는 고려대학교, 숭실대학교, 홍익대학교 등 7개 대학이 컨소시엄을 구성해 인터넷으로 학사학위를 취득할 수 있는 사이버 대학이다. 이 대학은 디지털경영학과, 전자상거래학과, 문화예술학과, 컴퓨터디자인학과, 정보통신학과, 평생교육학과, 사회복지학과, 실용어학과 등 8개 학과별로 500~1,000명씩 모두 6,000여 명을 선발할 계획이다.

서울 디지털 대학교는 동아 대학교와 에듀클 회사의 주도로 대구대학교, 원광대학교 등 23개 대학이 참여하는 대학 간 컨소시엄으로 2001년 3월에 개교해 정규 대학과정을 운영하고 있다.

기존의 대학이 단독으로 사이버 대학설립을 추진한 경우는 경희 대학교, 세종대학교, 국민대학교, 경북 외국어테크노대학교, 한국산업기술대학교, 한성신학교 등 8개 대학이 새로운 사이버 대학을 설립하기 위해 교육부에 인가를 신청했다. 경희 사이버 대학교, 세종 사이버 대학교, 세계 사이버 대학교, 경북 사이버 대학교 등 4개 학교만 2001년 3월에 개교했다.

한편 기존 대학이 아닌 기업이나 인터넷 방송사에서도 사이버 대학 설립을 추진했다. 삼성전자에서 사내 대학인 삼성반도체과학대학교, 한국 인터넷 방송이 아시아 사이버 대학교, 보광 씨앤씨가 올엔트 사이버 대학교, 캠퍼스 21이 사이버 문화예술대학교, 동오 재단이 서울 사이버 대학교 등의 설립을 신청했으나 삼성반도체공과대학교와 서울 사이버 대학교가 2001년 3월에 개교했다.

2001년 7월에 교육인적자원부에서 학사 과정에 동국 사이버 대학교

(동국대학교), 대구 사이버 대학교(대구대학교), 사이버 게임 대학교 (원광대학교), 한양 사이버 대학교(한양대학교), 동서 사이버 대학교 (동서대학교), 아시아 디지털 대학교(교육 기업 스칼라이피아) 등과 전문학사 과정으로 영진 사이버 대학(영진대학)이 인가를 받았다. 그 중 경북 사이버 대학은 2001년 2월에 세민 디지털 대학으로 교명을 변경했다.

〔 사례 〕

열린 사이버 대학교

http://www.ocu.ac.kr

열린 사이버 대학교는 14개 대학교와 2개 기관으로 구성된 산학 컨소시엄이 운영하는 사이버 대학이다. 참여 대학 및 단체는 강릉대학교, 중앙대학교, 공주대학교, 동덕여자대학교, 부경대학교, 부산외국어대학교, 성균관대학교, 성신여자대학교, 순천향대학교, 용인대학교, 인제대학교, 인하대학교, 제주대학교, 충북대학교, 영상정보통신(주), 중앙일보 등 14개 대학과 2개 기관이다. 그리고 NTU(National Technological University), CMU(Carnegie Mellon University), CSU(Colorado State University) 등 3개 외국 대학이 교류기관으로 참여하고 있다.

운영의 목적은 대학 교육의 접근성을 높이고, 기존 대학 과정 간의 상호보완, 대학 교육의 사회적 비용 절감, 교육 서비스 범위의 확대, 새로운 기술 기반의 다양한 교육 기법 개발, 사이버 대학 교육의 노하우 습득 등에 있다. 이 목적을 달성하기 위해 고품질의 교육과 서비스를 제공, 석·박사 학위 교육 과정으로 확대·발전, 교육 과정의 특성화와 전

교육 대상	장기적으로 제한하지 않을 예정
교육 과정	학위 / 비학위 과정 개설
조직과 제도	14개 대학, 2개 기관의 컨소시엄, 3개의 외국 사이버 대학과 협력. 열린 대학교 협의회 구성. 별도의 사무국 구성
교육 방법	온라인 사이버 교육 방식
각종 서비스	각종 상담, 온라인 행정 서비스, 교육 연구 데이터베이스 구축
평가	수강 신청 및 과제 제출은 모두 온라인상에서 이루어지도록 하고, 퀴즈를 통한 출석 점검, 출결 자동 점검 시스템, 맞대면 시험의 활용, 비교 편차 과락 제도의 도입 등으로 엄격한 출결 관리. 맞대면 시험으로 대리 시험 등 방지

문화, 학사 운영 및 교육 과정에 대한 철저한 관리, 교육 수요자 위주의 운영, 경영 마인드에 입각한 사이버 대학의 운영 등의 방향을 제시하고 있다.

열린 사이버 대학교의 운영을 위해 각 대학 및 참여 기관의 대표자와 외국의 3개 교류 기관 대표자로 구성된 열린 대학 교육 협의회를 두며, 회장은 성균관 대학교 총장이 맡고 있다.

3) 사이버 대학의 제도 제정

우리나라에서도 첨단 정보통신 기술의 교육적 활용이라는 세계적 추세에 따라 1996년 8월 교육개혁위원회는 미래의 지식·정보화 사회에 대비한 대학 모형으로 「사이버 대학 설립」 방안을 교육개혁 과제로 제시했다. 이를 본격적으로 시행하기에 앞서 1998년 3월부터 2000년 2월까지 기존 대학(65개)을 중심으로 사이버 대학 프로그램의 시범 운영을 실시했는데, 이 기간 동안 총 2,685강좌가 개설되어 21만 5,170명이 수강했다.

사이버 대학 시범운영의 결과를 토대로 교육부는 첫째 고등교육의 접근성 제고 및 교육 서비스 범위 확대, 둘째 교육 수요자의 요구에 부응하는 다양한 교육 서비스 제공, 셋째 첨단 기술 기반의 다양한 교육 기법을 통한 고품질의 교육 서비스 제공과 더불어 기존 대학의 한계를 보완하고자 했다. 누구나, 언제, 어디서나 양질의 고등교육을 받을 수 있는 열린 교육 사회, 즉 평생학습 사회를 실천하기 위해 평생교육법 (1999.8.31 공포)에 사이버 대학의 설치 근거 규정을 마련하고, 이에 필요한 세부 절차 및 평생교육 시행 규칙을 2000년 3월에 제정·공포함으로써 사이버 대학을 설치·운영할 수 있는 법적 기반을 정비했다.

4. 한국 사이버 대학의 운영 실태와 현황

평생학습 체제로 전환되는 21세기 지식기반 사회를 맞아 사이버 강좌가 대학가에 속속 등장하고 있는 가운데 국내에도 15개에 달하는 사이버 대학이 신입생을 기다리고 있다. 인터넷에서 이루어지는 사이버 강좌는 경제 사정이나 시간적으로 제약을 받는 성인들이 1차 대상이지만, 사회 수요에 맞는 교육 콘텐츠를 앞세워 차별화 전략을 시도하고 있어 수험생들이나 학부모들에게도 도움이 될 전망이다. 국내 사이버 대학 실태와 현황, 학생 모집 계획 등을 살펴본다.

1) 사이버 대학의 실태

2001년 3월 처음으로 문을 연 사이버 대학들의 운영이 성공적이라는 평가를 받고 있다. 2학기 등록률이 일반 대학보다 높은 80%로 나타나 사이버 대학 관계자들의 우려를 말끔히 씻어냈다.

2001년에 문을 연 국내 사이버 대학은 총 9개로 이 가운데 경희사이버 대학교, 서울디지털대학교, 세종사이버 대학교, 서울사이버 대학교, 한국디지털대학교, 한국사이버 대학교, 열린사이버 대학교 등 7개는 학사 학위를 수여하는 대학이며, 나머지 세민디지털대학, 세계사이버대학 등 2개는 전문 대학이다.

2001년 10월 교육인적자원부는 새 학년을 맞이해 6개 사이버 대학들을 승인하여, 2002년 3월 개교를 앞두고 있어 국내 사이버 대학은 모두 15개로 늘어날 전망이다.

4년제는 대구사이버 대학교, 원광대학교의 사이버게임 대학교, 한양대학교의 한양 사이버 대학교, 동서대학교의 동서사이버 대학교, 교육업체 스칼라피아의 아시아 사이버 대학교 등이며, 2년제는 영진대학의 영진 사이버 대학을 비롯해 모두 6개 대학이 참여하고 있다.

2001년에 인가된 사이버게임 대학교는 90년 이후 24%의 성장을 보이며 고부가가치 산업으로 등장한 게임 산업 분야를 특성화해 게임경영학과, 게임창작학과, 게임디자인학과, 게임소프트웨어학과, 게임음향학과, 그리고 게임그래픽학과 등 7개 학과로 구성되었다. 아시아 디지털대학교는 영상 문예학과, 디지털 영화연예학과, 평생교육학과, 멀티미디어학과, 디지털경영학과 등 5개 학과로 편성되었다.

또 영진사이버 대학은 오프라인에 설치되어 있지 않은 국제 공인 컴퓨터 프로그래밍학, 비즈니스 인증관리학, 컴퓨터 미디어학, e-비즈니스학 등을 특화 영역으로 삼았으며, 새길디지털대학교는 특수교육 영역을 다루는 통합교육 지원학과를, 한양사이버대학교와 동서 사이버대학교는 콘텐츠 관련 학과를 특화시켰다.

이상과 같이 내년 사이버 대학 정원은 기존 9개 대학 1만 2,900명, 신설 6개 대학 3,900명 등 모두 15개 대학 1만 6,800명으로 늘어나게 되었다(〈표 6-6〉, 〈표 6-7〉 참조).

사이버 대학의 각종 정보는 교육인력자원부의 홈페이지(www.moe.go.kr)에 접속해 주요정책 소개, 평생·직업 교육을 클릭하면 사이버대학에 관한 정보를 얻을 수 있다.

2) 사이버 대학의 등록금

사이버 대학의 등록금은 학점당 수강료 형태를 취하는 대학과 학점당 수강료를 낮추는 동시에 기본 등록금을 받는 대학으로 양분되어 있다.

한국디지털대학교, 경희사이버 대학교, 세종사이버 대학교, 서울사이버 대학교 등이 학점당 수강료 형태를 취하고 있다. 이에 따라 등록금은 20학점을 기준으로 최저 120만 원에서 최고 200만 원 선이다. 한국디지털대학교를 예로 들면 140학점을 이수하는 데 학점당 6만 원씩 총 840만 원이 든다.

2001년 처음으로 문을 연 사이버 대학의 재학생들에게도 「병역법시행령 개정안」이 확정되면, 앞으로 일반 대학과 동일하게 입영연기 혜택을 받게 된다. 사이버 대학의 인기 학과는 단연 정보통신 분야로서

사이버대학명	2002학년도 모집 정원	2002학년도 모집학과
경희사이버 대학교	1,600명	미디어문예창작학과, e-비즈니스학과, 사이버 NGO 학과, 디지털멀티미디어학과, 호텔관광경영학과, 경영 정보학과, 자산관리학과
서울디지털 대학교	1,600명	법무행정학부, e-경영학부, 멀티미디어학부, 국제학 부, 사이버무역학부
서울사이버 대학교	1,800명	사회과학 학부, EC 학부, IT 학부
세종사이버 대학교	1,300명	e-비즈니스학과, 금융공학과, 호텔관광경영학과, 부동 산자산관리학과, 인터넷·통신공학과, 정보보호·시 스템공학과, 디지털컨텐츠학과
열린사이버 대학교	1,400명	디지털컨텐츠학부, 경영학부, 컴퓨터디자인학부, 외국 어학부(영어전공, 일본어전공, 중국어전공), 정보통신 공학부, 법학부
한국디지털대학교	1,800명	디지털경영학과, 디지털정보학과, 미디어디자인학과, 디지털교육학과, 문화예술학과, 사회복지학과, 실용어 학과, 언론학과, 법학과, 디지털행정학과, 스카우트학과
한국사이버 대학교	1,650명	법학과, 벤처경영학과, 컴퓨터정보통신학과, 실용영어 학과, 디지털미디어디자인학과, 사회복지학과, 국제통 상학과, 엔터테인먼트학과
새길디지털대학교	800명	인터넷학과, IT기획학과, 경영학과, 통합교육학과
사이버게임대학교	700명	게임경영학과, 게임창작학과, 게임디자인학과, 게임소 프트웨어학과, 게임음향학과, 게임그래픽학과
한양사이버 대학교	1,000명	e-비즈니스학과, 경영정보학과, 교육컨텐츠학과, 컴퓨 터학과, 디지털디자인학과
동서사이버 대학교	400명	인터넷컨텐츠학과, 디지털멀티미디어디자인학과
아시아디지털 대학교	500명	영상문예학과, 디지털영화연예학과, 평생교육학과, 멀 티미디어학과, 디지털경영학과
세계사이버 대학	1,300명	사회복지과, 관광호텔외식과, 약용건강식품과, 종합예 술학과, 인터넷비즈니스과, 선교학과, 사이버교육과, 사이버유통정보학과
세민디지털대학	450명	실용영어과, 호텔관광경영전공, 호텔컨벤션경영전공, 디지털미디어전공, 게임애니메이션전공
영진사이버 대학	400명	국제공인컴퓨터프로그래밍학과, 비즈니스인증관리학 과, 컴퓨터미디어학과, e-비즈니스학과

〈표 6-7〉 사이버 대학(교육인적자원부 인가) 웹사이트 및 입시기간

명 칭	웹사이트	담당자	전 화	원서 접수 (변경 가능)	비고
경희사이버 대 학 교	www.khcu.ac.kr	박주택	968-2233	2001. 12. 24~ 2002. 1. 18	4년 제
서울디지털 대 학 교	www.sdu.ac.kr	남상규	2128-3081	2001. 12. 21~ 2002. 1. 20	4년 제
서울사이버 대 학 교	www.iscu.ac.kr	강석윤	541-4600	2001. 12. 20~ 2002. 1. 25	4년 제
세종사이버 대 학 교	www.cybersejong.a c.kr	길현구	3408-3844	2002. 1. 5~1. 10	4년 제
열린사이버 대 학 교	www.ocu.ac.kr	손창래	760-0811	2002. 1. 7~1. 18	4년 제
한국디지털 대 학 교	www.kdu.edu www.koreadu.ac.kr	김기환	363-1490~1	2001. 12. 20~ 2002. 1. 25	4년 제
한국사이버 대 학 교	www.kcu.or.kr	강민경	3149-9630	2002. 1. 2~1. 19	4년 제
새길디지털 대 학 교	www.sgdu.ac.kr	김영철	053-850-5425	2002. 1. 4.~1. 18	4년 제
사이버게임 대 학 교	www.cybergame.ac .kr	시대근	063-850-5062,3	2002. 1. 7 ~ 1. 18	4년 제
한양사이버 대 학 교	www.hanyang-cyber.ac.kr	장은정 김시원	2290-1247, 1248 2290-1297	2002. 1. 3~1. 23 특차 2002. 1. 3~1. 15	4년 제
동서사이버 대 학 교	ewcu.ac.kr	강 순	051-320-1205	정시 2002. 1. 16~1. 31	4년 제
아시아디지 털 대 학 교	www.adu.ac.kr	유한근 육효창	555-9265	2002. 1. 7~1. 25.	4년 제
세계사이버 대 학	www.world.ac.kr	윤종권	031-716-9317	2001. 12. 10~ 2002. 1. 4	2년 제
세민디지털 대 학	www.smc.ac.kr	김인수	053-741-5700	2001. 12. 3~12. 20(1차) 2002. 1. 10~1. 26(2차)	2년 제
영진사이버 대 학	www.ycc.ac.kr	이동기	053-940-5500	2001. 1. 7~2001. 1. 20	2년 제

웹, 인터넷. 게임 등의 학과로 관련 분야 경력자들이 몰려들고 있다.

3) 사이버 대학의 애로점

사이버 대학에 등록하려면 몇 가지 고려해야 할 사항이 있다.

우선 국내 사이버 대학들은 서로 학점교류 협정을 맺고 있지만 실질적인 방법이나 시기 등의 문제로 사이버 대학과 기존 대학 간 학점 교류는 현재 불가능한 형편이다. 이러한 문제들은 곧 해결될 것으로 판단된다.

세종사이버대학교의 경우 동일 재단인 세종대학교와 학점교류 협정을 맺고 사이버 대학생이 학기당 6학점을 세종대학교에서 수강할 수 있도록 하고 있으나, 세종대학교 학생은 사이버 강좌를 수강할 수 없게 되어 있다. 다만 고등학교 3학년 학생 수시 모집 합격자에 한해 컴퓨터 관련학과와 영어 2개 강좌만을 수강할 수 있다.

4) 사이버 대학 교육 콘텐츠 개발

사이버 대학의 사이버 교육을 이끄는 매체는 교육 콘텐츠이며 여기에 드는 비용은 대학마다 차이가 크다.

콘텐츠 개발비는 1학기 1과목에 2,000~3,000만 원을 투입하는 대학이 있는가 하면 100만 원대를 투입하는 대학들도 있는 것으로 2001년 4월 9개 사이버 대학 관계자들이 모인 자리에서 밝혀졌다. 또 과목에 따라 투입되는 개발비의 차이도 발생하고 있다.

9개 사이버 대학 중 한국디지털대학교를 제외한 대학들은 100% 자체 교육 콘텐츠 개발 및 제작 시스템을 갖추고 있는 것으로 조사됐다. 한국디지털대학교는 연간 20억 원 이상을 투자, (주)디유넷에 아웃소 싱해 1학기 49개 강좌, 2학기 44개 강좌 등 93개 강좌를 제작했다. 한 국디지털대학교의 예산은 40억 원으로 예산의 절반을 교육 콘텐츠에 투입하고 있다.

콘텐츠를 자체 개발하고 있는 서울디지털대학교의 경우 연간 8,000 만 원을 들여 71개 강좌를 개발했다. 교육 콘텐츠 개발비는 멀티미디 어 제작비, 촬영비, 콘텐츠 종합가공비, 웹 개발비 등에 주로 소요된 다.

제작 방식은 액티브 튜터(Active Tutor), 에듀웨어(Eduware), 플레시 제작, HTML(동영상 제작이 아닌 텍스트), 이지펜(Easypen) 등이 주로 이용되고 있다.

동영상의 경우 중간에 끊김 현상이 자주 발생하는 단점이 있어 HTML 방식도 많이 사용되고 있다. 제작비가 가장 적게 드는 방식은 강의를 캠코더 등으로 찍어 그대로 동영상으로 올리는 방식이다.

5) 사이버 대학의 학기제

졸업에 필요한 학점은 전문 학사는 최소 80학점, 학사는 140학점이 상이다. 대학마다 학칙 규정이 제 각각으로 학기당 최저 9학점에서 최 고 24학점까지 이수할 수 있도록 하고 있다.

2년제 사이버 대학은 취업과 실무 위주의 교육이 주로 이루어지고 있다. 세민디지털대학의 영어 통·번역과의 경우 영문학과처럼 문학 을 깊이 있게 공부하기보다는 실제로 직장에 들어가서 업무를 보다가 영어로 된 문서 처리나, 외국 바이어와의 원활한 의사소통에 어려움이 없을 정도의 능력을 배양하는 데 목적을 두고 있다.

그밖의 일부 사이버 대학들은 1년에 3학기제를 적용하고 있다. 경희사이버대학교나 서울디지털대학교 등은 3~6월, 7~10월, 11~2월 등 1년 3학기제를 채택하고 있다.

5. 사이버 대학의 주요 내용

교육부 원격 대학 설치 요령 안내서를 간단하게 설명하면 다음과 같다.

■ 설치 주체
  - 지방자치단체
  - 학교법인
  - 민법 제32조에 의한 재단법인
  - 특별법에 의하여 설립된 비영리법인

■ 설치 방법
  - 교육부 장관의 인가를 받아 설치
  - 설치 인가 절차
  - 계획서 및 인가 신청서 제출
  - 사이버 대학 설치자 교육부장관(인가권자) 인가 통보 심사 의뢰
  - 사이버 대학 설치 심사 위원회

■ 설립 기준
 − 교사 시설 : 660m²(200평) 이상(행정실, 교수 연구실, 서버 및
  통신 장비 관리실, PC 실습실, 세미나실) 설치자 소유에 한함.
 − 사이버 교육 설비 : 서버용 컴퓨터 등

■ 교원
 − 학과별로 전임 교원 및 조교 1인 이상 확보
 − 교원 및 조교의 자격 기준은 교수 자격 기준 등에 관한 규정
  준용

■ 수익용 기본 재산
 − 연간 학교 회계 운영 수익 총액에 해당하는 가액 확보
 − 보증보험가입으로 대체 가능

■ 학생 선발
 − 고등학교를 졸업한 자 또는 이와 동등 이상의 학력이 있다고 인
  정한 자
 − 사이버 대학의 학생 선발 방법 및 정원은 우영규정(학칙)으로
  정함

■ 교육 과정
 − 전문 학사 학위 과정, 학사 학위 과정
 − 비학위 과정(공개 강좌 과정, 직업 훈련 과정)

■수업 연한
 ─전문학사 학위 과정 2년 이상, 학사학위 과정 4년 이상
  * 학사 학위 과정의 경우 1년 감축 가능
 ─비학위 과정 학칙으로 규정

■학점의 이수 시간
 ─교과의 이수에 있어 학점 당 이수 시간 규정(예 : 매학기 15시간 이상)
 ─졸업에 필요한 학점(전문 학사 학위 과정 : 80학점 이상, 학사 학위 과정 : 140학점 이상)

■학기 및 수업 일수
 ─매 학년도 2~3학기 운영
 ─학기당 수업 일수는 15주 이상

6. 사이버 대학의 전망

사이버 교육방법을 기존 대학에 대체와 보완 효과 영향을 미친다. 피터 드러커(Perter Drucker)는 이미 1990년대 중반에 『앞으로 30년 이내에 오늘날과 같은 모습의 거대한 대학 캠퍼스는 역사의 유물이 될 것』이라고 예측했고, 엘리 노암(Eli Noam)은 『10년 이내에 상당 부분의 전통적인 대중 교육은 상업적이거나 전자적 방식으로 제공될 것』이라고 강조했다. 비록 사이버 교육이 기존의 대학 교육방식을 완전히

대체하지는 못할지라도 교육에 있어서, 특히 고등교육 기관에서의 사이버 교육은 이미 자리를 잡아가고 있다. 이러한 경향은 2001년 3월 10개 사이버 대학들이 개교해 운영이 본격화되면서 더욱더 가속화되고 있다.

사이버 학습 환경에 기초한 새로운 교육적 패러다임을 이야기할 때 우리는 낙관적인 가능성에 초점을 두는 경향이 있다. 그러나 사이버 교육에 대한 장미빛 전망 이면에 내재하는 부작용과 한계에 대해서도 경계해야 할 것이다. 사이버 교육이 시공의 제약을 극복하고 특히 전통적 방식의 원격 방송 교육의 단점(일방성 등)을 보완할 수 있는 큰 장점을 가지고 있는 것은 틀림없는 사실이다. 사이버 교육을 실행하면서 기술적인 인프러스트럭처(infrastructure)의 부족과 교육 효과를 평가하는 데 있어서 신뢰성 문제 그로 인한 사이버 교육의 질적 문제, 인간과 인간의 직접 상호 작용의 어려움, 학생의 학습 활동을 확인하기 어렵다는 점 등 많은 문제를 안고 있다.

사이버 교육의 경험자와 전문가들이 지적하는 바와 같이 사이버 교육이 반드시 전통적인 맞대면 교육보다 쉽지도 않고 또한 저렴하지 않음을 유의해야 한다. 여러 특징을 가진 개방적 사이버 교육의 이념과는 달리 현실적으로는 여러 가지 기술적 · 사회 문화적 · 제도적 · 경제적 제약이 존재함을 잊지 말아야 할 것이다.

한 마디로 사이버 교육이 고등교육 영역에서 새로운 지평을 개척할 것은 분명하지만, 우리 사회에 만연한 모든 대학 교육 문제에 대한 만병통치약이 결코 아님을 유념해야 한다. 시공간의 제약을 뛰어넘고, 학생의 진정한 필요와 요구, 사람마다 각기 다른 학습 스타일을 존중하는 사이버 교육을 폭넓게 실현하기 위해서는 제도적 개혁, 그리고 정보통신 기술의 발전과 함께 대학 교육에 대한 우리 인식의 변화와 사회·문화적 구조에 대해서도 진지한 성찰이 있어야 할 것이다.

우리나라 교육 시장에 불어온 인터넷 열풍은 오프라인 교육 시장에도 큰 변화를 가져오고 있다.

특히 2001년 4월 헌법재판소의 위헌 결정으로 과외 교육이 전면 허용됨에 따라 기존 과외보다 훨씬 값싼 온라인 교육에 관심이 집중되고 있다. 실제로 순수 인터넷 기반의 교육 사이트가 폭발적으로 늘어나고 기존 웹 사이트도 교육 서비스에 눈을 돌리고 있다. 지금 현재 우리 한국에서도 인터넷 교육 서비스 및 콘텐츠 업체의 웹사이트는 140개 이상이나 등록되어 서로 치열한 경쟁을 벌이고 있다.

입학 학원 등 사설 교육 기관과 오프라인 교육, 교육 콘텐츠 제공 업체들도 온라인 서비스를 대폭 강화하고 있다. 이에 따라 인터넷 교육이 e-비즈니스의 핵심으로 떠오르면서 전체 교육 시장에도 큰 변화를 몰고 올 것으로 예상되고 있다.

7. 한국 사이버 대학의 특성

한국 사이버 교육의 특성에 대해 국외 사례 연구와의 비교라든지 전문가의 검증이 없기는 하나, 관련 기사와 자료를 참조해 한국 사이버 교육의 특성을 정리해보자.

첫째, 우리나라 사이버 교육은 정부 주도형(Top-Down) 방식에 따라 도입되었다는 것이다.

미국 영국을 비롯한 세계 여러 나라에서 운영하고 있는 사이버 대학

(여기서 사이버 대학이라 함은 공간적·시간적 제약을 초월해 언제 어디서나 교육을 받을 수 있는 인터넷 기반 교육체제를 의미함)은 직장인과 전문인을 위한 재교육과 일반 성인을 위한 평생교육, 교양 교육을 중심으로 이루어지고 있다.

반면에 우리나라는 시범 및 실험 사이버 대학의 대다수가 기존 학부 과정 중심의 사이버 대학이고, 극소수만이 성인을 대상으로 하는 재교육과 평생교육 과정의 사이버 대학을 운영하고 있는 상황이다. 이는 미국의 경우와 달리 우리나라의 사이버 대학이 수요자의 요구에 의한 것이라기보다는 국가 정책에 따라 도입되었기 때문이다.

그렇기 때문에 기업에서는 경쟁사에서 사이버 학습 시스템을 구축하고 웹 과정을 개발·운영하게 되면 경쟁력에 타격을 받기라도 한듯이 서둘러 시스템과 과정을 구축하기 바쁘다. 학교도 마찬가지이다. 인프러스트럭처 및 교육자 수요 분석 없이 기존의 과정을 웹으로 옮겨 놓은듯 과정을 운영하고 있다.

둘째, 사이버 교육 서비스를 제공하기 위한 시스템 기술이 비교적 우수하다는 것이다. WWW 상에서 이미 무한한 정보가 교류되고 있으며, 가구 당 1대 이상이 보급되어 있는 개인용 컴퓨터는 ADSL과 같은 광·대역 통신망으로 지구상의 모든 컴퓨터와 연결되어 네트워크화를 이루어가고 있다.

사이버 교육용 소프트웨어 분야는 전세계적으로 국내 기술이 상당히 앞서가고 있다. 지난 5년 동안 교단 선진화 사업, 초고속 정보통신 응용 기술 개발 사업 등 정부 주도사업을 통해 사이버 교육 소프트웨어 개발이 꾸준히 추진되어 왔기 때문이다.

특히 교단 선진화, 학내 전산망 구축, 종합생활기록부, 교육용 PC

보급, 교육용 소프트웨어 구매 지원 등과 같이 교육 기관 전체를 대상으로 한 교육 인프러스트럭처 개선에 연간 1,000억원 이상 투입됨에 따라 관련 패키지 소프트웨어, 네트워크, 멀티미디어, 시스템 통합 산업이 크게 성장하는 계기를 맞았다. 각 교육 기관은 이러한 기반을 바탕으로 VOD, 사이버 교육, 사이버 대학, 전자 도서관, 종합 정보 시스템 등 멀티미디어 교육을 구현하기 위한 서비스를 서두르고 있는 것이다.

셋째, 우리나라는 사이버 대학의 존재 가치는 인정하고 있으나 기존 교육 기관과의 영역 정의가 명확하지 못해 평생교육법 등과 같은 문제에서 상당한 의견 차를 보이고 있다. 선진국의 사이버 대학들은 정규 및 평생교육을 구분하지 않고 새로운 교육 서비스 차원에서 자연 발생적으로 양성화되고 있다. 즉 정규 교육이든 평생교육이든 아니면 정규 교육 중 대학 과정이든 전문 대학 과정이든 수요자가 원하면 사이버 대학을 설립해 운영하고 있다.

평생교육법을 통해 평생교육 차원의 사이버 대학은 명확해졌으나 정규 교육 차원의 사이버 대학은 기존 고등교육법으로 인해 부족한 점이 많다. 교육 수요자는 평생교육법에 의한 사이버 대학의 학위보다는 정규 교육의 사이버 대학에서 학위를 취득하는 방법을 더욱 선호하게 될 것이다. 결국 국내 사이버 대학 위치는 현재 교육 체제상 평생교육 쪽에 치우쳐 있음을 알 수 있다. 앞으로 정규 교육의 사이버 대학도 설립·운영될 수 있도록 제도적 보완이 이루어져 언제, 어디서나, 누구든지 원하는 교육을 선택할 수 있는 서비스 체제의 구축이 필요하다.

새로운 21세기는 「요람에서 무덤까지」 스스로 개발하지 않고서는 살아남을 수 없는 시대가 되었다. 인터넷 통신망을 통한 사이버 교육은 그 문제를 해결해주는 열쇠가 될 것이다. 실제로 현재 이루어지고 있는 많은 사이버 강의는 굳이 학생이 아니더라도 누구나 저명한 학자의 강의를 접할 수 있도록 되어 있다. 누구나 평생교육의 가치를 인정하면서도 기회를 얻지 못했던 이제까지의 현실에 비추어볼 때 이는 사이버 교육의 큰 혜택 중의 하나라고 할 수 있다.

넷째, 교육 내용보다는 포장에 치중하는 경향이 있다. 외국의 학습 사이트를 가보면 너무 썰렁하다 싶을 정도로 그래픽이나 멀티미디어적 요소가 없는 편이다. 그러나 교육 내용만큼은 알차게 구성되어 있다. 물론 멀티미디어 요소를 배제한 것을 무조건 바람직하다고 보는 것은 아니다. 반면에 우리나라는 홈페이지에서는 지나치다 싶을 정도로 첨단 테크놀러지나 멀티미디어를 쓸데없이 많이 만난다.

간혹 기업체의 위탁으로 과정 교수 설계를 하다보면, 가장 많은 요구 사항은 오락적 요소뿐만 아니라 그래픽과 애니메이션을 많이 사용해 달라는 것이다. 물론 학습 과정에 따라 학습자의 동기유발이나 흥미를 위해 오락적인 요소나 멀티미디어 요소를 활용하는 것은 바람직하다. 하지만 학습자의 학습 환경이나 교과 목표와는 상관 없이 이를 사용하는 것은 피해야 한다.

마지막으로 사이버 교육에서 학생 이외에도 직장인이나 교사나 학부모들을 위한 공간이 부족하다는 점이다.

8. 한국 사이버 대학의 문제점 분석 및 제언

1) 문제점 분석

(1) 뚜렷한 사이버 대학 추진 목표의 부재

교육부에서 시범 사이버 대학 운영 계획을 발표한 후 불과 2~3개월
이 지나 65개 대학들이 일제히 독자적으로, 혹은 컨소시엄 형태로 사
이버 대학을 선포했다. 물론 몇몇 대학들은 나름대로 수년 간 준비해
오다가 참여한 경우도 있겠으나, 성급한 시도로 말미암아 사이버 대학
이 제공할 수 있는 교육적 잠재력을 이끌어내기도 전에 부정적으로 판
단될 가능성이 없지 않다.

대부분의 대학은 추구하는 목표에 관계 없이 일반 교양 과목들을 사
이버 강좌화하는 중복 투자의 비효율성을 불러일으키고 있다. 사이버
교육에 대한 경험이 없는 교수들에게 인력 및 재원을 지원하지 않은
채 강좌를 운영하게 하거나, 정보 활용 능력이 부족한 학생들이 사전
준비 없이 강좌를 수강하는 실정이다. 이러한 근시안적 계획은 교수나
학습자들에게 사이버 교육에 대한 부정적 판단을 심어줄 수 있다.

(2) 체제적 사이버 교육의 부재

사이버 교육을 추진하고 있는 대부분의 대학들은 하드웨어나 소프
트웨어같이 기존의 교육환경에서 볼 수 없었던 새로운 요소들을 도입
하는 데 치우치는 경향이 있다. 그러나 사이버 교육은 상호 의존적 구
성 요소들로 이루어진 하나의 「체제」라는 사실을 간과해선 안 된다. 소
정의 목표를 계획한 대로 이루어내려면 대학 체제 구성 요소들의 상호

유기적 관계를 이해하고, 체계적 절차에 의거해 관련된 요소들을 통합적으로 구축하는 것이 필요하다.

따라서 이미 사이버 강좌를 개설하고 있는 시범 및 실험 사이버 대학들과 새롭게 실시하고자 계획하는 기관들이 참조할 수 있는 사이버 교육 체제 구축 및 재정비 방안을 제공하는 것이 필요하다.

(3) 경제적인 차이로 인한 계층 간의 갈등 가속화

사이버 교육의 혜택을 누구보다도 먼저 받아야 할 산간 벽지의 아이들이야말로 컴퓨터의 혜택으로부터 가장 멀리 떨어져 있다. 즉 사이버 교육을 받기에 충분한 환경이 갖추어지지 않은 상태에서 사이버 교육이 보편화된다면 지금의 교육 제도가 주는 혜택을 빈곤층은 더 이상 누릴 수가 없다.

(4) 학습자 관리의 문제

교사와 학습자 사이의 사이버 교육에서 가장 크게 대두되는 것이 교사와 학습자 사이의 상호 작용과 커뮤니케이션의 문제를 들 수 있다. 인간과 인간의 만남을 통한 부가적인 효과의 부족, 질문 사항 해결의 부족, 즉각적인 피드백의 부족 등이 그 한 예가 될 것이다. 학습자들은 대체로 동료와의 상호 작용, 강사와의 상호 작용, 실시간 토론, 즉각적인 피드백, 특히 내용 전문가와의 상호 작용과 질문 사항에 대한 즉각적인 피드백 등을 가장 절실하게 요구하고 있다.

또한 이것은 학습자의 학습 지속이나 동기 부족의 문제와도 관련이 있다. 교육 과정 기간과 학습 일정이 정해진 경우, 학습자들은 학습 지속에 대한 부담을 느낄 수 있다. 반면에 학습 기간이나 일정이 정해지지 않은 경우는 강제성이 없기 때문에 학습 참여를 위한 동기 부족의 문제도 발생될 우려가 있다.

(5) 학습 정보 관련 문제

사이버 학습 체제는 강사의 강의를 통한 교육이 아니라 개별적인 자율 학습을 기본 개념으로 하기 때문에 좀더 심도 있고 자세한 해석과 설명을 필요로 한다. 그러나 내용의 오류로 인한 신뢰성의 부족, 내용과 학습자의 수준 차이로 인한 학습의 어려움이 따를 수 있다.

(6) 컴퓨터와 통신 시스템을 사용하는 것으로 인한 기술적인 문제

학습자들이 시스템의 장애, 접속 불량과 같은 크고 작은 기술적인 문제를 경험할 수 있으나 거기에 대한 도움이나 대책이 미흡한 실정이다.

그 밖에 운영 차원에서 강사나 전문가의 지원이 부족하며 운영자 및 개발자의 사이버 학습의 효과적인 설계 방안이나 운영을 위한 지침이 부족하다는 문제점이 있다.

2) 제언

위와 같은 문제점을 개선하고 좀더 효과적인 사이버 학습 체제의 활용과 운영을 위한 제언을 하면 다음과 같다.

첫째, 사이버 학습 체제는 자율 학습을 기반으로 하지만, 보다 효과적인 학습을 위해 학습자가 내용 전문가나 강사와 상호 작용 및 커뮤니케이션을 할 수 있는 다양한 방안을 마련하는 것이 필수적이다. 또한 계속적이고 적절한 제도적 관리 체제와 경제적 지원이 필요하다.

둘째, 사이버 교육을 실시하는 대학 또는 기관들은 현황 분석을 거쳐「왜」사이버 교육을 추진하고자 하는지,「누구」를 위해「무엇」을 제공하고자 하는지, 또한「어떻게」단기적 · 장기적으로 발전시켜가고자 하는지에 대한 명확한 청사진을 가져야 한다. 사이버 교육이 가지고 있는 잠재력을 최대한 키우고, 그 장점을 활용해 획기적인 교육 방법으로 자리 잡을 수 있도록 노력해야 할 것이다.

셋째, 사이버 학습 체제에서 사용하는 학습 내용을 구성할 때는 학습자들이 네트워크를 통해 제공되는 학습 내용 자체만으로도 쉽게 이해할 수 있도록 자세한 설명과 해석이 있어야 한다. 또한 학습자들의 수준별 차이를 극복하기 위해서는 하이퍼텍스트 등을 이용해 학습자들이 이해하기 힘든 내용이나 용어에 대한 설명을 제공하는 등의 배려가 필요하다.

넷째, 학습자들의 지속적인 학습과 동기 유지를 위해서 적절한 전략과 학습 관리가 필요하다. 컴퓨터 네트워크를 기반으로 하는 사이버 학습에서 가장 중요한 기간은 과정의 1/3~1/21 정도의 기간까지이므로 과정의 초기에는 학습자들의 동기 유지와 지속적인 학습 촉진을 위해서 적절한 지원과 학습자들의 수행에 대한 높은 수준의 피드백을 유지시킬 것을 제안한다.

다섯 째, 사이버 학습을 효과적으로 추진하기 위해서는 조직의 특성에 맞는 정책과 제도가 필요하다. 단순히 시대 흐름에 따라 우선 실시하겠다는 성급한 태도가 아니라 현 교육 훈련의 문제점을 분석하고 사이버 학습의 필요성을 찾아내야 단계별로 구축해야 한다.

여섯 째, 사이버 학습과 교실 교육과의 연계를 통해 보다 효과적인 교육 체계를 구축하는 것이 필요하다. 즉 과정 특성에 따라서 사이버 학습만으로 가능한 과정, 또는 교실 교육과의 연계가 가능한 과정을 분석해, 조직 내에서 보다 효과적인 교육 체계를 구축할 수 있어야 한다. 교실 교육과의 연계를 통해 구체적으로 집합 교육의 사전 학습 또는 사후 학습으로서 교실 교육을 보완할 수 있고, 수준 별 차이를 극복할 수 있을 것이다〔본 장의 자료는 한국교육학술정보원의 《교육정보화백서 2000》에서 참고한 것이다〕.

9. 한국 사이버 교육의 시장

한국 사이버 교육 산업은 IT 산업의 발전과 인터넷 사용 인구의 급속한 확산을 배경으로 최근 2~3년 사이 빠른 속도로 성장했다. 사단법인 사이버 교육학회(회장 이상희)가 최근 발표한 「국내 e-learning 산업 육성 방안과 산업 현황 보고서」를 통해서 한국 사이버 교육 시장을 가늠해 본다.

1) 사이버 교육 업체 현황

사이버 교육학회 산하 35개 국내 주요 온라인 교육 기업이 2001년에 벌어들인 수입은 모두 2,377억 원에 달하는 것으로 추정됐다. 업체별로는 메디오피아테크날러지, 이루넷, 그리고 인투스테크러지는 각각 300억 원 이상의 매출을 올렸으며 크레듀, 고려정보테크, 미래넷, 에이엔에스, 엔에스아이, 그리고 아이빌소프트 등은 각각 100억 원대 이상의 매출액을 기록했다. 그밖에 약 500여 개의 중소 업체의 매출액이 1,500억원에 달할 것으로 보여져 전체 사이버 교육 업체의 총매출은 4,000억 원에 미칠 것으로 예상됐다. 한편 온라인 교육업체 종사자수는 35개 주요 사업체의 직원 1,749명을 포함해 모두 5,016여 명에 이른다고 사이버 교육학회는 추정했다.

2) 향후 사이버 교육 시장 규모

교육 콘텐츠, 교육 서비스, 그리고 솔루션 등 사이버 교육을 구성하는 세 가지 분야의 시장 규모는 앞으로도 꾸준히 성장할 것으로 전망된다. 사이버 교육학회의 보고서에 따르면 2002년 국내 사이버 교육 서비스 시장의 규모는 2001년보다 2배 가량 성장해 1,400억 원을 웃돌 것으로 예상된다. 초 · 중 · 고 · 대학 등 각급 학교의 경우 교내 초고속 통신망 구축이 완료되고 안정화 단계에 들어서는 2002년부터 시장이 급속히 확대될 것이다.

초 · 중 · 고등 사이버 교육 시장 규모는 100억 원에서 200억 원으로, 대학 시장은 잇따른 사이버 대학의 신설에 힘입어 220억 원 규모에서 600억 원으로 늘어날 전망이다. 기업체 사이버 교육은 실시 규모가 확대되는 추세에 힘입어 2002년에 600억 원대로 증가하고, 정부 기관과 시 · 군 · 구 지방자치단체 등 공공 분야는 200억 원에 이를 것으로 예측했다.

3) 사이버 교육산업 육성방안

이 보고서는 국내 사이버 교육이 지식 정보 사회의 고부가 가치 산업으로 성장하고 세계적 경쟁력을 강화하기 위해서는 정부와 기업이 체계적인 지원 및 투자, 전문인력 양성 등에 힘을 모아야 한다고 지적했다.

구체적으로는 국가 차원의 산업 기반 확립을 위해 사이버 교육에 관련 콘텐츠의 기술의 표준화, 「사이버 학습」 산업 분야에 전자상거래 표준안을 적용하는 방안 마련, 온라인 교육 콘텐츠 공모전 개최, 교육 인력 육성을 위한 전문기관 설립 등이 필요하다고 강조했다. 또 산업자원부 산하에 기술 수출 운영 등 세 가지 부분으로 구성된 「사이버 학습 산업 지원 센터」를 설립해 사이버 교육업체의 경쟁력 강화에 앞장서야 한다고 주장했다.

7

사이버 교육 모듈별 세부기능 구현

1. 강의 교재 작성 도구

사이버 교육 구성에서 가장 중요한 요소는 인터넷 또는 멀티미디어를 활용한 주문형 강의자료다. 강의자료의 경우 생성·유통·관리·폐기에 이르는 전반적인 관리 운영이 가능한 시스템이 구축되어야 한다. 강의자료에 대해서는 서버 측에 통합되어 운영되어야 하고, 백업에 대한 대책수립이 필요하다.

인터넷상에서 운영될 강의자료는 텍스트, 이미지, 그래픽, 보이서, 사운드, 동영상 등의 다양한 자료 형태로 만들어질 수 있는데, 이는 표준화된 정보 포맷으로 서버 측에 전자도서관 형태로 관리되도록 구성한다.

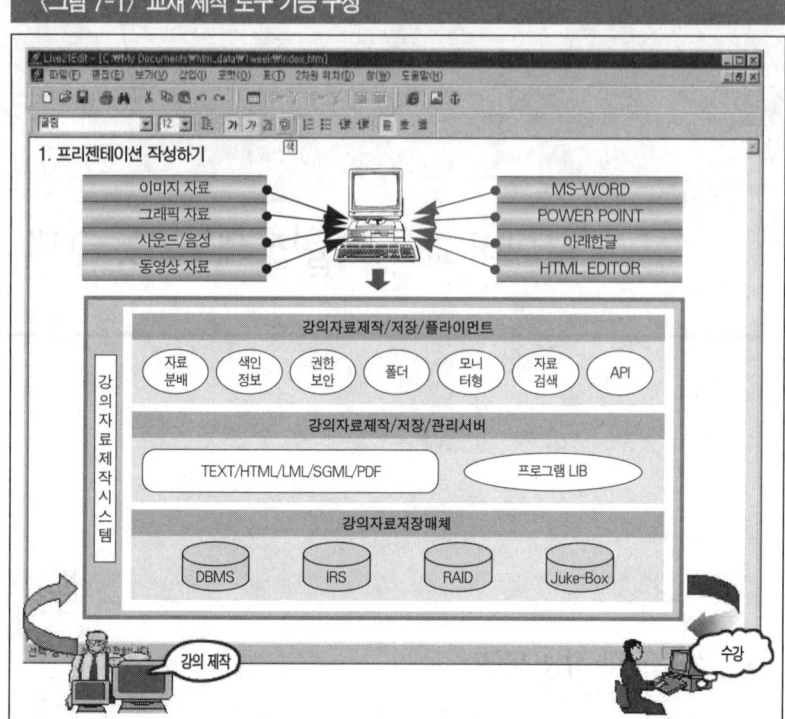

〈그림 7-1〉 교재 제작 도구 기능 구성

1) 강의 작성 도구 기능 설명

(1) 새 파일

프로그램 실행 후 「새 파일」을 누르면 저장 경로를 입력하는 다이얼로그가 보인다. html 파일 및 이미지, 기타 동영상 등의 파일을 저장하는 디렉토리다.

• 불러오기 : 기존에 작성된 html 파일을 읽어온다.
• 저장하기 : 시스템에 파일을 저장한다.

(2) 파일 편집

파일이 열리거나 생성되면 프로그램은 기본적으로 에디터의 모습을 갖춘다.

편집 메뉴에서는 실행 취소, 재실행, 잘라내기, 복사하기, 붙여 넣기, 찾기 등 기본적인 에디터의 기능을 제공한다.

(3) 미리보기

미리보기는 현재 편집 중인 문서를 인터넷 익스플로러(Internet Explorer)에서 보도록 하는 기능이다. 그 밖에 도구 모음 보임, 숨김 등이 있다.

(4) 삽입

- 그림 : 그림 삽입을 선택하면 해당 이미지의 경로를 탐색할 수 있는 다이얼로그가 나타난다. 기본적으로 경로만 입력하면 되지만, 대체 문자열 등의 특성을 입력할 수가 있다.
- 하이퍼 링크 : 블록을 지정한 상태에서 활성화되며, 선택시 http, file, ftp, telnet, mailto 등 다양한 링크를 지정할 수 있는 다이얼로그가 나타나며, 사이트 주소(url)를 입력하면 해당 목적지로 링크되는 기능을 가진다.
- html : html 문서를 직접 삽입할 수 있는 기능이다.
- script : script 문서를 직접 삽입할 수 있는 기능이다.

(5) 포맷

도구 모음의 스타일, 폰트, 정렬, 순서, 무순서 리스트 등을 지정할 수 있는 메뉴다. 포맷·배경·색에서 배경색 및 배경 이미지를 지정할 수 있다.

(6) 표

원하는 크기의 표를 삽입한다. 표를 삽입한 후, 다시 행 및 열 등을 삽입·삭제할 수 있으며, 병합·분리할 수도 있다.

(7) 2차원 위치

이미지와 테이블 등을 선택한 후에 이 메뉴를 지정하면, 마우스로 원하는 위치에 옮길 수 있게 된다. 단, 이 위치는 화면의 좌측 상단으로부터의 절대 거리이므로, 브라우저의 해상도에 따라, 이미지, 또는 테이블의 위치가 다르게 나타날 수 있다.

2) 서비스 화면 구성

강의 자료 작성/편집

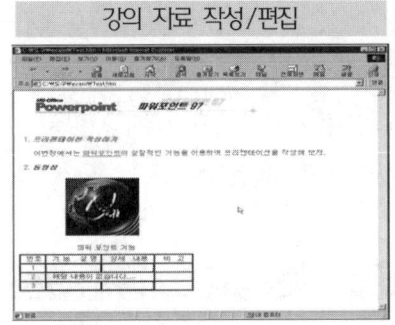

작성자료 색상첨가

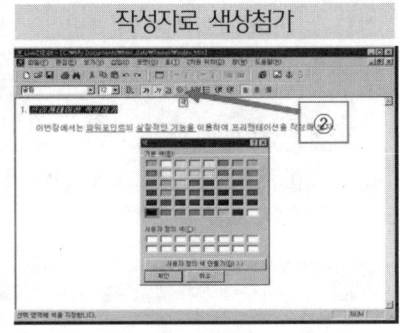

도표작성

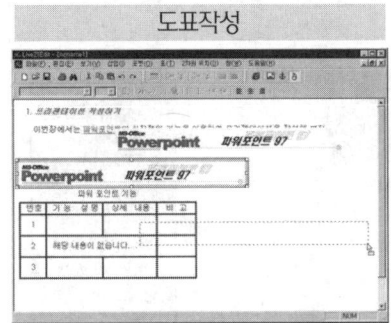

URL LINK / DRAG & DROP

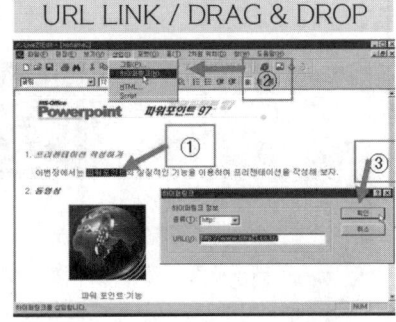

작성문서 보기

멀티미디어 자료삽입

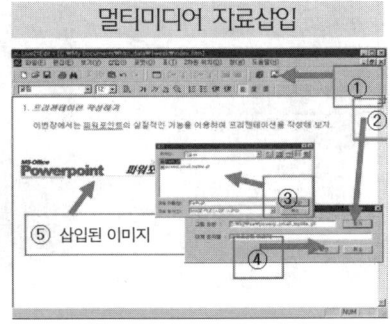

2. 사이버 강의 운영 시스템

1) 사이버 강의 시스템 개발

각 대학에서 사이버 강의·재택 수업을 진행하도록 강의 운영 시스템을 개발해 대학별 확대 운영이 가능하도록 지원한다.

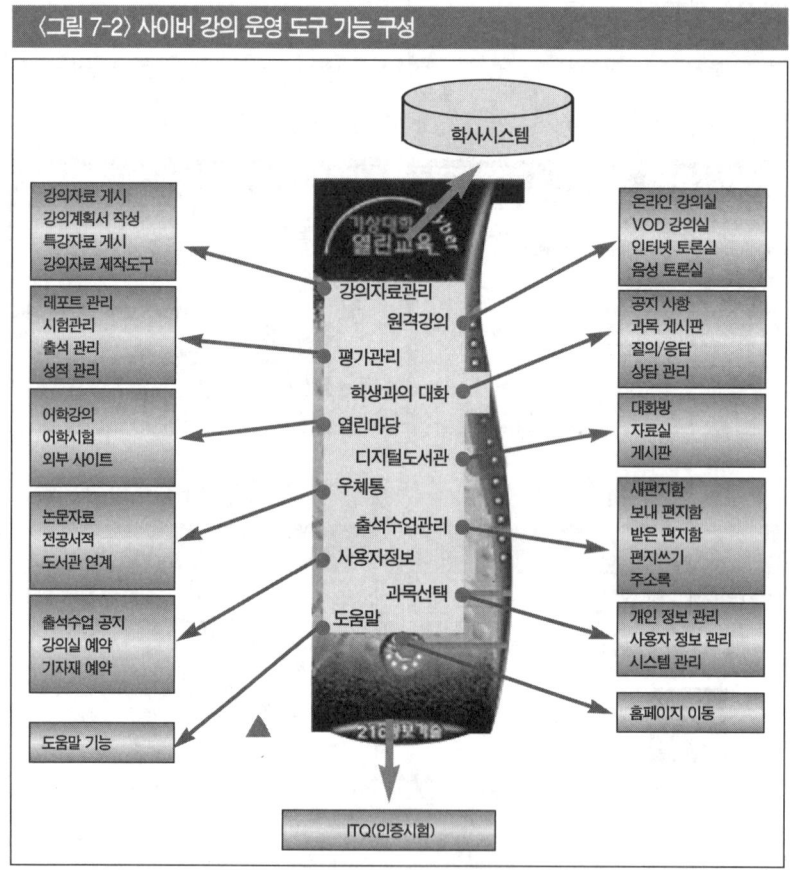

〈그림 7-2〉 사이버 강의 운영 도구 기능 구성

강의 운영 시스템은 사이버 강의를 진행하는 교수용 기능과 사이버 수업을 수강하고자 하는 학생용 기능으로 구분하여 기능을 구성한다.

강의 운영에 대한 기능은 크게 강의자료 관리와 강의진행 기능, 출석, 중간고사, 레포트, 평가 등의 처리 기능, 교수와 상담 및 대화가 가능하도록 처리하는 기능으로 구분해 구성한다.

학생용 기능에는 원격지에서 원활하게 수강할 수 있도록 구성해 지원하며, 인증 시험 및 취업, 유학 등의 정보 서비스를 지원한다.

2) 사이버 교육 기능(교수용)

앞의 표에서 사이버 강의 운영 시스템 중 교수용 기능에 있어서는 강의 관리와 성적 관리가 중요하다. 강의관리 기능에는 강의내용 관리와 리포트 관리를 들 수 있다.

강의 내용 관리에는 강의계획서 올리기를 비롯해 강의계획서를 학생들이 찾아볼 수 있도록 했으며, 강의계획서의 수정 및 삭제가 가능하다.

리포트 관리에서는 리포트의 출제와 수정·삭제 기능, 이에 따른 검색, 리포트에 대한 평가의 입력과 수정 등을 메뉴로 한다.

그룹 토론 관리에서는 학생과 교수가 참여하는 토론방 만들기, 조회, 토론방 수정 및 삭제 메뉴가 있다.

또한 학생의 수업 평가 기능도 매우 중요하다. 평가문제 올리기, 문제 수정, 시험 점수의 입력 , 점수 수정·조회 기능을 들 수 있다.

출결 관리에는 출결 상황의 기록 및 검색 기능을 포함한다.

최종 성적관리 기능은 출결 상황의 입력·조회, 시험점수 확인, 리포트 점수 조회와 최종 점수의 확인·수정, 성적확정 관리 기능이 있다.

구 분	주요기능	세부기능	
	실시간/주문강의	실시간 강의 서비스 및 주문형강의 연동	
	강의내용관리	강의자료 올리기	강의자료 수정
		강의자료 검색	강의자료 삭제
		강의계획서 올리기	강의계획서 수정
		강의계획서 검색	강의계획서 삭제
	리포트 관리	리포트 출제	리포트 수정
		리포트 삭제	리포트 평가수정
		리포트 검색	
		리포트 평가 입력	
강의관리	그룹토론관리	토론방 만들기	토론방 조회
		토론방 수정	토론방 삭제
	시험 관리	문제 올리기	문제 수정
		문제 삭제 및 답안 조회	시험점수 수정
		시험점수 입력	
		시험점수 조회	
	출결 관리	출결상황 검색	
	게시판관리	공지사항	자료실
		Q&A	상담관리
	전자도서관관리	전자도서관과의 연계	
성적관리	성적입력관리	시험점수 조회	리포트 점수 조회
		출결사항 조회	
		성적 입력 · 성적 수정	
		성적 조회	
	성적확정관리	이수학점 조회	전체학점 조회
열린마당관리	게시판관리	게시물 입력	게시물 수정
		게시물 검색	게시물 삭제
	대화실관리	대화실 만들기	대화실 조회
		대화실 수정	대화실 삭제
	개인정보관리	개인정보 수정	
	사용자정보관리	사용자정보검색	

3) 사이버 교육 기능(학생용)

사이버 교육 학생용 기능은 주로 교수용 기능에 연결되어 구성된다. 실시간 강의를 들을 수 있는 실시간·주문형 강의 연동 서비스 기능이 있으며 학생들의 리포트 조회와 제출한 리포트의 수정 및 리포트의 성적의 조회 기능이 있다.

그룹 토론 기능에는 토론방을 조회해 참여할 수 있는 기능이 있으며 토론방을 만들 수 있는 기능은 제한되어 있다.

시험관리 기능에는 문제 조회와 답안 입력 기능이 있고 답안 수정과 시험 점수의 검색 기능이 있다.

성적관리 기능에는 시험 점수의 조회, 리포트 점수 조회와 최종 성적 확인, 점수에 대한 이의 신청 기능이 추가된다.

성적확정 기능에는 이수 학점의 조회와 전체 학점 조회 기능이 포함된다.

열린 마당 관리 기능에는 게시판 관리, 대화실 관리 기능이 있다. 전자도서관 기능에는 강의자료, 논문, 서적의 본문을 검색 처리하는 기능이 있어 긴요하게 활용할 수 있다.

사용자 정보관리 기능에는 개인정보 수정 기능이 있어 유용하게 활용할 수 있다.

구 분	주요기능	세부기능	
강의관리	실시간 강의	실시간/주문형강의 연동 서비스	
	주문형 강의	VOD 시스템과의 연계	
	리포트관리	리포트 조회	리포트 제출
		리포트 제출수정	
		리포트 평가 조회	
	그룹토론 관리	토론방 조회	토론방 참여
	시험관리	문제 조회	답안 입력
		답안 수정	시험점수검색
	게시판 관리	공지사항	과목 공지 사항
		Q&A	상담관리
	강의내용 관리	강의자료조회 및 강의 계획서 조회	
성적관리	성적입력 관리	시험접수조회	리포트점수조회
		성적조회	이의신청조회
	성적확정 관리	이수학점 조회	전체학점 조회
열린마당관리	게시판 관리	게시물 입력	게시물 수정
		게시물 검색	게시물 삭제
	대화실 관리	대화실 만들기	대화실 조회
		대화실 수정	대화실 삭제
	전자도서관	강의자료, 논문서적 본문검색처리지원	
	사용자정보 관리	사용자정보 검색	개인정보수정

4) 사이버 교육 기능(관리용)

관리용 기능에서 가장 중요한 것은 학사 관리다.

학사기간 관리에는 강의기간 설정, 수강신청 기간, 성적조회 기간, 성적 이의신청 기간 설정 등이 매우 중요하다. 학과 등록, 수정 삭제 기능 등을 두어 변화하는 학과에 탄력적인 운용을 가능하게 지원한다.

개설 과목의 관리 기능에는 개설 과목 등록, 수정·삭제 기능 등이 있어 계속적인 개설 과목의 변경에 대응할 수 있다.

사용자관리 기능에는 교수 등록, 수정·삭제 및 학생의 등록, 수정, 삭제와 모든 사용자 검색 조회와 학생 수강신청의 확정 기능이 있다.

성적 관리에는 성적 조회와 전체적인 성적의 등급과 비율 관리가 있다.

BBS 관리 기능에는 공지사항 관리와 게시판관리 기능이 있으며, 이는 일반적인 학교뿐만 아니라 사이버 강의에서 특히 중요하다. 아울러 자료실관리 기능도 필요하다.

마지막으로 사용자의 암호관리 기능은 아무리 강조해도 지나치지 않다.

구 분	주요기능	세부기능	
학사관리	학사기간 관리	강의기간 신청 성적 기간 설정	수강신청기간설정 성적 이의기간 설정
	학 과 관리	학과 등록 학과 삭제	학과 수정
	개설과목 관리	개설 과목 등록 개설 과목 삭제	개설과목 수정
	사용자 관리	교수 등록 교수 삭제 학생 등록 학생 삭제	교수 수정 사용자 검색 학생 수정 학생 신청 확정
	수강신청 관리	수강 신청 조회	수강 신청등록 확정
	성 적 관리	성적 조회	성적 등급/비율관리
	출석수업 관리	강의실 관리	강의실 일정 관리
	환 경 설정	방문자 관리	강의 출석 기간 설정
BBS	공 지 사 항	전체 공지 등록 전체 공지 삭제 교수 공지 등록 교수 공지 삭제	전체 공지 수정 교수 공지 수정
	게시판 관리	게시판 폴더 생성 게시판 폴더삭제	게시판 폴더수정 게시글 관리
	자료실 관리	자료실 폴더 생성 자료실 폴더 삭제	자료실 폴더 수정 자료물 삭제
암 호	암 호 관리	관리자 암호 변경	사용자 암호 변경

5) 서비스 화면 구성

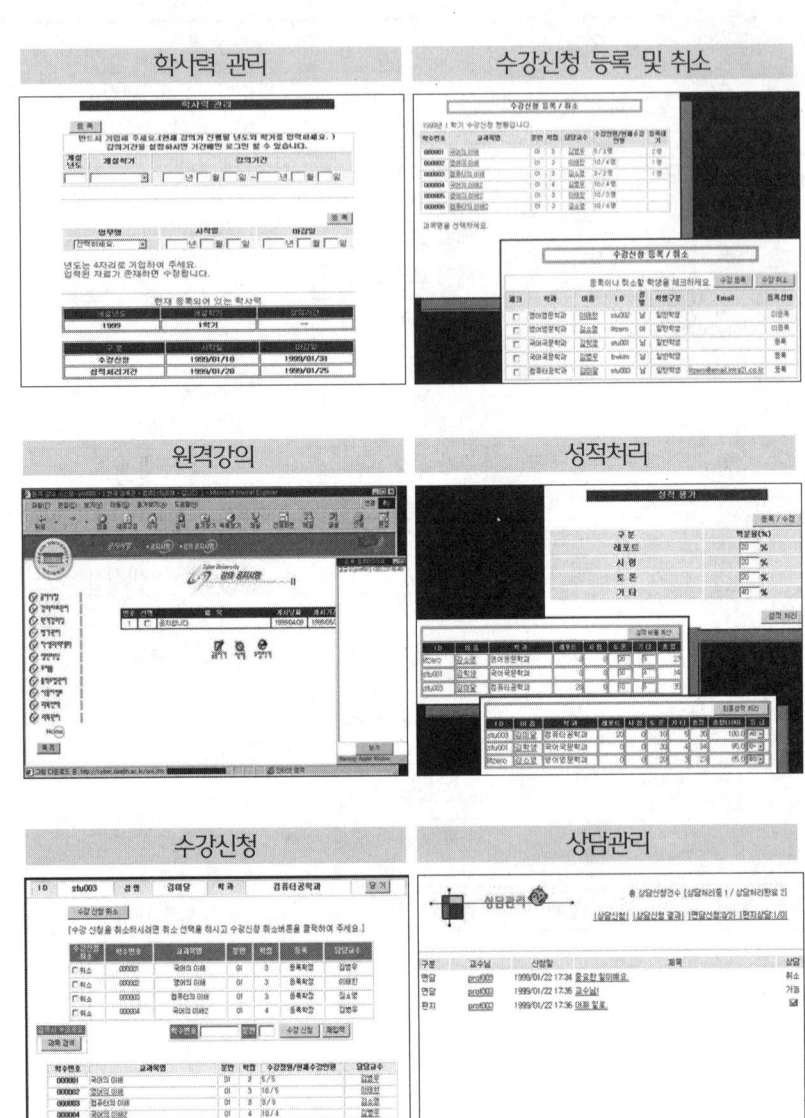

3. 실시간 · 주문형 강의 시스템

1) 시스템 구성

산업 전반에 걸친 전문인력 양성을 위한 교육 과정을 특성화해 강좌의 개발체계에 따라 시행하며, 인터넷 강의, 실시간 강의, 주문형 강의가 동시에 전개되도록 구성한다. 운영 사이버 강의 관리 시스템과 연

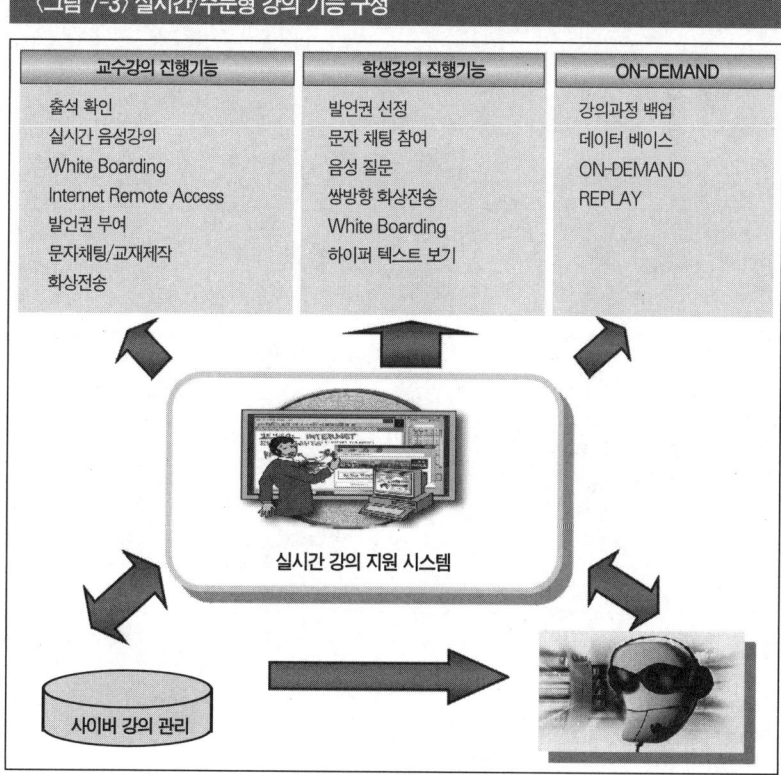

〈그림 7-3〉 실시간/주문형 강의 기능 구성

교수강의 진행기능	학생강의 진행기능	ON-DEMAND
출석 확인	발언권 선정	강의과정 백업
실시간 음성강의	문자 채팅 참여	데이터 베이스
White Boarding	음성 질문	ON-DEMAND
Internet Remote Access	쌍방향 화상전송	REPLAY
발언권 부여	White Boarding	
문자채팅/교재제작	하이퍼 텍스트 보기	
화상전송		

실시간 강의 지원 시스템

사이버 강의 관리

계해서 강좌관리, 평가, 학점 처리를 수행한다.

- 강의 운영은 각 대학에서 실제 전개하는 수업 방식과 사이버 공간을 통해 강의하는 방식으로 운영한다.
- 사이버 공간을 통해 강의 전개가 완료된 체계는 학생이 시간과 장소에 구애받지 않고 필요한 시간에 주문형 강좌의 수강이 가능하도록 지원한다.
- 학생용 기능에는 강의를 원하는 곳에서 수강할 수 있도록 구성하고, 인증 시험 및 취업 거래 알선 등의 정보를 제공하도록 지원한다.

2) 시스템 구현 기능

실시간 사이버강의 시스템

- 실시간 쌍방향 원격 강의 기능
- 교재 Multi-Transfer 기능
- On Demand 학습 기능
- 온라인 On Demand 기능
- 온라인 On Demand 기능
- 강의 Back-up 및 DB기능
- 인터넷 Remote Access 기능
- Hyper Text 기능
- 강의 및 학습자 관리 기능
- SPP(Select Page Play)기능
- Low Bandwidth : 14.4Kbps이상

멀티미디어 강의저작 도구

- 기존 html 문서에 교수자의 음성 및 판서를 통한 강의 제작
- Stand Alone 강의지원
- Audio & White-Boarding 이용
- 교수자가 시간 제약 없이 강의 저작
- 저가의 사이버교육 시스템 구성
- 음성 압축/재생에 대한 순수 독자적인 기술
- Save & Playback 기능

시스템 처리기능

VOD 시스템

- 인터넷/인트라넷 상에서 동화상을 구현한 시스템
- 멀티미디어 데이터를 제작, 전송, 관리 할 수 있는 Multi-Source 활용 지원
- CCD Camera, ENG Camera, VCR 등 다양한 기기로부터 직접 Input 받을 수 있음
- 저품질/ 저대역에서 고품질/고대역에 이르는 다양한 스케일링을 지원
- 실시간으로 Streamfile을 서버로 전송

멀티미디어 영어학습 시스템

- 각종 네트워크를 통한 실시간 쌍방향
- 학습을 할 수 있는 원격 영어 교육 시스템
- 매일 일정량의 학습을 할 수 있게 하는 contents up 프로그램
- Roll Play 기능 : 컴퓨터와 개인간의 역할 변화를 통한 읽기 반복 학습
- 제공 Contents : 400개의 다이얼로그와 5회(1,000)문제에 달하는 TOEIC 테스트
- 영어뿐만 아니라 일어, 불어, 독어, 스페인어 등 다국어 학습지원

3) 강의 화면 구성

실시간 강의 화면

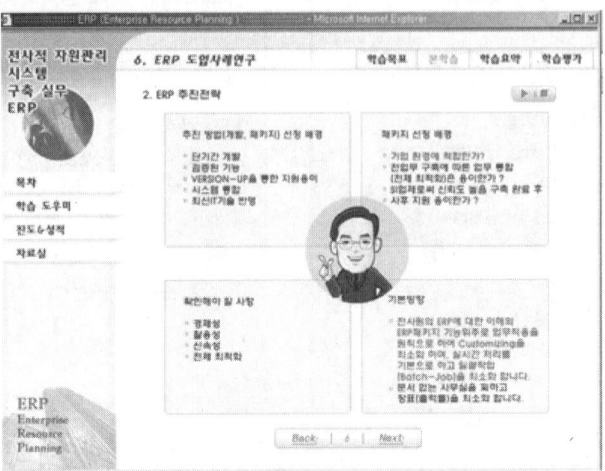

On Demand 화면

4. 정보 유통 시스템

정보 유통 시스템은 그룹 웨어 시스템 구성과 구현 기능으로 나누어서 설명할 수 있으며 그의 관한 서비스 화면 구성을 살펴보자.

1) 그룹웨어 시스템 구성

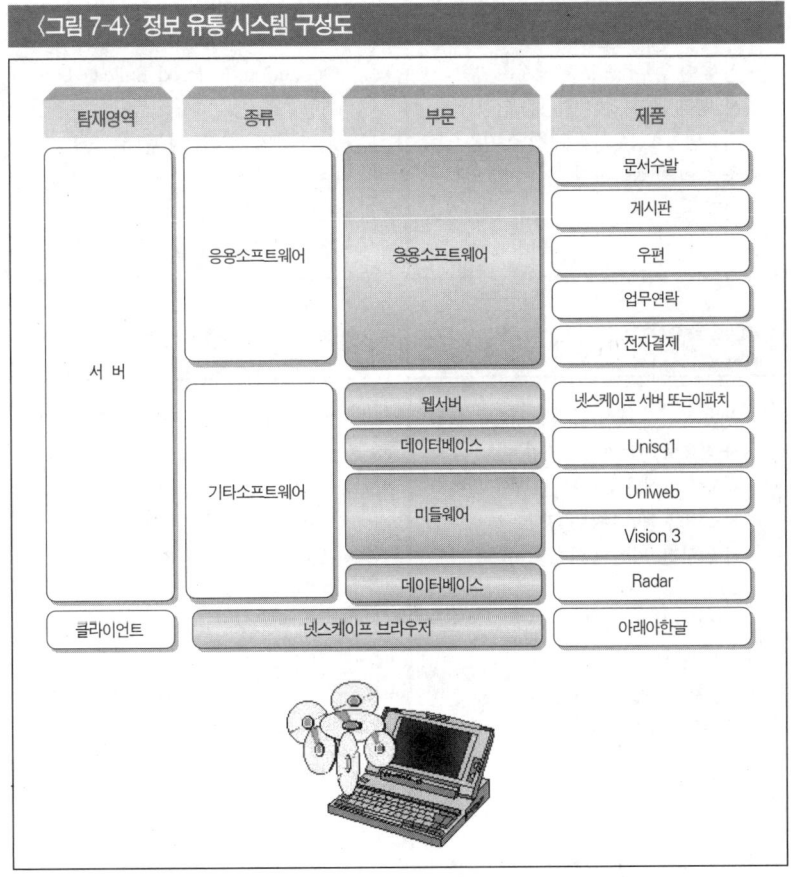

〈그림 7-4〉 정보 유통 시스템 구성도

탑재영역	종류	부문	제품
서 버	응용소프트웨어	응용소프트웨어	문서수발
			게시판
			우편
			업무연락
			전자결제
	기타소프트웨어	웹서버	넷스케이프 서버 또는아파치
		데이터베이스	Unisq1
		미들웨어	Uniweb
			Vision 3
		데이터베이스	Radar
클라이언트	넷스케이프 브라우저		아래아한글

2) 그룹 웨어 구현 기능

문서 수발
• 교육부 및 산하 교육 기관들과의 완벽한 문서 수발 기능 • 공문서 등을 인터넷 망을 통해 기관 간에 교신하는 서비스 • 인터넷 망을 통한 전 기관간의 연결 기능, 아래아 한글 등의 문서를 자동으로 시행문 변환 • 실제 현 업무적으로 행해지는 발송, 심사, 통제, 접수 등의 전기능을 전산화 • 시스템이 없는 기관도 상급 기관으로 공 중망을 접속하여 문서수발 업무를 처리

게시판
• 교육부 및 산하 교육기관들과의 완벽한 문서수발 기능 • 공지사항, 훈시, 알림, 토론광장, 자료 등으로 개방적이거나 준공적인 자료에 대한 서비스 • 기관의 특징적인 게시판 수용 • Multi-level Bulletin Board 기능 • Opened and Closed Bulletin Board 기능 • 기관 간의 게시물 자동 Dispatch • 수신처 지정 • 게시물별 의견 첨가 기능 • 게시판들에 대한 접근 권한 부여

전자 결재
• 각종 문서에 대한 결재를 신속하게 전자 적으로 처리하도록 지원 • 친숙한 아래한글로 기안, 결재, 발송까지 GUI를 통한 빠른 결재 • 각종 사진, 싸인 등의 멀티미디어 자료 View기능 제공 • 완벽한 실문서 생성 • 조직 변화에 따른 신속한 대응 • 공공기관의 결재형태 수용 • 사무관리 규정 준수

우 편
• 개인적인 서신을 교환하기 위한 서비스 • 인터넷 메일과의 연동 • 세련되고 편리한 인터페이스 제공 • 보낸 편지 수신확인 기능 • 다양한 그룹 관리

3) 서비스 화면 구성

결재할 문서 목록화면

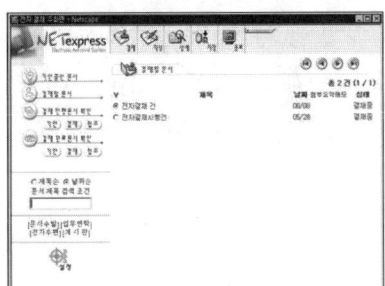

결재처리 화면

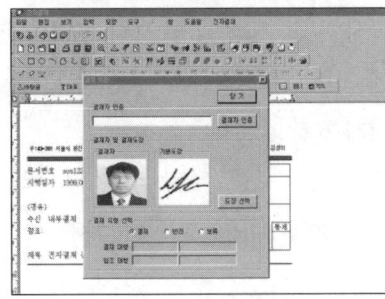

양식선택

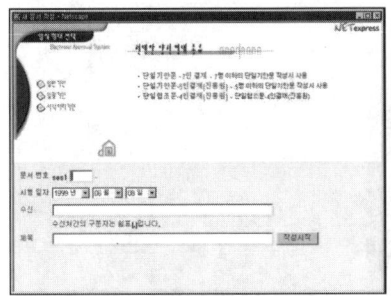

우편물보기 화면

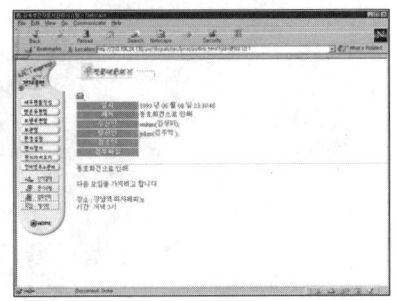

게시판 주화면

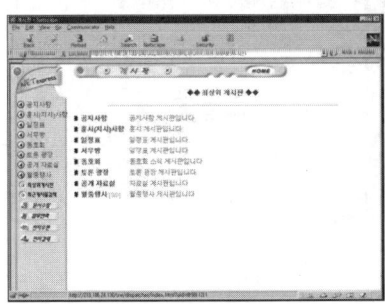

관리자 환경설정 화면

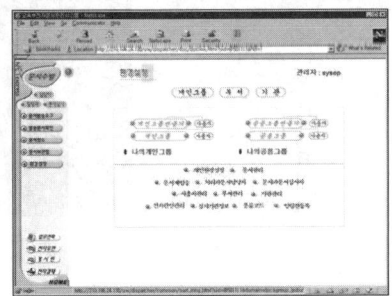

5. 정보 서비스 시스템

〈그림 7-5〉는 정보 서비스 시스템 구성으로서 학생 등록 및 입학, 학사 지원, 학생활동 지원, 증명 신청 및 발급, 취업정보, 유학정보 등에 관한 주요 기능과 구현 내용들을 도표화했다. 서비스 화면 구성의 실례를 살펴보자.

1) 정보 서비스 시스템 구성

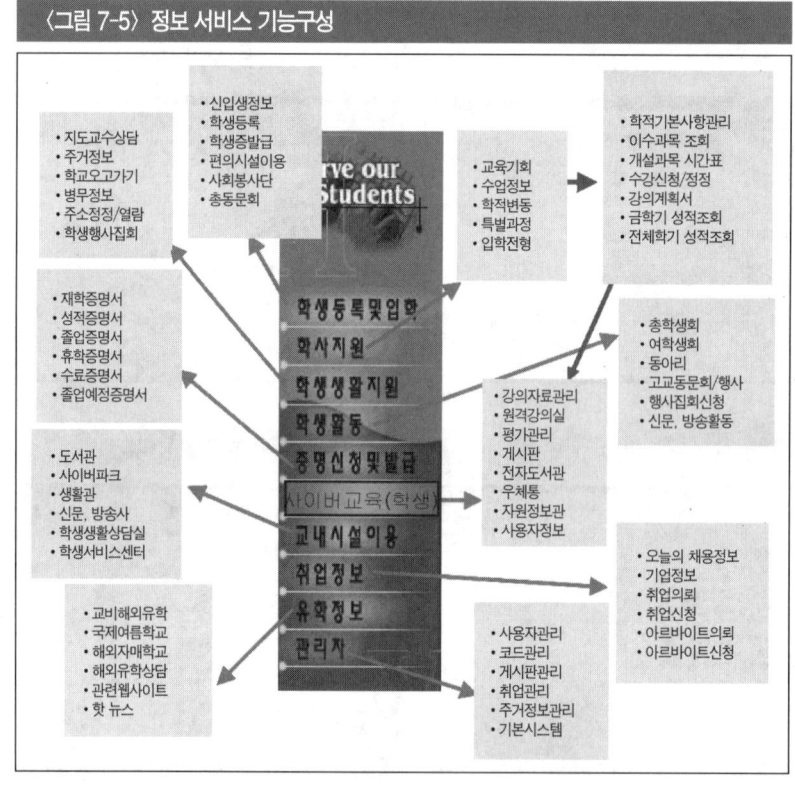

〈그림 7-5〉 정보 서비스 기능구성

(1) 시스템 구성(A): 학생 등록 및 입학

메 뉴	주요기능	구 현 내 용
학생등록 및 입학	신입생정보	입학전형: 일반, 전문대학 및 대학원의 특차, 전기, 후기, 편입학의 입학자료와 합격자 발표결과를 웹을 통하여 제공
		제출서류: 합격자에 한하여 서류를 작성(학생카드, 신입생 입영연기 전산자료) 학기초 작성하는 서류로 합격자는 학번과 이름으로 인증과정을 거친다
		등록관리: 신입생 등록에 관련된 정보를 한눈에 보여주는 것으로, 등록여부와 등록금 내역, 확인(##은행에 ##년 ##월 ##일 입금 되었습니다)은 학생인증을 거쳐 확인이 가능하다
		오리엔테이션: 오리엔테이션 일자 및 장소, 환영의 말 등을 볼 수가 있다
		수강신청: 수강신청 관련 내용에 관한 검색이 가능하다
		신체검사: 신체검사의 검사 내역 및 방법
		입학식: 입학 관련 내용 및 입학식 안내
		교과서 배부: 교과서 배부일정 및 방법
		학생증 발급: 학생증 발급절차 방법을 제공
		학교오고가기: 스쿨버스 및 전철, 기타 교통수단 소개
		캠퍼스 안내: 지도를 바탕으로 캠퍼스 안에 있는 건물들의 배치를 볼 수 있다.
		생활관: 생활관 안내와 신청이 가능(생활관 입관원서 신청)
		신입생 학사업무 관리: 신입생 학사업무 안내에 관련된 정보를 검색가능
	학생등록	등록안내: 학생등록에 관한 안내문 검색이 가능하다.
		등록금 학인: 등록금 확인을 위한 인증(학번, 비밀번호)을 거친 후 등록금 내역과 납부 여부를 확인 가능하다
		등록원부 재발급: 등록원부 재발급을 원할 경우 학번과 비밀번호를 확인한 뒤 화면에 나오는 등록금 원부와 등록금 내역을 출력한다
	학생증발급	신입생 카드 학생증 신규 발급 절차
		재학생 카드 학생증 신규 발급 절차
		카드 학생증 재발급 신청서 출력

(2) 시스템 구성(B) : 학사 지원

메 뉴	주요기능	구 현 내 용
학사지원	수강신청	-학생 등 사용자가 개설과목을 이용한 수강(신청]과 수강 신청한 내용에 대한[조회]기능과 정정기간 내 수강을 신청한 과목에 대한[취소]가 가능
	강의시간표	-개설과목에 대한 검색 및 조회 기능
	계절학기	-계절학기 공고 후 일정기간 동안 학생 등 사용자가 개설 과목 정보를 이용하여 계절하기 수강신청과 수강 신청한 내용에 대한[조회],정정기간 내 수강을 신청한 과목에 대한[취소]가 가능.
	다중전공	-부전공, 복수전공, 다중전공 및 전공학부제, 졸업논문 문제에 대한 정보 검색가능.
	전과/재입학	-전과/재입학에 대한 정보가 검색 가능.
	입학전형	-입학전형에 대한 상세한 정보 조회 가능
	강의계획서	-학과 및 학년 검색을 통하여 전공 및 부전공, 교양 과목에 대한 강의 계획서 검색 가능
	교직과목신청	-학생 등 사용자가 교직과정으로 신청된 광고 정보를 이용하여 수강(신청]과 수강 신청에 대한[조회]기능과 정정기간 내의 교직과정 수강을 신청한 과목에 대한[취소]가 가능.
	사회교육 전문요원 자격취득	-사회교육 전문요원을 양성하기 위한 자격증 정보 및 과정, 방법의 조회 기능.
	사회교육 전문요원 자격취득	-금 학기 및 학기별 성적, 전체성적에 대한 열람이 가능(수정 및 취소의 권한은 없음)
	휴학/복학	-휴학/복학에 대한 정보 검색이 가능
	사회봉사단	-사회봉사단 신청공고 이후 일정기간 동안 학생이 개설 과목 정보를 이용하여 사회 봉사단[신청]과 수강신청한 뒤 신청내용에 대한[조회],정정 기간내 수강신청한 과목에 대한[취소]가 가능.
	장학 및 융자	-장학금의 종류와 장학금을 신청하는 신청기간, 선발기준 등 장학에 관련된 정보검색가능.

(3) 시스템 구성(C) : 학사 지원, 학생 활동 지원, 증명 신청 및 발급

메 뉴	주요기능	구 현 내 용
학사 지원	주거정보	−하숙, 자취를 선택하고 가격, 위치별로 검색가능 −생활관정보 및 원서작성
	병무정보	−병역의무이행과정: 병역의무이향과정의 정보를 검색 −징병검사 및 실시 과정: 검사 방법과 실시과정에 대한 정보검색 가능 −신체등위결정: 신체등위 결정에 대한 정보검색가능 −우선징병검사원 등 출원: 우선징병검사원등 출원 정보검색 가능 −병역의무 연기, 입영정보 −병무행정의 안내에 대한 정보검색이 가능
학생활동지원	학생회	−총학생회: 학생회 관련 정보와 학생회칙, 학생준칙 등의 검색어 가능 −여학생회: 여학생회 관련정보와 학생 회칙, 학생 준칙등의 검색어 가능 −단과대학생회: 단과대 학생회 관련 정보, 학생회칙, 학생준칙등의 검색이 가능
	동아리	−동아리연합회 소개: 동아리 연합회 소개와 동아리 운영규정등 연합회 관련정보 검색가능. −신규동아리등록신청: 신규동아리 등록시 필요한 서류와 신청서 작성 −동아리 소개 및 가입: 각 동아리의 소개와 함께 검색 후 동아리에 대한 가입 신청이 가능
	신문/방송활동	−신문사: 신문사 관련 정보 검색 및 게시판 관람이 가능 −방송국: 방송국 관련 정보 검색이 가능 −게시판
	지도교수 상담	−상담방법안내와 상담 시간 예약, 신청확인 가능
	고교동문회행사	−고교동문 등록, 행사검색, 동문회 게시물 검색이 가능
	행사/집회신청	−행사 및 집회의 신청이 가능
증명신청 및 발급	증명서	−교직이수증명서/교육비납입증명서/사회봉사이수증명시/성적증명/수료증명서/장학금 비수혜 증명서/장학금 수혜증명서/재직증명서/졸업증명서/휴학증명서
	추천서	−미국비자인터뷰 면제 추천서/아르바이트 추천서/장학 추천서/취업추천서/해외 여행추천서
	확인서	−등록금 고지서, 등록금 확인증, 학생발급증 −발급과정 원하는 증명서 선택=>인증+출력 부수 선택=>출력 출력물: 오전신청−오후1시 이후에 찾아가도 됨 　　　　 오후신청−오후4시 이후에 찾아가도 됨

(4) 시스템 구성(D) : 취업정보 및 유학정보

메 뉴	주요기능	구 현 내 용
취업정보	오늘의 채용정보	−채용신청 일자가 오늘에 해당하는 기업의 리스트검색 가능
	기업정보	−기업정보조회:기업명,기업구분,업종,지역별로 원하는 기업의 정보조회 가능 −기업정보조회 결과:해당 기업의 기업코드,기업명,업종 전화번호, 홈페이지의 리스트 검색가능 −기업상세정보:기업의 상세정보를 검색
	부직의뢰정보	−부직의뢰정보조회:모집기간,기업명,기업구분,업종 근무지,채용구분으로 원하는 부직의뢰 기업의 정보 조회가 가능 −부직의뢰정보조회결과:해당 의뢰기업의 기업명,모집직종,채용구분,모집기간의 리스트검색기능 −부직의뢰상세정보:부직의뢰 기업의 상세정보의 검색기능
	취업신청	−취업신청입력:학생이 취업에 참고가 될 만한 사항(어학 자격증,자기소개서)를 적어 취업을 신청 −취업확정정보조회:본인(학생)앞으로 온 취직확정상세 정보에 대한 검색이 가능
	부직신청	−부직신청입력:학생이 취업에 참고가 될 만한 사항을 적어 부직을 신청 −부직확정정보조회:본인(학생)앞으로 온 부직확정상세정보에 대한 검색이 가능
	기타관련 웹사이트	−등록된 기업 외 국내 또는 국외의 기업들의 웹 사이트에 링크 기능
유학정보	유학분야	−현재 구축된 유학정보의 분야에 대한 소개
	유학서비스	−현재 제공되고 있는 유학 서비스에 대하여 소개
	유학관련 웹사이트	−여러 유학관련 사이트를 모아 링크시켜 주는 기능
	호주/뉴질랜드 미국/캐나다/ 영국/아일랜드/ 스위스	−이모저모:지형,기후, 역사,사업,대회관계 −교육제도:개략적인 교육제도 안내 −유학비용:유학중의 비용에 대한 설명 −유학에 관련된 모든 정보들을 얻을 수 있는 기능

3) 서비스 화면구성

교과과정/개설강좌 조회

교과과정/개설강좌 조회 - view화면

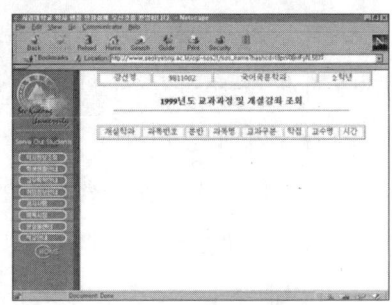

폐강과목/분반조회 - view화면

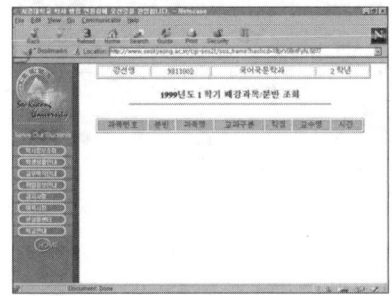

취업정보

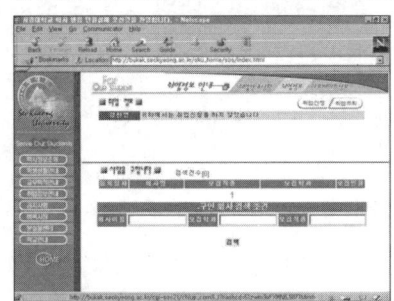

폐강과목/분반조회

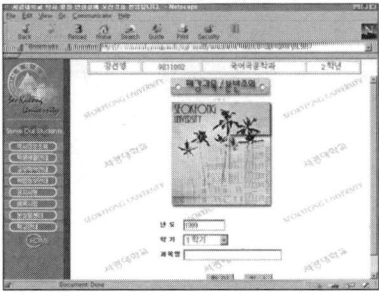

게시판-공지사항

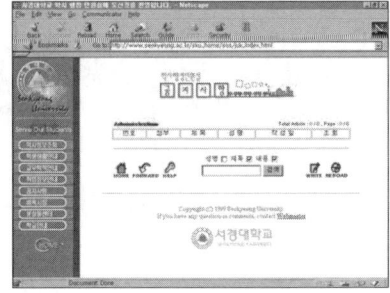

6. 통합관리(학사지원) 시스템

사이버 교육 학사 시스템의 경우 사이버 공간을 이용한 입학, 등록, 교과목 관리, 학적, 수강 성적 관리, 졸업 사정 등의 학사 전반에 대한 자동화가 가능하도록 시스템을 갖추어야 한다. 그리고 사이버 강의 시스템과 연계해 성적 관련 정보의 수정 및 검색할 수 있도록 구성되어야 한다. 보안 차원에서 관계자 이외에는 학사 시스템의 접근이 통제되도록 시스템을 구현해야 한다.

대학 내 학사 시스템이 이미 구축된 경우에는 사이버 교육 시스템에 성적 정보 및 학생, 교수 신상 관련 정보의 유통이 가능하도록 시스템을 연계해 대학 내의 강의 보조 수단으로서의 기능을 담당하도록 지원해야 한다.

1) 서비스 기능 구성

〈그림 7-6〉 학사지원 시스템 기능구성

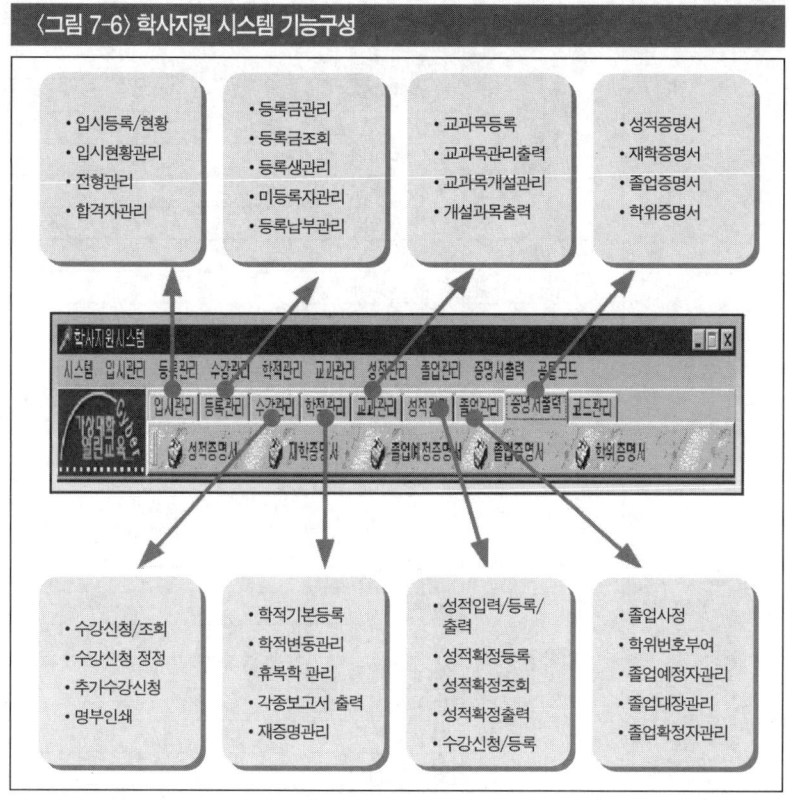

2) 서비스 업무구현 내역

부서명	업무명	업무 내용
교무처 교무과	대학(원), 학과존폐 및 학생 정원 조정	교육부 정원조정 지침 접수
		대학(원) 이첩
		취합, 검토, 조정안 작성
		심의(평의회, 학장회)
		조정신청(교육부)
		인가 후 학칙개정
	학칙 및 학사 관련규정 관리	학칙개정
		교학규정 개정
	교과과정 관리	교과과정 편성(전공 및 교양)
		교과목코드 부여(신설과목 처리)
		교과과정 운영(동일 교과목 지정, 개강과목 편성)
	교직과정 관리	교직과정 설치
		이수예정자 선발 및 이수사정
		교원자격증 발급
	입학전형	지원자 처리(특차, 외국인, 정시모집)
		수능 성적처리
		학생 무성적 처리
		논술 고사 처리
		실기 고사 처리
		사대교직 및 적성검사 처리
		면접 고사 처리
		사정
		합격자 처리
		추가 합격자 처리
	교원 인사관리 (조교, 시간강사, 외래강사, 객원교수, 중등교 수포함)	신규임용(공개채용, 특별채용), 승진임용, 재임용 및 임용
		휴·복직, 면직, 징계, 전·출입, 승급 및 호봉 재확정
		신상 사항
		보직 사항
		소속 변경 사항
		위원회 사항
		가족 사항
		병역 사항
		자격 면허 사항
		외국어 취득 사항

3) 서비스 화면구성

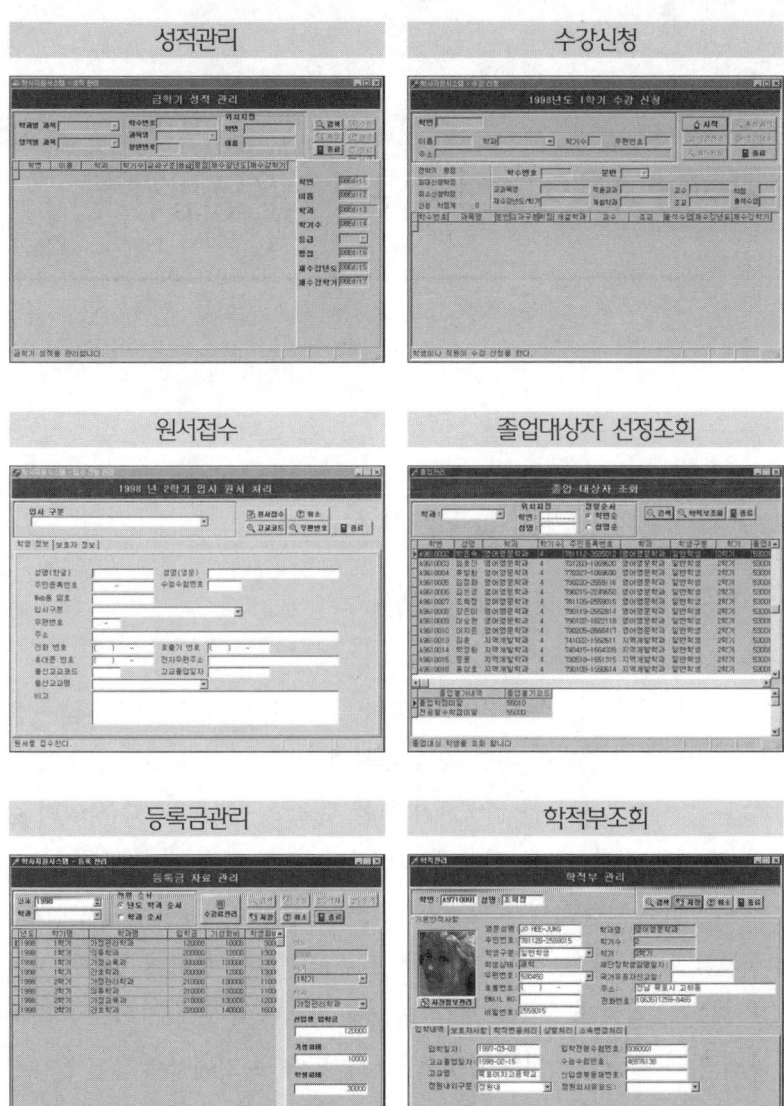

성적관리

수강신청

원서접수

졸업대상자 선정조회

등록금관리

학적부조회

8

사이버 교육 시스템의 구성과 운영 방안

1. 사이버 교육 시스템의 구성

사이버 교육 시스템은 사이버 교육, 그룹웨어, 정보 서비스 같은 사이버 강의를 진행하기 위한 것과 학사업무 지원, 전자도서관, 소재 제작 같은 사이버 교육을 운영하기 위한 것으로 구분된다. 즉 사이버 강의 및 재택 수업이 가능하도록 지원한다. 또한 학교 내 업무부서에서의 행정업무 지원과 다른 학교와의 학점 교류가 가능하도록 구축한다.

이렇게 하드웨어, 소프트웨어, 네트워크 기술을 통합해 구축한 사이버 교육과 열린 교육 시스템은 인터넷 강의나 주문형 강의로 제작해 재택 강의 재택 수업이 가능하도록 운영된다. 여기에서 분류된 솔루션의 기본적인 기능 구성은 〈그림 8-1〉과 같이 요약될 수 있다.

〈그림 8-1〉 사이버 교육／지역 직업 재택 수업 구성도

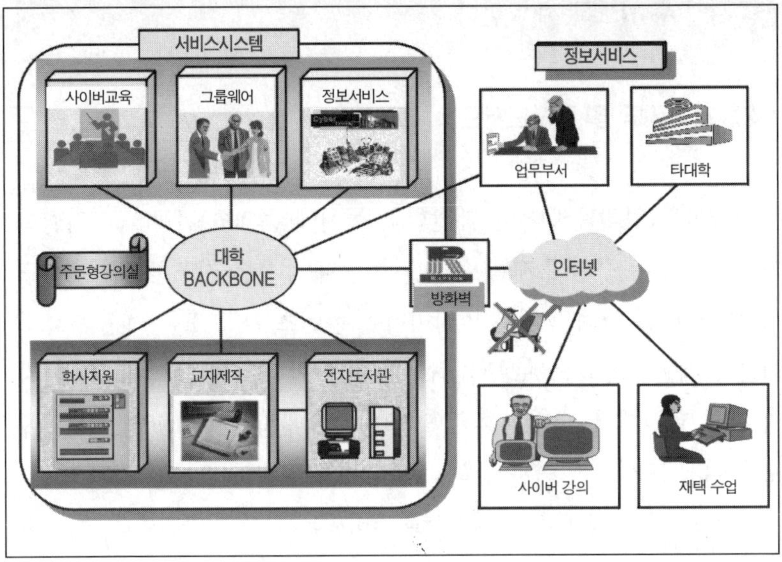

2. 구성 기능의 설명

1) 정보 서비스

정보 서비스 영역은 학생이 필요로 하는 제반 정보를 한 곳에서(One Stop Place) 일괄 처리할 수 있도록 지원된다.

학생 서비스 센터는 학생들의 학교 생활의 모든 면과 관련되어 있다. 즉 신입생 등록 및 입학 안내, 학사지원, 학생생활 지원, 학생활동, 증명 신청, 취업정보 및 정보제공 서비스에 그 목적을 두고 있으며 이에 따라 별도의 시스템과 숙련된 전문가로 구성된다.

이 센터는 학생들을 위해 존재하는 만큼 각 개별 학생들의 요구를 충족시킬 수 있도록 해야 한다.

2) 교재 제작 및 전자도서관

다양한 직업의 콘텐츠를 개발함과 동시에 콘텐츠 관리의 디지털화가 가능하도록 구성해 재택 수업을 받을 때 정보를 참조하고 활용하도록 한다. 해외 사례의 경우 멀티미디어 콘텐츠 자료 또한 기존 자료와 함께 도서관 소장 자료로 관리되는 것이 일반적이며, 강의자료의 마지막 유통 과정에서는 시디 혹은 멀티미디어 매체로 백업되어 도서관에 보관된다. 도서자료 역시 강의를 진행하기 위해서는 전공 서적 및 논문 자료의 본문 검색이 가능하도록 준비되는 것이 일반적인데, 이러한 전자 자료의 관리는 PDF, TEXT, HTML, XML 등의 포맷으로 관리되어 강의자료의 유통이 가능하도록 운영해야 한다.

3) 공통 소프트웨어

공통 소프트웨어의 경우 사이버 교육을 원활하게 운영하기 위한 그룹웨어 기능을 부가해 사이버 교육에 참여한 교수 및 학생 간 정보의 유통 및 상담이 가능하게 한다. 게시판 기능을 이용한 각종 정보제공 서비스, 공개 강좌의 운영, 인터넷상의 문자 및 음성 채팅 기능을 통해 교수와 학생, 학생과 학생 간 실시간 그룹 토의 및 폐쇄 그룹 토의가 가능하도록 한다.

3. 사이버 교육 시스템의 운영환경 구성

1) 인터넷 강의구성

인터넷 강의를 위해 사이버 공간 속에서 강의내용을 HTML로 작성해야 하며, 웹 서버상에 한 학기 동안의 강의자료가 게시되도록 해야 한다. 게시된 자료는 실시간 강의, 주문형 강의 등의 지원이 가능하도록 구축되어 사이버 강의 및 재택 수업에 충분히 활용되어야 한다.

또한 교수와 학생 간에 정보 유통이 가능하도록 지원해야 한다. 수강 신청, 등록, 출석 관리, 성적 관리, 인터넷 시험 등 강의를 운영할 때 필요로 하는 제반의 기능을 갖춰야 한다.

2) 주문형 강의 구성

주문형 강의실의 경우 실시간 강의자료를 녹화해 VOD 형태로 만들어 학습자가 필요로 하는 시간에 주문형 강의 서비스가 가능하도록 지원한다.

3) 강의 스튜디오 구성

실시간 강의를 진행하는 경우 위성을 통한 방송 강의는 지역 학습관 형태로 서비스할 수 있도록 운영될 수 있다. 그러나 양방향 강의 진행을 위해서는 실시간 강의 진행하는 스튜디오 운영이 필수적이다. 단편적인 예로 미국 유타 대학의 경우에는 스튜디오 운영을 자국 내의 5개

주에 산재한 지역 학습관에서 열린 교육 차원으로 진행할 뿐만 아니라, 해외에까지 위성을 통한 양방향 강의를 현실화하고 있다.

4) 교재 제작실의 구성

교재 제작실은 멀티미디어 교재 작성을 위한 장비를 갖추고 강의 제작을 진행한다. 또 이를 제작할 수 있는 도구 및 제작된 강의 콘텐츠를 효율적으로 관리해 인터넷 혹은 위성을 통한 서비스를 준비해야 한다. 이는 인터넷 사용에 익숙치 않은 교수에게 편리한 HTML 제작도구 및 웹 서버 상에 게시할 수 있는 도구를 제시해 강의에 필요한 콘텐츠 제작에 무리가 없어야 한다.

5) 데이터베이스 구축

데이터베이스는 객체 지향적인 개념을 도입해 검색 속도, 자료 관리 등을 효율적으로 구현할 수 있도록 한다. 이미지, 음성 등과 같은 멀티미디어 자료를 수용하며 문헌 자료의 처리가 가능하도록 구축한다.

학사행정 기본자료는 교육부에서 제정한 사이버 교육 관련법 및 제도를 참고해 사이버 대학 학사운영과 사이버 교육에 참여하는 학생들의 관리에 필요한 자료를 구축한다.

6) 강의(전자 도서관) 자료구축

사이버 교육 연구지원(전자도서관) 시스템은 멀티미디어 강의자료,

논문자료, 전공 서적 자료 등 세 가지 영역으로 나누어 구축한다. 이렇게 구현된 시스템 내역에 대해서는 사이버 교육 시스템에서 정보의 검색이 가능하고, 국내·외적인 전자도서 정보의 검색이 가능하도록 한다.

(1) 멀티미디어 강의자료구축 방안

강의자료의 경우 교수가 작성해야 할 특수한 영역이므로 도구 상자와 및 워드 기능을 통해 제작이 편리하도록 지원한다. 제작된 강의 내용은 손쉽게 인터넷상의 사이버 교육 서버에 게시한다.

게시된 자료는 강의자료 특성에 따라 16주 단위로 관리하며, 한 학기 단위로 시디롬에 백업해 관리한다. 동영상 자료의 경우 멀티미디어 제작실을 통해 제작하고, 강의자료에 대한 관리 및 서비스는 VOD 서버를 통해 랜(LAN)상에 서비스가 가능하도록 지원한다. 인터넷상에서 리얼 비디오·오디오 등의 미디어를 통한 서비스를 할 수 있도록 고려한다.

(2) 논문 자료에 대한 구축 방안

강의 참고용 자료로서 처리될 논문자료의 경우 IRS(Information Retrieval System)에 의한 관리가 가능하도록 구성해 제목 및 서지(書誌) 사항, 본문 내용에 대한 조건 검색 및 전문(Full Text) 검색이 가능하도록 구성한다.

논문자료의 입력처리 방식은 OCR(Optical Character Reader)을 통한 이미지 자료를 변환해 Text 정보 형태로 저장하는 방식과 PDF(Portable Document Format) 형태로 시스템을 구현하는 방식이 있다. 그러나 PDF 형태로 구축할 경우 아직은 한글에 대한 OCR지원이 안 되고 있으므로 한글 수용 여부에 따라 진행 하는 것이 바람직하다.

현재의 인터넷상황을 고려해볼 때 PDF의 경우 TIF(Transfer Image File) 형태의 자료보다는 재료량의 크기가 작다고 볼 수 있으나, 아직까지는 한글 처리 부분에서 무리가 있으므로 텍스트(Text) 정보 형태의 자료 구축 및 서비스가 가장 효율적이라 판단된다.

자료의 검색 시스템은 재택 수업에 필요한 논문 자료를 학생이 쉽게 검색해볼 수 있도록 인터넷 검색 시스템으로 만든다.

(3) 전공 서적 자료에 대한 구축 방안

전공 서적에 대한 전문 검색이 가능한 형태의 자료 구축은 저작권과 관련해 밀접한 관계를 갖고 있다. 앞으로 전자 도서에 대한 저작권 문제가 해결될 것이라는 가정을 세우고 몇 권의 전공 서적을 발췌해 인터넷에 목차 및 전문 검색이 가능하도록 제작한다.

전문 자료를 구축할 때 OCR를 통한 방식은 영문의 경우 95%, 한글의 경우는 90%, 한자의 경우 85%정도의 인식률을 갖고 있으므로 자료의 편집 공정이 많아질 수 있다.

또 다른 방법은 영문 원서 자료의 경우 PDF(Portable Document Format) 형태의 자료 구축이 인터넷상에서 효율적이라고 볼 수 있다. 한글 서적을 PDF 형태로 구축할 때 OCR 전환이 안 되므로 인터넷 서비스에는 한계가 있다.

최적의 방안으로는 저작권 문제와 PDF상의 OCR 처리 문제가 해결될 때까지는 몇 권의 전공 서적을 전문 형태로 처리해 IRS(Information Retrieval System)를 통해 검색 처리가 가능하도록 하고, 인터넷을 통해 사이버 교육 시스템에서 참조할 수 있도록 하는 것이다.

7) 방화벽(Fire Wall) 시스템

「방화벽」이란 외부로부터의 부정한 접근(해킹)을 막는다는 뜻이다. 방화벽을 구축하는 구체적인 방법으로는 프록시 서버(proxy server)의 설치나 패킷의 필터링 등이 있다. 프록시 서버는 인터넷과 연결된 네트워크가 외부에서 보이지 않게 하는 것이다. 패킷의 필터링은 인터넷과 수수되는 패킷 중 네트워크의 안정상 문제가 있는 것을 연결 네트워크에 통하지 않도록 하는 수법으로, 다이얼업 루터는 대부분 이 기능을 갖추고 있다. 방화벽을 구축하는 다양한 소프트웨어가 판매되고 있다.

방화벽 시스템은 사이버 교육 및 사이버 교육 시스템을 외부로부터 보호하는 시스템으로 내부망과 인터넷의 직접적인 연결을 막고 모든 네트워크 트래픽을 어플리케이션 게이트웨이를 통해 안전하게 연결하도록 해주어야 한다.

이를 위해서는 다음과 같은 구체적인절차들이 필요하다.

첫째, 속임수(IP Spoofing)를 효과적으로 막아 외부 네트워크에서 들어오는 패킷을 막고, 이러한 시도들은 기록되어야 한다.

둘째, e-메일, 파일 전송(FTP), 텔넷(Telnet), 뉴스(NEWS), 핑거(Finger)등에 대한 어플리케이션 게이트웨이가 제공되어야 한다.

셋째, 완벽한 보안을 위해 설치시 모든 트래픽을 막아야 하고, 특별한 요구가 있을 때는 수정이 가능해야 한다.

넷째, 관리자의 사용 편의를 위해 사용자 그래픽 환경이 지원되어야 하며, 타임아웃(Timeout)과 암호로 보호되어야 한다.

9

강의자료 제작 · 저장 · 관리 시스템

1. 강의자료 제작 · 저장 · 관리 시스템 개요

강의자료 제작 · 저장 · 관리 시스템은 사이버 강의를 위한 강의자료를 세계 표준 형식인 PDF(Portable Document Format)로 변환 저장해 강의자료를 좀더 효율적으로 제작 · 관리할 수 있도록 하는 시스템을 말한다. 강의자료 제작 · 저장 · 관리 시스템은 HTML, TEXT로 제작되는 인터넷 강의자료, 멀티미디어 교육자료로서 제작되는 동영상 강의자료, 문서자료를 OCR 변환에 의해 전자자료로 제작하는 논문 · 전공서적 자료, 그리고 제작된 자료를 온라인 저장 · 관리하는 요소들로 구성된다. 사이버 대학의 중요한 기본 구성 요소인 강의자료를 통합 문서관리 시스템을 통해 제작 · 저장 · 관리함으로써 시간과 경제적 측면

의 향상이 월등히 높아지고, 순조롭게 사이버 강의 시스템을 운영할
수 있다.

2. 제작·저장·관리 시스템 구축 목표

구축 목표	• 쉽고 빠르게 원격강의 자료를 제작/저장/관리 • 제작된 강의자료의 통합관리 • One Step으로 온라인 강의자료 저장/관리 • 제작된 강의자료의 원활한 수정	
구현내역	**응용 서비스**	**구현 S/W**
	−기존의 상용 제작 도구의 다양한 사용	−강의자료 통합관리 시스템 • 온라인 저장/수정/삭제
	−제작된 자료의 단일형식(PDF) 변환	• 온라인 검색/관리 • 표준형식(PDF) 변환
	−제작된 자료의 One Step 온라인 저장	• 자료의 보안관리 −문헌정보 시스템(IRS)
	−제작된 자료의 온라인 관리/검색	• 자료의 효율적 검색지원 −문서저장 시스템(DBMS)
	−제작된 자료의 실시간 수정/삭제	• 자료의 효율적 저장관리 −VOD, AOD, Video Conference
	−자료의 권한 설정 보안관리	• 멀티미디어 자료의 I/F

3. 사이버 대학 구성개념도

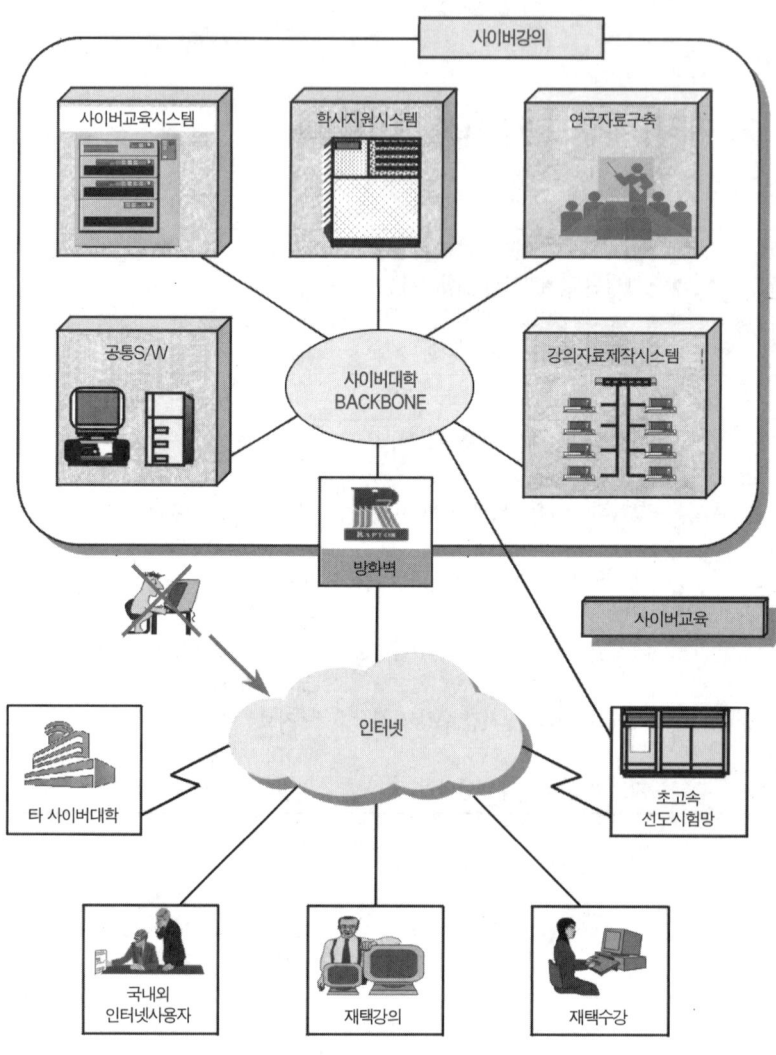

4. 제작·저장·관리 시스템 개념도

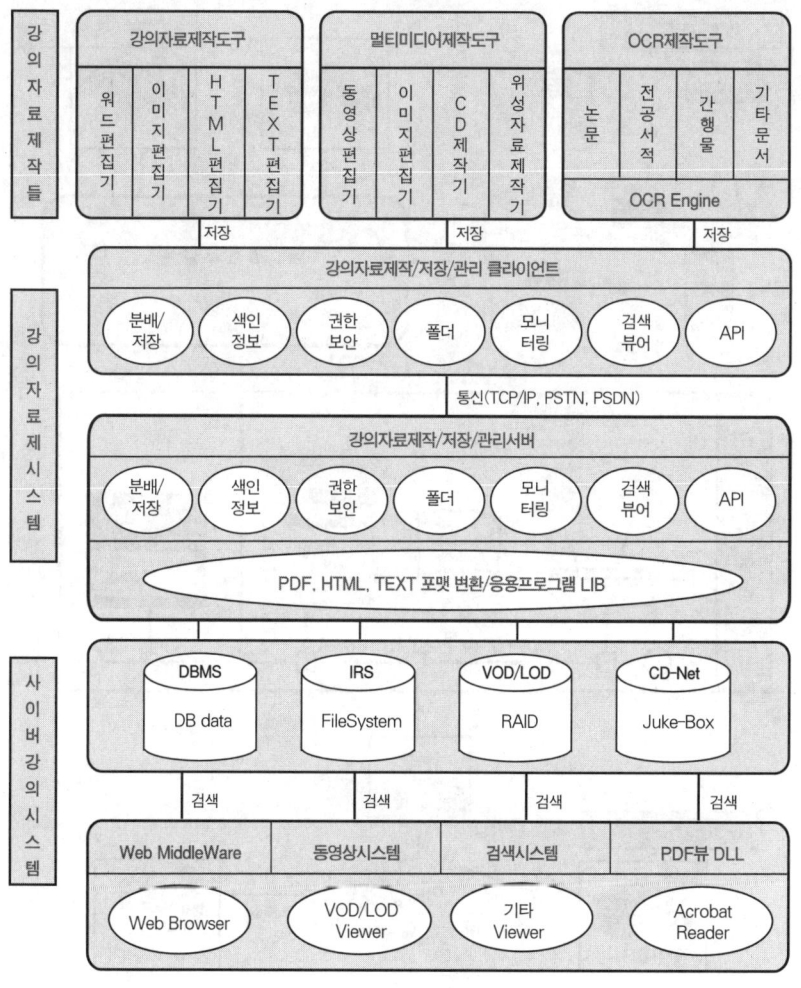

5. 제작 · 저장 · 관리 시스템 HW 구성도

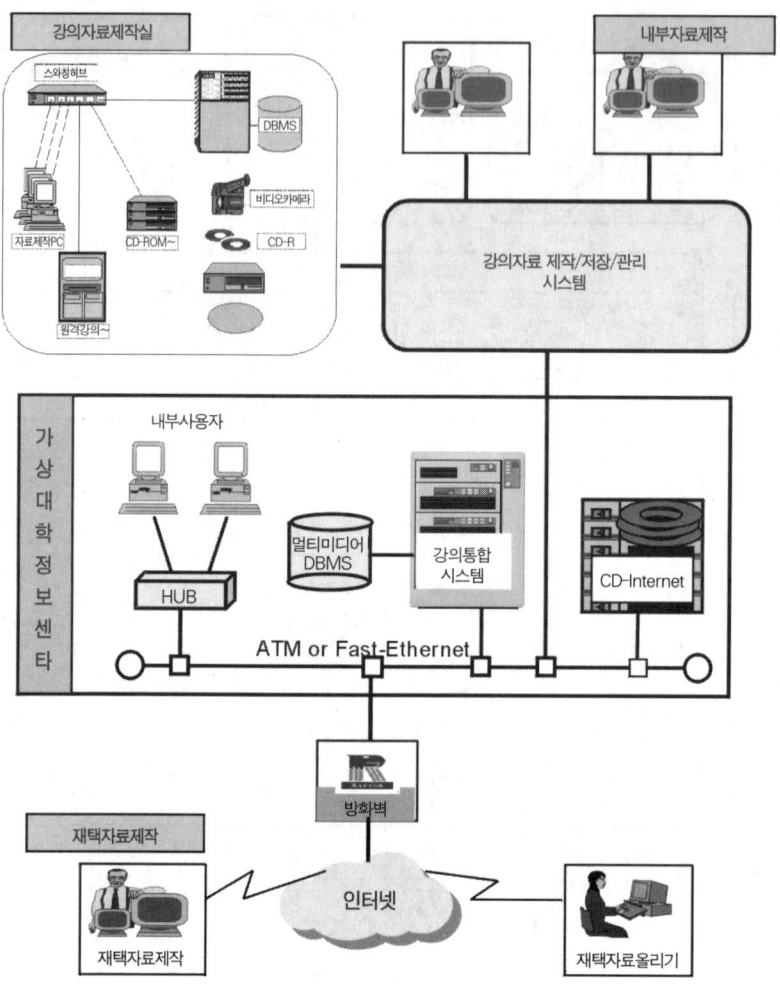

6. 영상 강의자료 제작실 구성

1) 실시간 강의 및 위성 중계 자료실

(1) 자료 제작실 구성

영상강의 제어실		
음성자료제어 전화 질문제어 음성 전달 VAMS/ARS 우선순위 제어	영상자료제어 카메라위치 라이브 보드 실시간강의 강의 녹화	인터넷 강의제어 사이버강의실시 질문제어 채팅/게시판 리포트제출

(2) 시스템 구성 방안

영상 강의자료에는 실시간 강의자료(화상 회의) 주문형 강의자료, 인터넷 강의자료 등이 있다. 교재 제작 시스템에서는 이런 종류의 서비스를 위한 자료는 인터넷 텍스트 베이스 자료와 다르게 작성한다. 이런 자료를 서비스하기 위해서는 인공위성, 초고속 정보통신망, 인터넷망 등이 충분히 사용되어야 하며, 쌍방향 정보 유통이 가능해야 한다.

- 실시간 강의 : 위성/스트림웍스/ADSL/CATV 등을 이용한 실시간 강의서비스를 위해 실시간 강의자료 제작.
- 주문형 강의 : VOD(Video On Demand), AOD(Audio On Demand) 을 위해 특정 저장소에 저장 또한 실시간 강의자료도 강의 서비스와 함께 백업 작업해, 주문형 강의 서비스 형태로 서비스할 수 있도록 한다.
- 인터넷 강의 : 인터넷상의 사이버 강의/재택 수업이 가능하도록 구성.

2) 매체 제작실

(1) 매체제작실 구성도

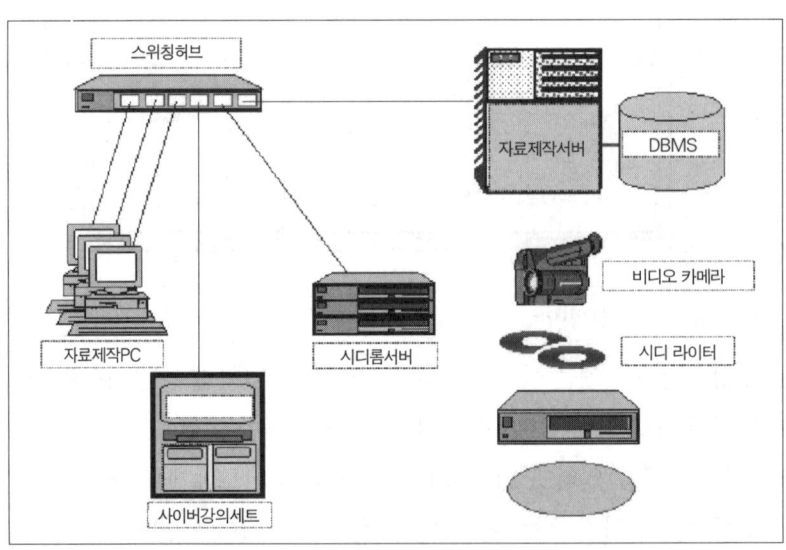

(2) 시스템 구현 방안

구 분	사 양	수 량	용 도
서버 시스템	SUN ULTRA 3000	1	자료저장용 서버
	인트라넷 시디롬	1	시디롬 자료관리
	VOD 서버	1	강의자료 서비스용
통신장비	스위칭허브	1	LAN 집중화장비
PC	586PC	5	멀티미디어 자료제작용
원격영상 지원장비	LIVE BOARD	1	원격영상강의지원
멀티미디어 자료제작	멀티미디어 제작S/W	1	멀티미디어 제작/편집
	엔코더/디코더	1	엔코더/디코더
	비디오	1	VTR 자료제작
	비디오카메라	5	영상 자료제작
	스캐너	2	이미지 자료제작
	디지털 카메라	2	사진자료 제작
	믹싱기능 오디오	1	음성/사운드 제작
	비디오 편집기	2	영상자료 편집처리

7. 시스템 상세 구성 내역

강의자료 제작/저장/관리 시스템은 자료의 종류에 따라 크게 세 가지 영역으로 나뉜다. 즉 인터넷 강의자료 영역, 동영상 자료 영역, 논문/전공서적 OCR변환 영역으로 각각의 자료 제작 및 관리 시스템 기능을 나타낸다.

그러나 자료의 저장 측면에서는 텍스트를 기본으로 하는 데이터 영역과 동영상 자료 영역으로 나눈다. TEXT 데이터는 PDF, HTML, TXT 형식으로 변환할 수 있으며 문서정보 인덱스를 추가해 저장하고, 동영상·이미지 자료는 인덱스 정보만을 추가해 저장한다. 일단 표준 형식으로 저장된 자료는 다른 형식들을 지원하는 뷰(view)도구를 모두 갖추지 않아도 볼 수 있는 단일 뷰 도구를 갖고 있다.

1) 인터넷 강의자료 제작·저장·관리

인터넷 강의자료는 HTML/TEXT/Wordprocessor/ToolBook/ImageTool 등을 들 수 있다. 인터넷 강의자료 제작 영역은 교수들이 기존에 사용하고 있는 익숙한 제작 도구들을 다양하게 수용함으로써 강의자료를 제작하는 데 새로운 도구를 사용하는 것보다 훨씬 쉽고 빠르게 제작할 수 있도록 한다.

강의자료는 제작뿐만 아니라 저장·관리 측면에서도 아주 중요하다. 사이버 대학을 운영하는 데 강의자료가 없다면 사이버 교육 자체가 이루어지지 않기 때문이다.

제작된 자료는 한 번에 원하는 저장 장소에 저장할 수 있어야 하며, 온라인으로 저장된 자료를 관리할 수 있도록 한다. 모든 자료는 표준 형식인 PDF, HTML, TXT로 변환해 서버에 저장한다.

2) 동영상자료 제작·저장·관리

동영상 자료는 실시간 서비스 자료와 사용자 요구에 의한 서비스 자료로 나뉜다. 비디오 강의자료, 오디오 강의자료, 화상회의 자료는 일반 개인 장비로는 제작이 어렵다. 중앙 미디어 매체 제작실을 일괄적으로 자료를 제작할 수 있도록 한다.

동영상자료는 서비스하는 방법 및 저장 · 관리 방법이 인터넷 강의자료와는 많이 다르므로 강의자료 서버에 저장하지 않고 시디 인트라넷 서버에 따로 저장 관리하는 것이 효율적이다. VOD, AOD 자료는 RADI 시스템에 저장하고 한 학기 인터넷 강의자료는 시디롬에 백업해 쥬크박스에 저장, 시디넷 시스템을 이용하여 서비스한다.

각각의 동영상 자료를 저장할 때는 검색 효율을 높이기 위해 인덱스 정보만을 추가해 저장한다.

3) 논문 및 전공 서적 제작 · 저장 · 관리

논문 · 전공서적 자료는 문서 데이터를 OCR 변환을 통해 디지털 자료로 변환 저장 · 관리한다. 디지털 자료는 저장시 PDF 형식으로 변환하고, 인덱스 정보를 추가해 검색 효율을 높인다.

문서 자료는 데이터 베이스 시스템에 저장 관리하고 인덱스 정보는 파일 시스템에 저장한다. 그리고 TIF 형식의 이미지 자료는 인덱스 정보만을 추가하여 저장 · 관리한다.

4) 시스템 도입시 기대 효과

- 교수들이 강의자료 제작시 새로운 도구를 익히는 시간 절약.
- 필요한 상용 편집도구들을 새로 구입하고 각 PC에 설치할 필요

없음.

- 모든 자료를 단일 형식으로 저장할 수 있어 자료 관리시 효율 향상.
- 모든 작업의 One Step 온라인 처리 가능해짐.
- 자료 관리가 일괄 처리되므로 자료낭비 방지.
- 자료 보안관리 가능.
- 자료 제작이 간편하고 빠른 데이터 구축 가능.

10

사이버 교육 시스템의 향후 발전방향

1. 사이버 교육 목적 측면

〈표 10-1〉은 사이버 교육 목적 측면에서 사이버 교육체제 패러다임의 변화 방향을 보여주고 있다.

1) 인간적 친화를 고려한 사이버 교육 체계 완성

각종 첨단 정보통신 기술은 지리적 · 시간적 · 물리적 거리를 극복할수 있음을 내세운다. 그러나 이보다는 인간적 거리, 즉 심리적 거리 극복이 우선되지 않으면 다른 기술적 가능성들은 무의미하다. 예컨대 요즘 많이 쓰이는 이동전화를 누구에게 가장 자주 거는지 생각해보자.

287

〈표 10-1〉 사이버 교육 체제 패러다임의 변화 방향(목적 측면)

현행 패러다임	향후 패러다임
첨단시스템을 활용한 지리적, 물리적 거리의 극복	인간대 인간의 상호작용의 양과 질의 개선을 통한 시간적, 심리적 거리의 극복
다수대상요구에 맞춘 절대적 경제성 확보(Efficient investment 중심)	특정 대상의 요구에 부응한 상대적 경제성 확보(Larger, Better outcome중심)
현행 교육체제에 기반한 Virtual education 체제구축	현행 교육체제의 모든 한계를 뛰어넘는 Cyber/Smart education 체제 구축
교육기관 및 관련 업체들간의 경쟁적 패러다임에 기반한 지역적, 거리적 우위 확보	교육기관 및 관련 업체들간의 윈·윈 패러다임을 통한 국가적 경쟁력의 확보
교수–학습적 변을 통한 문제의 해결	사회문화적 접근을 통한 문제의 해결

우리가 「친한 사람」에게 자주 건다는 것은 자명한 사실이다. 각종 연구에서도 사이버 교육에서 가장 중요한 점은 교수와 학습자 사이에 질서를 마련하고, 친밀도를 높이는 것이 중요하다고 지적하고 있다. 이 점이 사이버 공간에서의 제약이라고 할 수 있다. 따라서 이러한 현상을 극복할 수 있는 대안 수립이 필수적이다.

2) 교육 수요자 중심의 상대적 경제성 확보

사이버 교육의 초점은 어떻게 절대 비용을 줄일 것인지가 아니라 그동안 역사적·사회적·지역적으로 소외되었던 사람들에게 얼마나 교육의 기회를 제공할 수 있는가 하는 점이다. 그러나 현재 사이버 교육에 대해 교실이나 운동장 같은 기반 시설이나 이를 유지하기 위한 재정적인 부담 없어도 된다는 인식이 널리 퍼져 있다. 특히 지금 우리나라의 사이버 대학은 학생 정원령에 따라 대학에 재학 중인 일부 정규 학생들과 사이버 대학에 등록한 학생들에게만 사이버교육을 실시하고 있다. 이제 사이버 교육은 교육을 받고 싶어하는 소외된 사람들을 위해 이루어져야 하며, 투자 비용이 높은 까닭은 교육 기회의 폭을 넓히기 위한 것으로 인식되어야 한다.

3) 현행 교육 체제에서 사이버 교육 체제 구축의 필요성

본격적인 사이버 시스템을 갖추는 일은 단순히 새로운 기술을 도입하는 것을 의미하지 않는다. 많은 사람들이 현재의 사이버 교육에 대해 전통적인 교실의 사회 기능적 속성을 모방하고 있다고 지적하면서 이런 패러다임에서 벗어나는 것이 가장 중요하다고 강조하고 있다. 즉 형식만이 아닌 근본적 변화가 있어야 한다는 것이다. 또한 여기에는 모든 형식주의와 관료주의를 배격하는 것이 포함된다.

B. 윌리스(B. Wills)는 사이버 교육에서 발생하는 여러 문제들은 역시 기본과는 다른 방식으로 풀어나갈 것을 권유한다. 실제로 사이버 교육에서 발생하는 문제들은 신선한 아이디어와 이를 지원할 수 있는 체제의 뒷받침이 필요하다. 이를 위해서는 산업계, 상업계, 지역 사회의 지도자들, 다른 교육기관들을 잠재적 교육수요자들의 문제 해결을 위한 데이터 검색에 포함시켜야 한다. 사이버 교육이 대부분 실패하는 이유는 기술의 활용 방안 때문이 아니라 사이버 교육에서 가르치고 배우는 구조를 기존과 어떻게 다르게 해야 하는지를 파악하지 못하는 데

있다는 지적을 우리는 주의 깊게 되새겨보아야 한다.

4) 교육 기관과 업체 간의 협력에 의한 국제적 우위 확립

현재 우리나라의 사이버 대학들은 주로 컨소시엄으로 묶여져 있으며 컨소시엄 간 경쟁 구도가 형성되어 있다. 이제까지 개별 컨소시엄이나 대학의 사이버 대학 운영은 교육부 평가에서 높은 점수를 받아 지원을 많이 받기 위한 실적 위주로 진행되고 있다고 해도 그리 지나친 표현은 아닐 것이다. 이제는 국내적 비교 우위보다는 전체 대학 간을 연결해서 시너지(synergy) 효과를 낼 수 있는 총체적인 방안이 강구되어야 한다. 이런 방안을 기초로 실질적인 발전, 즉 국제적 경쟁력을 확보하는 것이 가장 중요하다.

2. 사이버 교육 시스템의 구성 및 운영 측면

〈표 10-2〉는 사이버 교육 시스템의 구성 및 운영 측면에서 사이버 교육체제 패러다임의 변화 방향을 나타내고 있다.

1) 전략 목표와 장기적인 발전 방안 수립

사이버 교육은 자칫 그 효과를 과대 포장할 우려가 있으며, 이런 과대포장이 행정과 곧바로 연결되면 빠른 기간 동안 크게 확산되고 곧 부실한 결과로 이어지게 된다. 이러한 우려는 우리에게 현실로 나타나

〈표 10-2〉 사이버교육체제 패러다임의 변화방향(구성 및 운영 측면)

현행 패러다임	향후 패러다임
단기적, 대규모적 접근	장기적, 소규모적 접근
투자의 문제로 인식	리더십과 비전의 문제로 인식
교육기관들 간의 공식적 연결점 중심	교육기관, 사회단체 및 전문 인력간의 공식 · 비공식적 연결점 중심
정치 · 경제 · 행정적	교육본연의 연구 중심
가용한 피 교육대상 중심	잠재적 교육대상의 발굴 및 양성
서구적 · 선진국형 모형 중심	동남아형, 후진국형 모형 고려 및 우리의 사회문화적 특성 중심
하드웨어와 소프트웨어를 중심으로 하는 구성	인간웨어를 중심으로 하는 구성

고 있다. 이런 문제 때문에 윌리스는 사이버 교육이 현행 교육의 모든 문제를 해결할 수 없기 때문에 사이버 교육은 관리를 할 수 있는 현실적인 수준에 맞게 시작해야 한다고 지적한 바 있다. 성급하게 개설된 사이버 대학은 다음과 같은 문제를 낳게 된다.

첫째 수업의 질이 낮을 때 그 피해가 크다. 전통적인 방법으로 수업을 할 때는 제한된 학생들에게만 공급되었으나 사이버 수업으로 바뀌면 훨씬 더 많은 학생들에게 공급된다는 점을 염두에 두어야 한다.

둘째, 인력들의 업무부담이 지나치게 늘어나 결국 유능한 교수들의 생명력을 단축시키게 된다. 이것은 결국 길게 보면 큰 손실인데 실제로 우리나라의 많은 대학에서 이와 같은 문제점들을 발견할 수 있다.

2) 소규모의 교수 요원과 교과목 구성

사이버 교육은 분명 기존 교육 시스템의 혁명이며, 기성에 대한 심각한 도전으로 보일 수도 있다. 따라서 너무 많은 교과목과 교수 요원을 참여시키게 되면 성공적으로 운영할 수 있는 확률이 낮아지게 된다.

사이버 교육을 시작할 때 여러 가지 상황에 의해, 안정적인 첫 발을 내딛지 못하면 내부에 잠재해 있던 저항 요인들을 표출시킬 수 있는 기회를 제공하게 된다. 이런 저항요인은 일단 한번 공식적으로 표출되면 쉽사리 설득하거나 방향을 바꾸기가 어렵다. 따라서 초기에는 성공을 보장하거나 아니면 실패를 최소화할 수 있는 인력과 과목만 참여시키는 것이 바람직하다.

D. R. 스피저(D. R. Spitzer)는 초기 저항과 후기 저항을 타성(Inertia)과 균질성(Entropy)으로 설명하고 있다. 즉 처음에 나타나는 저항은 타성에 젖어 있는 상태에서 새로운 변화를 거부하는 것이고, 뒤에 나타나는 저항은 처음의 타성을 극복하고 참여했던 사람들의 관심이 줄어들면서 변화가 더 이상 생기지 않는 균질성에 빠지게 된다는 것이다. 균질성은 사이버 교육이 실제적으로 가져왔던 효과보다 참가자들이 받았던 관심 때문에 효과를 인정했다가 사이버 교육이 어느 정도 궤도에 오르게 되자 관심이 나타나는 것이다. 그는 이 문제의 해결을 위해 사이버 교육 사업이 지속적인 관심을 끌 수 있어야 한다고 지적한다.

윌리스 또한 관심이 없는 교수들을 참여시키기 위해 애쓰는 것보다 그 시간과 경비를 처음부터 관심을 갖고 노력하려는 교수들에게 투자하는 것이 좋다고 권고하고 있다. 주의할 것은 관심을 갖는 교수나 학생들이 있더라도 그 관심이 그다지 오래가지 못하는 경우가 많다는 점이다.

3) 학문적 리더십의 강조

사이버 교육의 계획과 프로그램의 적용은 반드시 학문적 리더십에 의해 주도되어야 한다. 사이버 교육의 기본목표는 정보통신과 컴퓨터 기술을 사용해서 교육이라는 지식과 감성의 상호작용을 방해하는 심리적인 「거리」를 극복하는 것이다. 따라서 교육적이며 학문적인 리더십이 중심이 되어야 하며 기술이나 조직적인 문제에서 파생되는 리더십은 통제되어야 한다.

4) 현실적인 컨소시엄의 구성

현재 우리나라 대학의 사이버 교육을 위한 컨소시엄은 공식적인 조직을 중심으로 운영되고 있다. 솔직하게 말하면 각 대학의 총장 및 사이버 교육 사업단장 등의 연합체일 뿐이지 실제로 수업을 주도하고 실시하는 교수들 간에는 별로 인간적인 관계가 없다는 것이다. 결국 명목상의 컨소시엄이기에 협동과 조화의 정신이 부족해, 그 운영에 많은 애로를 겪고 있다. 이는 사이버 교육의 발전을 저해하는 중요한 요소 가운데 하나다.

5) 교육 본연의 목적 준수

이 명제는 지극히 당연하다. 그러나 우리 사이버 대학은 전혀 그렇지 못하다고 해도 틀린 말은 아니다. 심지어는 우리보다 앞서 사이버 대학을 운영해온 미국에서도 이런 문제가 나타나는 것을 보면 우리의 사회 구조에서는 거의 당연한 것인지도 모르겠다.

스피저의 『사이버 교육의 시작점은 분명히 학습자 중심의 교육관이었으나, 실제로 거의 대부분은 기술적 · 행정적 · 정치적 · 재정적 요소들에 따라 좌우된다. 결국 학습자와 교수 중심으로 설계되는 경우는 극히 예외적인 경우밖에 없다』라는 고백은 우리에게 시사하는 바가 크다.

이제는 그 어떤 아이디어도 교육 본연의 요구에서 나온 것이 아니라면 뿌리쳐야 할 의무가 우리에게 있는 것은 아닐까?

따라서 사이버 교육은 그것이 대학이든 연수원이든 초 · 중 · 고등학교 교육의 개선을 위해 구체적이고 실질적인 지원과 연계되어야 한다.

사이버 교육체제의 궁극적 목표는 단순히 사이버 교육을 성공시키는 데만 한정된 것이 아니라, 나아가 교육의 방법과 질을 개선해 교육의 전체적인 발전을 도모하는 것이어야 한다. 따라서 어떤 형태이든 사이버 교육에 투입되는 가치들은 교육계 전체로 환원되어야 한다. 사이버 도서관의 제공이나 연수원의 활성화를 통한 교사 재교육의 강화와 교사들을 위한 사이버 멀티미디어 지원 센터 등의 활용은 그 좋은 예가 될 수 있을 것이다. 결국 이러한 지원은 사이버 교육 체제의 후원으로 돌아올 수 있을 것이다.

6) 잠재적으로 확실한 교육 수요자 확보

현재 사이버 대학들은 대부분 정규 대학생들을 대상으로 일부 과목을 사이버로 운영하고 있다. 이것은 마치 사슴이 먹기 좋다고 해서 동굴 옆의 풀만 뜯어먹다가 나중에 병들어 멀리 나갈 힘이 없을 때는 굶어 죽게 된다는 우화와 같은 오류를 범하고 있다. 처음부터 비록 소수라 할지라도 확실한 교육 수요자를 확보하는 방안을 강구해야 한다.

첫째, 공사 기관의 승진구조나 기업주와 연계된 학습자를 확보한다.

우리나라는 미국이나 캐나다 등과 같이 소수의 학습자들이 지역적으로 넓게 퍼져 있지 않다. 또한 장소 이동에 걸리는 시간이나 문화적 차이나 시차도 크지 않아서 근접지역에서 학습할 수 있는 장점이 있다. 따라서 확실한 교육 수요자의 확보는 사이버 교육체제의 성공을 위해 가장 우선적으로 요청되는 것이다. 이 방안으로는 교육청과 시청, 기업 및 군부대 등의 공식적 조직에 관련된 학습자들을 확보하는 것이 가장 안전하게 시작할 수 있는 방안이 되겠다.

둘째, 경쟁력과 특성 있는 교육 과정을 소규모로 운영한다.

교육 과정의 특성화는 사이버 교육체제의 성공을 좌우한다. 교육 과정의 특성화 전략으로 교과목의 개발 과정에 학습자와 학습자를 고용한 사람의 요구를 받아들이는 것이다. 이렇게 볼 때 학위 과정도 일반 학사보다는 석사나 박사 또는 전문 학위과정 등이 특성화하기에 유리하다.

셋째, 경제적 능력이 있는 학습자를 대상으로 한다.

현재 우리나라의 사회·문화적 구조 속에서는 사이버 대학보다는 차라리 전문 대학에 보낼 학부모들이 더 많을 수도 있다. 아직 사이버 대학이라는 개념이 사회적으로 정착되지 않았기 때문이다. 또한 일반 대학생들이나 중·고등학교 학생들은 사이버 교육을 위해 필요한 장비를 구입하고 운영할 능력을 가지고 있지 않으므로, 주로 경제적으로 자립한 대상으로 확보하도록 한다.

넷째, 명분과 실리가 분명한 전문 기관과 협력 체제를 구축한다.

사이버 교육은 사회·문화적 현상이나 정치·경제적 요구와 밀접한 관계를 가지고 움직일 수밖에 없다. 교육은 근본적으로 그 내부의 목소리와 요구에 충실하는 것이 옳지만 현재 우리 상황에서 이런 방식을 통해 사이버 교육체제가 홀로 서기는 어렵다고 할 수 있다.

따라서 대외적인 인지도를 통해 피교육자들의 패러다임을 바꿀 수 있을 정도로 재정적으로 자립하거나 내부 승인을 얻을 때까지 한동안 이라도 명분과 실리가 분명한 전문 기관과의 긴밀한 협력체제의 구축이 필요하다. 공식적으로 책임자와 결정권자의 조직이 있어야 하며 비공식적으로는 실무자들과 신뢰를 구축해야 한다. 또한 이들 협력 기관에 제공할 수 있는 것과 이들로부터 얻을 수 있는 것들이 분명하게 제시될 수 있어야 한다.

7) 독창적인 모델의 개발

현재 국·내외에 나와 있는 사이버 대학에 관한 각종 교재와 논문, 그리고 세미나 자료들을 보면 거의 엇비슷하게 미국, 유럽, 캐나다의 사이버 대학들을 표준 모델로 삼고 있다. 그러나 우리나라의 사회·문화적인 특징을 무시한 채 섣부르게 받아들이는 것은 매우 위험하다. 대학 졸업장보다는 능력을 중요하게 여기는 실용주의 풍토, 그리고 지역주의와 패거리주의보다는 부단한 자기 개발과 혁신을 통해 발전하는 문화가 우리에게는 없기 때문이다.

따라서 우리와 사회·문화적으로 비슷한 태국, 필리핀, 인도네시아, 일본의 사이버 교육에 실패한 사례들을 거울로 삼아야 한다.

8) 인간 중심의 사이버 교육체제 운영

우리나라의 정보화 사업에 있어 가장 큰 문제는 인간 소프트웨어, 즉 인적 자원이 부족하다는 점이다. 소프트웨어 산업만 보더라도 지방은 물론, 서울에서도 실무를 담당할 중간 계층의 인력이 많이 부족한 것이 현실이다. 많은 외국 학자들은 정보화 사업이 대부분 실패하는 이유는 하드웨어나 소프트웨어에서 비롯되는 것이 아니라 바로 인적 자원 때문이라고 지적하고 있다.

실제로 우리의 사이버 대학도 이를 효율적으로 지원하거나 활용할 수 있는 전문 인력의 숫자가 턱없이 부족하다. 공식적인 통계는 아니지만 각 대학의 교수 요원들 중에 간단한 홈페이지를 만들어서 운영할 수 있는 사람은 5%도 되지 않는 것으로 나타나고 있다. 물론 다른 기능을 보완하고 받쳐줄 조교들도 거의 비슷한 수준이라고 볼 수 있다.

3. 사이버 교육방법의 발전

〈표 10-3〉은 사이버 교육방법의 진단을 나타내고 있다.

1) 다방향 상호작용을 위한 채널 구성

웹 기반 교육에서는 과제를 외부 전문가들과 채팅을 통해 해결할 수 있다고 한다. 그러나 이것은 정말 사실일까? W. 웨스트(W. Westera)라는 여기에 심각한 문제가 있다고 주장한다. 『그 어떤 회사나 조직, 또

<표 10-3> 사이버 교육 방법의 진단

현행 패러다임	향후 패러다임
교사와 학습자의 쌍방향 상호작용	교사, 학습자, 사회적 전문 인력간의 다방향 상호작용
교수매체의 특성 및 교수기법 중심	학습자의 요구, 동기, 자기 주도적 학습능력 및 지원체제 중심
학습내용의 전달 중심	학습방향, 방법, 가용자원의 제시 중심
첨단매체를 중심으로 기술적으로 가능한 방법으로 교육	가용한 모든 매체의 체계의 활용, 교육방법의 효과성, 안전성, 매력성과 인간중심의 방법을 우선 고려
맹목적, 구성주의적 기법	비판적·절충주의적 기법

는 개인이 정체가 명확하지 않으며 믿을 수 없는 상대에게 전력을 기울여 대답할까?』『결국 학습자의 학습 환경은, 아무리 웹상이라고 해도, 결국 실제 세계의 제한된 일부분에 지나지 않는다.』 결국 여기서 중요한 것은 교사나 교육기관이 어느 정도 제한된 선에서 책임 있게 지원해줄 수 있는 사회 환경을 만들어주어야 한다는 것이다. 만일 이런 사회지원 체제(예컨대 외부 전문가의 pool 등) 없이 교수와 학습자들 간의 상호작용만 있다면 사이버 체제의 장점을 충분히 살리지 못하게 된다. 따라서 사이버 교육체제 안에서 일반 학습자들이 좀더 많은 전문가나 동료들과 손쉽게 사회적 연결점을 가질 수 있도록 체제를 만들어야 한다. 이런 방안은 장기적으로는 그 체제의 사회적 설득력과 영향력을 높이는 효과도 거둘 수 있으며, 학습자들에게는 소속감과 자기 만족감을 높이는 효과로 연결된다. 그러나 현재 우리의 사이버 대학들은 모두 이런 체제의 구축이 부족하다.

2) 자기 주도성을 강조 및 입체적인 전략 수립

사이버 교육에서는 교사나 교수가 학습자를 조정할 수 있는 방안이 부족하다. 따라서 학습자의 자기 주도성이 없으면 사이버 교육은 성공하기 매우 어렵다. 그러나 현재의 교수 방법들은 이를 신중히 고려하지 못하고 있으며 기존의 방식으로 수업과 평가를 시행하고 있다. 이제는 변화해야 한다. 학습자의 요구를 받아들여 학습자들이 자기 주도적으로 학습하기 위해 필요한 지식, 태도, 환경을 만들어주어야 한다. 특히 학습자 누구든 지침을 잘 따르고 연습하면서, 피드백을 충실히 실행하면 학습 목표를 이룰 수 있다는 자신감을 불어넣는 작업이 우선되어야 한다.

3) 학습 방법, 방향, 가용 자원의 제시

현재 우리의 사이버 교육은 주로 홈페이지를 통해서 학습할 내용을 제시하고 이에 대한 질문은 올리고 받는 형태가 주를 이루고 있다. 이제는 단순한 학습자료의 제시에서 벗어나야 한다. 어떻게 보면 이런 단순한 학습자료는 기존의 교재로 대체하는 것이 훨씬 효과적이다. 따라서 앞에서 말한 것과 같이 자기 주도성을 키울 수 있는 전략, 학습을 효율적으로 할 수 있는 전략, 사용 가능한 인적·물적 자원의 탐색 방법과 연결점 제시, 현재 학습과 향후 학습의 연결점 제시와 같은 학습과 관련된 복합적인 서비스의 제공으로 바뀌어야 한다.

4) 복합 매체를 활용한 교육

인쇄물 같은 기존 매체(low-tech)는 사이버 교육에서 무시되는 경향이 있는데 이는 옳지 않은 생각이다. 그러한 이유는 사이버 교육은 오랜 기간 편지, 라디오, 오디오 테이프 같은 매체를 위주로 성공적으로 운영되어 왔기 때문이다. 첨단 기술은 학습자들을 위해 새로운 가능성을 제시하기는 하지만 사이버 교육의 질이 그렇다고 꼭 높아지는 것만은 아니다. 스피저는 말한다.『아무리 컴퓨터, 디지털 비디오, 인터넷 기술이 눈부시게 발전했어도, 작은 것이 여전히 아름다울 수 있다.』

실제로 교사들을 대상으로 한 연구에 의하면 교사들이 가장 선호하는 사이버 교육 매체는 오디오 시스템으로 나타났다. 비디오는 TV라는 또 다른 매체 영향력에 묶이고, 컴퓨터는 오히려 접근이 어려운 반면에 소형 녹음기나 차량 내부의 카세트를 이용하면 편리하다는 것이다.

5) 교육 방법의 효과성, 효율성, 안전성, 매력 강조

현재 아주 다양한 사이버 교육용 저작 시스템들이 나와 있다. 그러나 1997년 초만 해도 웹 기반 교육을 위한 저작 도구들은 거의 없었다. 따라서 얼마나 이쪽 시장이 급속히 발전했는지 알 수 있다. 그러나 이런 발전은 양적인 면이나 기술적인 면에서 교육적 안목이 결여된 문제를 안고 있다. 첫째, 이 다양한 웹 기반 저작 도구들이 갖는 기능들이 증가하면서 교사를 비롯한 프로그램 설계자들이 어떤 부분에 어떤 기능을 써야 할지 판단이 쉽지 않다. 또한 설계자들은 자신의 처음 의도와는 달리 사용하는 기능이나 내용이 지나치게 복잡해진다. 둘째, 웹기반 교육은 상호 작용을 중시하는데, 이는 차츰 교사나 전문가들의 권위를 침해하게 된다. 결국 이 두 가지는 사이버 교육에 관련된 교육적 문제들의 초점을 흐리게 하면서 동시에 저작 도구들을 활용할 때도 같은 문제를 발생시킨다. 윌리스 또한 기술에 의존해서 수업상의 문제를 해결하지 말라고 권고하고 있다.

지난 몇 년 간 사이버 교육의 연구 경향들을 돌아보면 대부분의 논의가 하드웨어나 공학 중심으로 이루어져 왔다. 그런데 사이버 교육의 성공적인 역사에 비해 현재 이러한 문제점을 안고 있는 이유는 무엇 때문일까? 스피저가 그 이유를 교육의 주체와 객체가 인간중심의 방법을 잊은 채, 공학을 과도하게 중시했기 때문이라고 지적한 점을 주목할 필요가 있다.

6) 비판적 절충주의 모델 구성

교육을 위한 구성주의적 방법들은 아직도 대답하기 어려운 문제들을 만들어내고 있다. 현장의 열린 교육과 수준별 교육, 자기 주도적 학습방안이나 정보화를 통한 사이버 교육 등은 모두 어느 정도 구성주의에 선이 닿아 있다. 그러나 구성주의는 유감스럽게도 이 시대의 모든 교육 문제를 해결할 수 있는 「만병통치약」이 아니며 그 어느 시대에도, 또한 그 어느 이론도 그런 역할이 가능하다고 생각하지 않는다. 사이버 교육을 철학적으로 뒷받침했던 것이 인터넷을 이용한 구성주의적 학습이라면, 이제는 그 강박 관념에서 벗어나야 한다. 그것은 구성주의이든, 객관주의이든 학습자의 요구에 맞는 방안이라면 무엇이든지 활용하는 것이 옳기 때문이다. 또한 구성주의와 열린 교육이 「기초와 기본」을 약화시키고 있다는 미국과 영국의 비판도 우리는 눈여겨 관찰해야 한다.

맺 는 말

그 동안 교육이 지니고 있던 한계들이 과학 기술의 발달로 하나둘씩 극복되고 있다. 사람들은 자신이 원하기만 한다면 언제 어디서든 학습할 수 있는 사회로 변화되고 있다. 이러한 변화는 기존 교육제도의 개혁을 요구하고 있다. 학교 교육은 물론, 기업 교육과 학원 교육도 변화를 피할 수는 없다.

이 모든 교육제도와 교육과정은 누구나 원하는 내용을 교육받을 수 있는 방향으로 재정립되어야 한다. 정보화 사회는 바로 학습 사회다. 정보 자원이 빠른 속도로 증가하고 있으며, 사람들은 컴퓨터 네트워크로 서로 연결되어 있다. 이러한 변화는 기존의 정형화된 교육 개념에서 벗어난 새로운 학습 사회를 요구하고 있다.

또 멀티미디어 사이버 교육 프로젝트를 기술 연구소, 교육 기관, 하드웨어 회사, 소프트웨어 개발자, 출판사, 통신 회사 등이 공동으로 참여하는 국가적 사업으로 인식해야 할 것이다.

현재 사이버 대학 교육은 인터넷이나 위성 방송만을 이용한 매우 초보적인 단계에 있으나, 앞으로 정보통신 기술이 발달함에 따라 기존의 대학 강의나 교수의 역할 또한 변하지 않을 수 없을 것이다. 대학 교육 환경의 변화가 결국 학습자 중심의 멀티미디어 이용 학습, 정보의 공동 활용, 자율 개발 학습의 확대, 정보의 디지털화를 가져오게 된다. 이에 따라 학습 정보의 양이 증가하고 질이 향상되며, 정보원(情報源)의 다양화, 학습 전달 모드의 다양화, 학습 전달 속도의 고속화를 가져올 것으로 전망된다.

사이버 교육의 성공 여부는 미래의 비전을 어떻게 설정하고, 어떠한 방식으로 수업을 설계하고 운영하는지에 달려 있다.

여러 국내·외 사례들에서 나타나고 있는 사이버 대학이나 사이버 교육체제는 시·공간적인 제약을 벗어나 교육 내용을 전달하고, 정보를 생성하며, 상호 작용을 자유롭게 해줄 수 있는 컴퓨터 네트워크를 주요 매체로 선택하고 있음을 알 수 있다. 물론 위성이나 케이블 TV 등의 방송 매체와 시디롬, 인쇄물 등을 통해 교육 내용을 전달하기도 하지만, 이때도 컴퓨터 네트워크를 핵심적인 상호 작용 기반으로 채택하고 있다.

대학 수준에서 학생과 교수, 그리고 학교에 좀더 바람직한 대안으로서 사이버 교육 체제가 구축되기 위해서는 고등교육에의 접근 가능성 향상이라는 이념을 만족시키는 동시에 그 교육 내용의 질을 보장할 수 있는 사이버 교육의 설계가 우선되어야 할 것이다.

현재까지의 사이버 교육은 여러 가지 문제점을 안고 있다. 부족한 기반 시설로 인해 교육 기회가 한정되는 점, 상호 작용을 위한 인력 부족으로 피드백이 지연되는 점, 읽기와 쓰기 위주의 수업 환경 때문에 특정 학생에게 불리한 점, 컴퓨터 관련 기술이 부족한 학생에게 불리한 점 등이 바로 그것이다. 앞으로 기술력이 향상되고 사이버 교육에 대한 학생과 교수자의 경험이 풍요하게 축적될 수 있도록 다양한 방식들을 시도해야 할 것이다.

교육의 질적 차원에서도 현재의 사이버 교육은 많은 문제점을 보여주고 있다. 사이버 교육에 대한 설계 및 운영 경험 부족, 필요한 멀티미디어 자료의 부족, 정보 과잉의 위험성, 그리고 학생들의 자율적인 수업 능력 부족 등이 대표적인 것들이다. 이러한 문제들은 사이버 교육체제가 교육의 질을 보장할 수 있는 핵심이 무엇인지를 알아내고 교수 설계를 새롭게 정비함으로써 극복될 수 있을 것이다.

이 책에서도 지적했듯이 특히 사이버 강의의 경제성이 매우 높다는 것은 두말할 나위 없다. 그러나 무엇보다 중요한 것은 사이버강의에서 어떻게 수업의 질을 높일 것인지에 대한 연구가 많이 이루어져야 한다는 것이다. 앞으로 이 분야에 대한 많은 연구가 이루어질 것으로 기대된다.

또한 모든 과목을 재택 수업으로 대체하기에는 많은 무리가 따를 것이므로 먼저 어떤 과목이 사이버 강의에 적합한지를 살펴보는 일도 매우 중요한 과제가 될 것이다.

실제로 사이버 강의를 실시해 본 결과 강의실 수업과 비교하면 교수의 수업 부담이 약 5~7배 정도 증가한다는 사실을 확인할 수 있었다. 이러한 측면에서 볼 때, 사이버 강의에 적절한 과목의 선택과 운영 방법이 중요한 당면과제로 점점 떠오르고 있다.

앞으로 사이버 강의의 효과에 대한 연구가 지속적으로 이루어져 좀 더 안정된 자료를 바탕으로 어떤 정보통신 기술과 어떤 수업 운영방법이 효과적인지를 알아내야 하며, 이에 따른 많은 연구가 이루어져야 한다.

따라서 사이버 교육의 도도한 흐름에 대처하지 못하는 모든 대학과 교수들은 앞으로 교육 경쟁에서 밀려날 수밖에 없다. 대학이 정보화 시대에 살아남기 위해서는 앞에서 말한 우수한 인터넷 교육 서비스나 교육 콘텐츠를 제공하는 업체와 전략적 제휴를 할 수밖에 없다.

사이버 대학은 무분별한 투자와 경제성에 매달리기보다는 다품종 소량 생산의 철저한 특화 교육, 주문식 교육으로 나아가야 한다. 그리고 사이버 대학은 가급적 전공 분야의 중복 개설을 피하고, 대학간 교류가 가능할 수 있는 방식으로 운영하는 게 바람직하다.

사이버 대학의 교육 프로그램은 공개적이며 확산적인 성질을 지니고 있기 때문에, 교육 콘텐츠의 지적 소유권 분쟁에 대비해야 한다. 동시에 국제적 경쟁에서 살아남아야 할 뿐 아니라 좀더 앞선 모델을 제시할 수 있어야 한다.

또한 사이버 대학은 사이버 수업체제가 지닌 무차별적 공격성에 대비해, 자국 내 교육 수요자를 확보·관리하는 것은 물론이고, 지구촌을 대상으로 하는 학습자들도 적극적으로 유치·교육할 수 있는 경쟁력을 키워야 한다. 외국계 사이버 대학의 국내 시장 잠식을 방어한다는 측면도 있겠지만, 열린 교육체제에서 새로운 수요창출이라는 공격적 의미에서도 사이버 대학의 세계화는 결코 소홀히 할 수 없다. 결국 사이버 대학의 미래와 발전은 첨단 테크놀러지의 활용과 함께 고품질의 교육 프로그램을 통해 학습자의 학습욕구를 만족시켜 주는 일에 달려 있는 것이다.

오늘날 우리가 알고 있는 대학, 즉 몇십만 평의 대지 위에 수만 명의 학생이 공부하는 대학은 머지 않아 경제난으로 유지되기 힘들 것으로 예측된다.

앞으로 사이버 교육은 지금보다 훨씬 빠른 속도로 확산될 것이다. 그리고 사이버 대학은 정보통신 기술이 가져오는 사회 변혁의 정점에서 점진적으로 교육 패러다임을 변화시키며 교육 개혁을 이룩하는 데 주도적 역할을 담당하게 될 것이라고 믿어 의심치 않는다.

부록

1. 용어해설

- **어드레스(Address)** LAN에서 사용하는 프로토콜에 따른 접속 단말기에 해당. IP 프로토콜에서는 32비트의 IP 어드레스를 사용.

- **ADSL(Asymmetrical Digital Subscriber Line)** 미국 벨코어가 제안한 전송방 식으로서 전화의 음성보다 높은 주파수를 이용해 동화상을 디지털 전송하는 기술.

- **ATM(Asynchronous Transfer Mode)** 비동기 전송모드. B–ISDN의 핵심이 되는 전송·교환기술로 음성, 데이터, 동화상을 총체적으로 취급하는 통신방 식. 원래 정보를 ATM 셀이라는 53바이트의 고정 데이터를 10으로 (처음의 5 바이트는 헤더) 나누어 전송, 교환.

- **ATM 포럼** ATM 기술을 채용한 제품의 빠른 시일 내 실용화를 목적으로 결성한 민간 단체. 1991년 10월 미국의 시스코 시스템즈, 노던 텔레컴, 스프린트가 설립했다. 1994년 3월 현재 450개 이상의 기업과 단체가 참가.
- **무기명 FTP(Anonymous FTP)** 사용자 문서, 파일, 프로그램 및 기타 데이터를 인터넷 어느 곳에서든 검색할 수 있게 하는 프로토콜.
- **미국 국립 표준화 연구소(ANSI)** 비영리 개인 법인으로 미국 지역 표준화 시스템 개발 및 승인 기능을 수행.
- **아치(Archie)** 인터넷을 통해 정보를 검색. 수집. 색인하는 시스템으로, 특정 소프트웨어를 무기명 FTP 저장고에서 찾는 기능을 수행.
- **백오리피스(Back Orifice)** 2000년 7월, 미국 라스베이거스의 '죽은 소에 대한 숭배자(Cult of Dead Cow)'라는 해커 그룹이 제작해 발표한 해킹 툴. 백 오리피스에 감염되면 외부 해커가 원격지에서 시스템 속의 파일을 자유롭게 조작(파일 삭제, 복사, 이동, 파일 또는 디렉터리 찾기, 디렉터리 생성, 삭제, 파일 압축과 압축 해제 등)할 수 있다.
- **대역폭(Bandwidth)** 전송 채널의 고주파수와 저주파수 사이의 차이(Hz로 표기) 대역폭이란 주로 주어진 통신회로나 케이블을 통해 전달되는 데이터의 양을 나타 냄.
- **배치, 배치 파일, 배치 시스템(Batch, Batch Files, Batch System)** 처리를 목적으로 게시 전에 거래 자료를 일정 기간, 보통 하룻밤 정도, 저장하는 행위 또는 그 시스템.
- **베타 테스트(Beta Test)** 소프트웨어를 공식적으로 출시하기 전에 미리 자원 소비자들로 하여금 일정 기간 제품을 사용해보도록 하는 시험. 내부 시험을 통해서는 드러나지 않았던 문제점들이 사용자가 실제로 이용하는 동안에 발생할 수도 있기 때문에 이런 시험을 거침.
- **BBS(Bulletin Board System)** 게시판 체제.

- **케이블 모뎀(Cable Modem)** 속도가 느린 기존의 전화선을 사용하는 대신 동축 텔레비전 케이블을 이용해 빠른 속도로 정보를 주고받는 모뎀.
- **케이블 모뎀 서비스** 케이블 모뎀 서비스는 두 가지 특징으로 요약될 수 있다. 하나는 고속 데이터 통신, 다른 하나는 24시간 상시 접속과 그에 따른 정액제 요금. 케이블 모뎀 서비스는 전화선이 아닌 케이블 TV용 네트워크를 사용. 케이블모뎀서비스는 현재 두루넷과 제2시내 전화 사업자인 하나로 통신도 케이블 모뎀 서비스 실시 중.
- **카멜(Carmel)** 카멜은 램버스 DRAM을 사용할 수 있는 인텔의 칩셋 코드명. 국내외 업체들의 관심이 쏠리는 가운데 개발되었다. 카멜은 주로 램버스 D램을 사용하게 될 서버용 솔루션을 위한 컴퓨터에 사용.
- **크롬이펙트(Chromeffects)** 2개 이상의 웹 페이지들을 병풍처럼 진열하거나 웹 콘텐츠 사이로 애드벌룬이 둥둥 떠다니게 연출하고, 이뿐 아니라 애드벌룬의 그림자도 실사처럼 표현하는 혁신적인 멀티미디어 기술. 지난 1998년 3월, MS가 WinHEC 컨퍼런스를 통해 코드명 '크롬(Chrome)'으로 소개한 크롬이펙트는 DVD, 시디롬 타이틀, 인터넷 사이트에 2D와 3D등의 멀티미디어 콘텐츠를 구현하는 차세대 멀티미디어 엔진.
- **클라이언트(Client)** 네트워크 황경에서 서버라 불리는 컴퓨터가 제공하는 정보 자원에 접촉하는 컴퓨터. 덤 클라이언트, 즉 덤 터미널은 성능이 제한된 컴퓨터를 말함
- **클라이언트 서버형** 클라이언트와 서버가 제휴해 애플리케이션을 실행하는 방식. 클라이언트가 서버에 처리, 검색 등을 의뢰하고 서버 상의 처리 결과만을 클라이언트에 보냄.
- **코드명 K2** 1999년 초에 모습을 드러낸 어도비사의 차세대 데스크톱용 전자출판 프로그램의 코드명으로, 최근 인디자인(InDesign)이라고 다시 이름 붙여졌다. 전자출판용 프로그램 부문의 강자인 쿼크익스프레스(QuarkXpress)

를 제압할 Quark 킬러로도 잘 알려진 제품.

- **CATV(Community Antenna TV, Cable TV)** TV 전파를 한 지점에서 수신한 다음 증폭해서 동축케이블을 통해 가입자에게 유료로 전송. 최근에는 컴퓨터 기술과 결합한 쌍방향 대화형 CATV로 발전함.

- **컴포넌트 객체 모형(COM, Component Object Model)** 새로운 프로그램을 부가하거나 기존의 프로그램에 기능을 더해주는 데 사용되는 소프트웨어 컴포넌트 개발에 대한 정의.

- **CAE(Computer Aided Engineering)** 제품을 개발할 때 행하는 수치해석이나 시뮬레이션을 컴퓨터로 실행하는 것.

- **크래커(Cracker)** 컴퓨터 시스템의 허가 없이 액세스해서 파일에 손상을 입히거나, 또는 허가 없이 복사하려는 사람.

- **사이버스페이스(Cyberspace)** 윌리엄 깁슨이 1984년에 쓴 유명한 소설인 『뉴로맨서』에서 사용한 신조어. 현대 네트워크와 전자 데이터를 총칭하는 말로 널리 사용됨.

- **데이터베이스 마케팅(Database Marketing)** 데이터베이스의 정보를 토대로 일정한 고객들에 대해 특별한 판매를 제안하는 것.

- **데이터 암호화 키(DEK, Data Encryption Key)** 메시지 텍스트를 암호화하고 메시지의 일치성을 확인(서명)하는 장치.

- **데이터 암호화 표준(DES, Data Encryption Standard)** 널리 이용되고 있는 인터넷을 통한 메시지 및 데이터 표준 암호화 체계.

- **데이터 마트(Data Marts)** 특정 집단에 의해 사용될 가능성이 높은 정보망을 담도록 맞춤 제작된, 데이터 웨어 하우스의 축소 버전.

- **데이터 마이닝(Data Mining)** 고급 통계 도구들을 사용해, 데이터베이스 등과 같은 여러 컴퓨터 정보 자원들에서 상업적으로 유용한 패턴이나 관계를 파악해내는 작업.

- **데이터 웨어하우스(Data Warehouse)** 기업 내부의 모든 정보에 액세스할 수 있는 데이터베이스. 데이터 웨어하우스는 여러 대의 컴퓨터에 나누어질 수도 있고, 여러 개의 데이터베이스를 담을 수도 있으며, 여러 자원으로부터 다양한 포맷으로 들어오는 정보도 담을 수 있음.

- **전자 서명(Digital Signature)** 중요한 데이터가 외부로 유출되지 않도록 보안해주는 전자서명은 e-메일에서 많이 사용하는 보안시스템의 일종으로, 한 사람만이 사용할 수 있는 개인키를 사용해 서명을 보내면 수신자 측에서는 그 송신자의 공용키를 이용하여 송신자의 메시지를 해독하는 기술.

- **디지털 가입자 전용회선(DSL, Digital Subscriber Line)** 기존의 아날로그 신호 대신 디지털 신호를 전달하는 일반적인 전화선으로, 아날로그 신호를 이용하는 경우보다 대역폭이 큼.

- **다이렉트 채팅(Direct Chatting)** 인터넷과 같은 네트워크를 통해 상대방과 실시간으로 대화할 수 있는 프로그램이나 서비스. 전자우편이 갖고 있는 한계성, 즉 상대방이 메시지를 수신하였는지 확인할 수 없고, 보내는 즉시 받아볼 수 없는 점이 다이렉트 채팅 서비스를 이용하면 말끔하게 해결된다.

- **디렉토리(Directory)** 파일 구조를 표현하는 경우와 유저, 리소스 관리 정보를 표현하는 경우. 파일 구조 경우는 나뭇가지 모양을 가리킴. 유저와 리소스 관리 정보의 경우는 네트워크 내에서 각종 리소스의 소재를 가리킴. OSI의 디렉토리 서비스가 X.500임.

- **원격 학습(Distance Learning)** TV 방송이나 인터넷을 대화형 도구로 활용하여, 교사와 학생들이 시간과 공간에 구애받지 않고 가르치고 배울 수 있는 교육 시스템.

- **도메인 네임 시스템(DNS, Domain Name System)** 번호가 아닌 호스트 이름을 기준으로 하여 인터넷 호스트 주소를 검색하기 위한 것으로 현재 사용되고 있는 호스트 이름들은 전자 우편과 웹 주소의 기초로 사용된다.

- **다이내믹 HTML(Dynamic HTML)** 홈페이지를 보다 다양하고 역동적으로 꾸
밀 수 있는 인터넷 프로그래밍 언어(HTML). 인터넷 사용자가 홈페이지를 통
해 화려한 그래픽, 사운드, 동영상 등의 삽입을 원할 때 이용하는 것으로, 웹
페이지의 모든 구성 요소들을 객체화한 후 스크립트 언어를 통해 동적으로
보여줌.
- **e-비즈니스(e-business)** IBM이 전 세계 전자 상거래 시장을 겨냥해 공격적
마케팅을 펼치고 있는 솔루션을 총칭. 즉, 인트라넷을 통한 효율적 업무 프로
세스와 엑스트라넷을 통한 기업 간 연결, 그리고 시스템을 접목해 인터넷을
이용하는 모든 비즈니스 업무 형태로 정의.
- **전자상거래(e-commerce)** 네트워크 상에서 디지털 프로세스를 통해 이루어
지는 상거래. 생산업체들 사이나 생산자와 소비자 사이의 새로운 전자 상거
래는 대부분 인터넷을 통해 이루어진다.
- **전자문서 교환(EDI, Electronic Data Interchange)** 구매 주문서 같은 기업 문서
의 전자 교환을 통제하는 일련의 표준. 새로운 인터넷 방식의 거래는 EDI 대
신 XML을 토대로 구축될 가능성이 높다.
- **암호화(Encryption)** 인터넷을 따라 이동하는 데이터를 부호화해서, 의도한
수신자 이외의 다른 사람이 읽지 못하도록 하기 위한 장치.
- **전사적 자원관리(Enterprise Resource Planning: ERP)** ERP는 기업에서 기간
을 이루는 업무들 즉 생산, 자재, 영업, 인사, 회계 등의 업무를 통합 관리해
주는 대형 경영 관리용 패키지 소프트웨어 생산 관리, 인사 관리, 회계 관리
등 각 업무가 독립적인 모듈단위로 구성돼 있고 이 모듈은 또 수십, 수백 개
의 세부 모듈로 구성되어 있다.
- **XML(eXtensible Markup Language)** XML은 1996년 W3C(World Wide
Web Consortium)에서 제안한 인터넷 언어의 일종. 기존에 인터넷 언어로 즐
겨 사용되던 HTML의 한계와 SGML(Standard Generalized Markup Lan-

guage)의 복잡함을 해결하는 방안으로 제시된 XML은 HTML에 사용자가 새로운 태그(tag)를 정의할 수 있는 기능이 추가됨.

- **엑스트라넷(Extranet)** 기업이 공급업체 및 소비자들과 빠르고 효율적으로 일하기 위해 월드 와이드 웹 기술을 이용해 기업 내부용 인트라넷를 외부적으로 확장한 네트워크.

- **연방통신위원회(FCC, Federal Communication Commission)** 미국의 정보통신 분야를 규제, 감찰하는 행정기관. 대통령부에 속한다. CATV, 무선, 위성, TV, 유선을 사용한 주제 통신(주 내에서 통신 관장)과 국제 통신을 규제하는 권한.

- **파일 전송 프로토콜(FTP, File Transfer Protocol)** 호스트에 있는 사용자가 네트워크를 통해 파일을 다른 호스트로 이동시키거나 다른 호스트에 있는 파일에 액세스하는데 사용하는 프로토콜.

- **핑거(Finger)** 자국 또는 원격지 시스템을 로그온한 특정 사용자나 사용자 그룹의 정보를 출력하기 위한 프로그램.

- **플래시 메모리(Flash Memory)** 비휘발성 메모리(전원이 꺼져도 저장된 내용이 지워지지 않는 메모리)의 일종으로 PC의 바이오스 등에서 널리 사용된다. 플래시 메모리는 저장된 데이터를 수정할 수 있는 EPROM(Erasable Programmable Read Only Memory)과 비슷한 것으로 PC의 바이오스나 모뎀의 프로토콜이 변경되었을 때 손쉽게 업그레이드를 할 수 있다는 장점이 있다.

- **플래시픽스(FlashPix)** 인터넷 환경에 적합한 그래픽 파일 포맷. 빠르고 편한 이미지 작업을 위해 1995년 코닥과 마이크로소프트, HP, 라이브픽처 등의 회사가 모여 규격을 만듬. 1996년 공식 규격이 발표되었지만 1998년 디지털 카메라의 보급과 함께 빛을 보기 시작했고, 2000년도부터 본격적으로 사용되고 있음.

- **간트 도표(Gantt chart)** 프로젝트 계획과 성과를 목적과 시간이라는 두 개의

요소로 결합하여 나타내는 막대 그래프.

- **고퍼(Gopher)** 분산 환경에서 어떤 호스트에 필요한 정보가 들어 있는지를 알려주는 클라이언트/서버형의 네비게이션 시스템.

- **글로벌 위치 파악 시스템(Global Positioning System: GPS)** 현재의 위치를 파악하는 시스템으로, 본래는 미 국방성에서 군사적 목적으로 개발. 고도 20,200km 상공에서 궤도를 도는 24개(3개는 예비용)의 GPS위성에 의해 전 세계 어느 곳이든 위치를 파악할 수 있음.

- **그룹웨어(Groupware)** 여러 명의 사용자가 네트워크 상에서 서로 협력하며 하나의 프로젝트를 수행할 있도록 도와주는 소프트웨어.

- **해커(Hacker)** 컴퓨터 및 컴퓨터 네트워크의 내부 구조에 관한 전문 지식을 갖춘 사람으로 악의적인 크래커와는 구분됨.

- **HiFD(High Capacity Floppy Disk)** 새로운 고용량 플로피 디스크의 이름. 소니와 후지필름이 공동 개발한 기술로 3.5인치 일반 플로피 디스크와 호환되며, 저장 용량은 200MB로 플로피 디스크의 140배가 됨.

- **홈페이지(Home Page)** 페이지 형태의 그래픽 멀티미디어 자료로 월드 와이드 웹 서버를 소개하는 메시지로 구성. 관련 메뉴와 파일들에 액세스할 수 있는 메인 메뉴와 비슷함.

- **호스트(Host)** 여러 대의 컴퓨터들이나 터미널들이 운영되는 시스템의 메인 컴퓨터.

- **하이퍼링크(Hyperlink)** 같은 문서나 아니면 다른 문서에 있는 단어, 문구, 심볼, 영상 등의 서로 다른 요소들을 이어주는 연결 고리. 사용자는 요소를 클릭함으로써 링크를 작동.

- **하이퍼미디어(Hypermedia)** 하이퍼텍스트와 멀티미디어 자료의 혼합 용어.

- **하이퍼텍스트(Hypertext)** 다른 문서와 연결되는 링크를 포함하고 있는 문서로, 링크를 선택하면 자동으로 연결된 문서를 출력시켜줌.

- **하이퍼텍스트 마크업 언어(HTML, Hypertext Markup Language)** 월드 와이드 웹 등의 네트워크나 사용자의 컴퓨터상에서 브라우저를 통해 문서 형식을 지정할 때 사용되는 언어.

- **인터넷팅(Interneting)** 라우터를 사용한 여러 네트워크를 상호 접속하는 것. 네트워크끼리는 서로 대등한 관계이고, 메인 프레임 호스트 중심의 종래 수직형 네트워크와는 근본적으로 다름.

- **인터프리터 방식** C 언어 등의 고급 언어로 작성한 프로그램 실행방법의 하나. 사용자가 작성한 프로그램을 직접 해석 실행. 프로그램을 기계어로 번역한 컴파일 방식과는 다름. 프로그램의 이식성을 높일 수 있음.

- **인트라넷(Intranet)** 회사 내부적으로 정보를 취합 공유하고 디지털 업무를 처리하도록 고안된 네트워크 웹 페이지 · 브라우저, e-메일, 뉴스 그룹, 우편 리스트 등과 같은 인터넷 관련 응용 프로그램들을 사용.

- **자바(Java) 2** 1998년 12월 8일 뉴욕에서 열린 자바 비즈니스 엑스포에서 썬 마이크로 시스템즈가 차세대 자바인 자바2를 공개. 자바 라이선스를 놓고, MS와 법정 싸움을 거쳐 선 마이크로시스템즈는 「더 이상 다중 자바는 없다」는 입장을 굳힘. 지금까지 JDK(Java Development Kit) 1.2로 알려졌던 자바2는 가전 기기와 스마트 카드, NC, 데스크톱 PC 등에서 사영되는 이동 · 분산형 애플리케이션을 개발할 수 있는 다양한 클래스 라이브러리와 툴을 제공하는 소프트웨어.

- **JVM(Java Virtual Machine)** 자바 번역기라고도 불리는 자바 가상기계는 자바 바이트 코드와 컴퓨터의 운영 시스템 간에 번역기 역할을 담당하여 자바로 작성된 응용 프로그램을 윈도나 매킨토시, 유닉스 등에서 사용할 수 있도록 해주는 소프트웨어. 자바 표준 선점을 위한 소프트웨어 업체들의 JVM 개발이 매우 활발하다.

- **지식 관리 시스템(Knowledge Management System)** 지식 관리 시스템은 조

직 구성원 간에 지식공유를 활발히 해 기업의 생산성을 높이자는 취지에서 나온 개념. 지식 관리 시스템은 조직 내의 가치 있는 지식을 조직 구성원들이 좀더 잘 파악할 수 있도록 하는 점에서 기존의 정보 시스템과 다르다. 즉 지식 관리 시스템은 새로운 것을 직접 만들어내기보다는 기존 지적 자산의 재사용이나 지식의 공유를 위한 기반 인프라 구축과 조직문화의 형성에 초점을 둔다. 국내 시장에서 지식 관리 시스템에 대한 수요는 앞으로 계속 늘어갈 것으로 관측된다. 한편 미국의 시장 조사 기관인 IDC는 『2003년까지 전 세계 2,000개 대기업의 75% 이상이 지식 관리 시스템을 도입해 기업 내의 신기술개발 및 생산성향상, 인적자원부족 등의 문제를 해결할 것이다』라고 예측했다.

- **로그인 프로그램(Login Program)** 클라이언트를 Netware 서버에 접속하는 처리를 로그인이라 함.

- **메가머저(MegaMerger)** 1998년 넷스케이프와 세계 최대의 통신 서비스 업체인 AOL의 합병과 같이, 특정 산업 분야에서 강력한 경쟁력을 갖춘 두 기업이 서로의 장점을 배우고 시장 지배력을 강화하기 위해 기업 간 초대형 합병을 시도하는 것을 메가머저(MegaMerger)라고 함. AOL이 지닌 1,400만 명의 방대한 가입자와 넷스케이프의 웹브라우저인 커뮤니케이터가 결합되면 세계인터넷 시장의 판도를 뒤바꿀 수 있을 것으로 전문가들은 예상하고 있음. 컴팩은 디지털 이큅먼트(DEC) 인수로 IBM, HP와 더불어 세계 3대 컴퓨터 생산업체로 뛰어오르는 성과를 거뒀다.

- **미들웨어(Middleware)** 2개 이상의 다른 소프트웨어 사이에서 정보를 전달해주는 소프트웨어.

- **미니 PCI(Mini PCI)** 노트북 PC에 모뎀이나 LAN 카드 등의 주변기기를 사용할 수 있게 하는 새로운 버스 규격. 기존의 PC카드 버스가 불충분한 전송 능력을 가지는 것에 비해, 미니(Mini) PCI는 데스크톱용 PCI 버스의 성능을 그

대로 가지고 있으면서도 크기를 대폭 줄여 노트북 PC의 성능 향상을 꾀한 제품. 미니 PCI가 본격적으로 노트북 PC에 채용되면서, 현재 사용되는 고가의 PC카드의 필요성이 줄어들 것이다.

- **모자이크(Mosaic)** 월드 와이드 웹 서버에서 파일들을 통해 멀티미디어 검색이 이루어지도록 월드 와이드 웹 클라이언트 소프트웨어.

- **MPEG(Moving Picture Experts Group)** 동영상 및 관련 오디오 신호를 압축·복원하는 데 필요한 기술 표준조직인 MPEG 위원회에서 제정한 화상 통신용 동영상 압축 표준.

- **MPEG-2** 컬러 동화상의 디지털 압축/신장 방식의 하나. 통신, 축적, 방송 등 어떤 곳에도 사용할 수 있는 범용 부호화 알고리즘. 3M~40Mbps 정도가 대상.

- **MP4 포맷** 최근 MP3의 급속한 대중화로 함께 각광받고 있는 오디오 압축 포맷. 공식명칭은 MPEG-2 AAC(Advanced Audio Coding)이며, MPEG-2 NBC(Non Backwards Compatibility)라고도 불린다. 공식명칭에서 알 수 있듯이 MP4는 MPEG-2에 기반하고 있는 오디오 포맷으로, MPEG-1에 기반한 MP3와는 구조적으로 많이 다르다.

- **멀티캐스트(Multicast)** 네트워크상의 특정 그룹에 속하는 유저(LAN 단말기)에 동보(동일한 정보를 보내주는 것)하는 것. 브로드캐스트와 유사.

- **멀티미디어 스트리밍** 인터넷 방송국이나 사이버 강의실, 주문형 비디오 서비스(VOD) 등 대용량의 멀티미디어 정보를 실시간으로 주고받게 해주는 멀티미디어 스트리밍 기술은 최신 인터넷기술의 하나임.

- **멀티프로토콜 라우터(Multi-Protocol Router)** 라우터는 LAN간 접속 장치의 일종. 프로토콜에 따라 통신 경로를 선택. TCP/IP, SNA, IPX 등 복수 프로토콜을 동시에 취급함.

- **국가 연구 교육 네트워크(NREN, National Research and Education Network)**

미국 정부가 국가 프로젝트로 추진하는 고성능 정보통신 시스템인 HPCC(High Performance Computing and Communications)의 핵심이 되는 초고속 네트워크. HPCC의 또 하나의 핵인 고성능 컴퓨터 시스템(HPCS:High Performance Computer System)과 상호 연결하는 역할.

- **자연 언어 인식 처리(Natural Language Processing)** 인간이 사용하는 언어(말과 글)를 인식하고 응답할 수 있는 컴퓨터 시스템을 만들기 위해서 컴퓨터 공학과와 언어학을 결합한 분야.

- **네트워크 운영 센터(NOC)** 네트워크와 인터넷 운용 상황을 감시하는 장소.

- **OCR(Optical Character Reader)** 컴퓨터 글 빛 읽기, 광학 문자 판독기.

- **패킷(Packet)** 네트워크를 통해 전송되는 데이터 유닛. 모든 단계의 프로토콜 스택의 데이터 유닛을 가리키기도 하나, 응용 프로그램 데이터 유닛을 설명하는 데 주로 사용된다.

- **PCI-X** IBM, 컴팩, HP 등 3개 사가 개발한 것으로, 시스템 버스(이하 버스)의 속도를 133MHz로 확장한 새로운 PCI(Peripheral Component Interconnect) 규격. PCI-X는 CPU의 클럭(Clock)사이클 당 64비트의 데이터를 133MHz의 대역폭으로 전송할 수 있으며, 즉 1초에 1GB를 전송할 수 있다.

- **PDA(Personal Digital Assistants)** 미국 애플 컴퓨터가 주창한 개인 휴대 통신 시스템 개념. 텍스트나 화상의 메모를 취하기도 하고 주소록이나 명함 등을 정리.

- **PDP(Plasma Display Panel)** 플라스마 디스플레이 패널의 약자로 TV나 PC 모니터로 사용될 평면 브라운관의 일종. 두 장의 유리판 사이에 네온, 제논 등의 혼합 가스를 충전하고 전압을 넣으면 빛을 발산하는데, 이 때 빛이 빨강(R), 그린(G), 파랑(B)의 형광체를 통해 색이 나타나고 하나의 화소가 되어 화면을 구성한다. PDP의 장점 중 하나는 대형 화면을 만들 수 있다는 점.

- **리엔지니어링(Reengineering)** 변화하는 사업 환경에 대한 조직차원의 대응력

을 향상시키기 위해 일반적인 디지털 시스템을 토대로 새로운 비즈니스 프로세스를 설계하는 것.

- **라우터(Router)** 동일한 프로토콜을 이용하는 네트워크와 데이터 사이에 데이터를 전송하는 장치. 전송은 네트워크 계층 정보와 라우팅 테이블에 의해 결정되며, 라우팅 테이블은 라우팅 프로토콜에 의해 구축.

- **샌프란시스코(SanFrancisco)** 샌프란시스코는 IBM의 자바 애플리케이션 개발을 위한 프레임워크(소프트웨어 개발 틀)으로, 이를 이용하면 효율적이고 독립적인 기업용 자바 애플리케이션을 제작할 수 있다. IBM 샌프란시스코는 자바 기반의 애플리케이션 비즈니스 컴포넌트를 제공하는데, 개발자들은 이러한 컴포넌트를 사용해 서버 측 비즈니스 애플리케이션을 단시간에 구축하고 수정할 수 있다.

- **세트 박스(Set Box)** 비디오 온 디맨드(VOD, Video on demand) 등에서 중앙 설비로 디지털의 영상 음성신호를 수신, 신장해서 TV 등에 보여주는 어댑터. CATV에 사용된다.

- **실리콘 앨리(Silicon Alley)** 미국 뉴욕의 맨하탄을 중심으로 형성되고 있는 세계 정보통신 산업의 새롭게 떠오르는 지역을 말한다. 캘리포니아의 실리콘 밸리(Silicon Valley)가 반도체와 하드웨어 분야에서 전 세계를 주도하고 있는 것과 대비해 실리콘 앨리는 인터넷 콘텐츠 분야의 유망한 벤처 기업들이 집중되어 있는 것이 특징. 실리콘 앨리가 단기간 내에 인터넷 콘텐츠 산업의 중심으로 부상할 수 있었던 것은 뉴욕이 세계적인 방송, 출판, 예술의 중심지로 콘텐츠 산업 발전에 필요한 가장 좋은 여건을 갖추고 있기 때문이다. 또한 현재 미국 전역에는 실리콘 앨리 이외에도 텍사스 지역의 실리콘 힐스(Silicon Hills), 오래곤의 실리콘 포레스트(Silicon Forest)등 다수의 정보 단지가 조성되어 있다.

- **소호(Small Office Home Office: SOHO)** 집이나 작은 사무실을 근거로 해서

활동하는 독자적인 업무 형태. 컴퓨터와 통신망의 발전으로 1990년대 중반부터 고학력의 전문직 종사자들 사이에서 유행하기 시작.

- **스마트 카드(Smart Card)** 집적 회로를 장착한 신용카드로, 제한된 「인공지능」과 기억용량을 지닌다. 의료 기록 등을 확인하고 보안을 유지하는 목적으로 사용한다.

- **SAPI(Speech API)** SAPI는 Speech API(Application Programming Interface)의 약자로, 음성 인식 프로그램 개발에 사용되도록 규정된 함수들의 집합. 그러나 각 소프트웨어 업체들이 서로 다른 SAPI를 지원해 표준 설정 문제가 불거지고 있다.

- **텔넷(Telnet)** 원격 터미널 접속 서비스에 사용하는 인터넷 표준 프로토콜.

- **3DNow(Three Demension Now)** AMD의 3D 그래픽 처리와 관련한 기술로 인텔의 MMX와 비교할 수 있다. CPU 시장에서 인텔의 독주를 견제할 만한 세력으로 주목받고 있는 AMD는 원래 호환칩 제조사로 인텔 호환 CPU를 생산하던 업체였다. 그러나 최근 들어 저가형은 물론, 중급 시장 및 서버를 비롯한 하이 엔드 시장에까지 손길을 뻗치며 인텔을 긴장시키고 있다.

- **3D 사운드(Three Dimension Sound)** 일명, 입체 음향이라고도 불리며, 현장감 있는 음향을 구현하는 시스템이나 기술. 과거의 3D 사운드는 다수의 스피커를 이용하여 각 스피커마다 고유의 소리를 출력하는 방법으로 입체음을 구현했지만 최근에는 하드웨어적인 디지털 가속 기술로 2개의 스피커에서도 입체음을 낼 수 있다.

- **3DVR(Three Dimension Virtual Reality)** 3DVR은 미국 라이브픽처사가 개발한 기술로 사이버 공간을 좀더 현실감 넘치게 구현할 수 있도록 한 3차원 가상 현실을 말한다. 해상도 높은 대용량 3D 이미지를 받기 위해 통신 환경의 한계를 아래 소개된 기술로 극복했다. 이미지 전체가 아닌 조각난 이미지를 전송받고, 다시 전체 이미지로 재구성하는 「프로그레시브 다운로드(Progressive Download)」, 필요한 이미지 조각만을 전송하는 「인터넷 이미지 프로토콜(IIP)」, 다양한 해상도를 지원하는 「플래시픽스(Flashpix)」 기술 등. 라이브픽처사는 이 세 가지 기술을 바탕으로 「리얼리티 스튜디오」와 「이미지 서버」를 개발하였음.

- **TIF(Transfer Image File)** 이미지만을 담아내는 PDF 형태의 파일 형식.

- **범용 직렬 버스(USB, USB1394, Universal Serial Bus)** 다수의 디지털 기기들이 서로 쉽게 연결되고 적절히 작동하도록 하기 위해 규정한 기술 표준.

- **유저 인터페이스(User Interface)** 인간의 의도를 컴퓨터에 실행시키기 위한 하드웨어와 소프트웨어를 가리킨다. 키보드나 마우스, 디스플레이 등.

- **비디오 서버(Video Server)** 고속 CPU와 영상의 고속 입출력이 가능한 메모리, 고속의 다중/분배장치 등으로 구성되어 있다. 이 분야에서는 미국의 휴렛팩커드, IBM, 실리콘그래픽스, 일본의 후지쯔 등 컴퓨터 메이커가 개발 경쟁을 벌이고 있다.

- **비디오텍스(Video Text)** 호스트 단말기 간의 쌍방향 문자 · 도형 통신 시스템. PC나 어댑터를 부착한 텔레비전 단말기로 전화회선으로 접속한다. 화면 방식에는 북미 표준 방식(NAPLPS)과 일본 NTT의 캡틴 시스템 서비스인 CAPTAIN 방식이 있다.

- **VoxML(Voice Markup Language)** VoxML은 모토로라가 개발한 음성 인터넷 콘텐츠 언어로, 음성을 통해 웹 정보를 검색할 수 있는 기능을 제공한다. VoxML은 XML(eXtensible Markup Language)을 기반으로 하고 있으며, 음성 브라우저(Voice Browser)를 통해 마치 대화하는 것처럼 인터넷의 기상, 주가, 교통정보 등을 이용할 수 있게 하는데, 이것이 실현되면 PC가 없어도 전화만으로 인터넷을 이용할 수 있다. 때문에 장애인들의 인터넷 활용도를 높이는 한편, 인터넷 비즈니스의 영역을 전체적으로 넓힐 수 있을 것으로 기대된다.

- **부두3(Voodoo 3)** 3Dfx사가 내놓은 2D/3D 가속 칩의 제품명. 3Dfx사는 부두라는 3D 그래픽가속 칩으로 그래픽 시장에 참여한 업체이다. 현재 부두 1, 2에 이어 부두3이 출시되었다.

- **워터마크(Watermark)** 불법 복제를 막기 위해 개발된 최신 기술로 지폐에서는 워터 마크 기술이 일반화돼 있다. 이 기술은 용어 그대로 젖어 있는 상태에서 그림을 인쇄하고, 이것을 말린 다음 양면을 인쇄하는 기술. 워터 마크는 컴퓨터 스캐너나 첨단 복사기로도 재생하기 어렵다.

- **웹 EDI(Web Electronic Data Interchange)** 일반인들이 E-메일을 통해 커뮤니케이션을 한다면 기업 간 비즈니스에서는 EDI가 업무 처리에 사용된다. 웹 EDI는 인터넷을 이용해 전 세계를 무대로 개방된 네트워크를 이용한다. 또 전용선을 기반으로 했던 EDI 서비스에 비해 사용료가 저렴하며, 사용 방법도 간편한 것으로 평가받고 있다.

- **윈도 DNA(Distributed interNet Application Architecture)** 윈도 DNA는 MS의 새로운 개발 아키텍처로 지난 97년 9월 MS가 주최한 PDC(Professional Developers Conference) 97에서 제창된 이후 줄곧 MS의 핵심 전략으로 주목받아왔다.

2. 교육 서비스와 콘텐츠 업체의 웹 사이트

배움닷컴	www.baeoom.com
에듀빌	www.eduville.net
위즈코나	www.kyoyon.net/www.wizpass.com
온스터디	www.onstudy.com
드림라인	www.dreamx.net
노피넷	www.nopinet.net
캠프클릭닷컴 (옛송강흠어학원)	www.campclick.com
에듀박스	www.edubox.com
삼성SDS	www.unitel.net
에듀캐스트	www.educast.co.kr
삼성전자	www.sec.co.kr
전통문화연구회	www.juntong.or.kr
세램교육	www.1109.co.kr
인터넷교육방송	www.iebs.co.kr
조인스터디	www.joinstudy.com
유니캠프	www.unicamp.co.kr
네트웍캠프	www.networkcamp.co.kr
입시뱅크	www.ipsibank.com
동원증권 사이버 증권대학	www.stockuniv.com
대교	www.edupia.com

참누리넷	www.1318class.com
하나로통신 사이버교육센터	campus.hanaro.com
웅진닷컴	www.woongjin.com
씽크빅숙제마법사	www.thinkbig.co.kr
멀티캠퍼스	www.e-campus.co.kr
아이야닷컴	www.iyah.com
에듀넷	www.edunet4u.net
이루스쿨	student.iroo.net
사이버유니캠퍼스	www.unicampus.co.kr
윙글리쉬닷컴	www.winglish.com
캠퍼스 21	www.campus21.co.kr
샘넷	www.saemnet.co.kr
Abc스터디	www.ABCstudy.com
엠비존닷컴	www.mbzon.com
대한생명	www.korealife.co.kr
엑트존	www.actzone.co.kr
텔렉처	www.telecture.com
사이버에듀타운	www.cyberedu.co.kr
에듀타운	www.edutown.co.kr
라카데미	www.lacademy.co.kr
YBM시사닷컴	www.ybmsisa.com
네유니	www.netuni.net

교원캠퍼스21	www.teacher21.co.kr
고시나라	www.gosinara.co.kr
스터디피아	www.studypia.com
러닝콤	www.learningcom.co.kr
에듀캐스트	www.educast.co.kr
에듀패스	www.edupass.co.kr
테크빌닷컴	www.tekville.com
와와캠퍼스	www.wawacampus.com
사이버주부대학	www.cyberjubu.com
E캠퍼스	www.englishcampus.com
이테스트	www.etest.co.kr
와삭	www.wasac.com
데일리잉글리시	www.dailyenglish.com
타이거재팬	www.tigerjapan.com
에듀2000	www.edu2000.co.kr
디그	www.dig.co.kr
풀	www.pull.co.kr
에듀포아이	www.edu4i.com
네스트에듀	www.nextedu.com
네듀넷	www.nedu.net
하이텔사이버교육센터	www.welearn.co.kr
이패스	www.epass21.co.kr

에듀로넷	www.eduro.net
대성디지털스쿨	www.ds.co.kr
에듀캅	www.educop.co.kr
이디유	www.edu.com
에듀빅	www.edubig.com
해피크래스	www.happyclass.com
LG 사이버아카데미	www.cyber.lg.co.kr
에듀랜드	www.eduland.co.kr
이캠퍼스	www.e-campus.co.kr
쿨2000	www.cool2000.co.kr
정사모	www.jungsamo.com
인터넷불교대학	www.buddhistweb.com
컴리빙닷컴	www.comliving.com
틴스트리트	www.teenstreet.co.kr
이에듀넷닷컴	www.eedunet.com
사이버스쿨	www.cyberschool.co.kr
IQ뱅크	www.iqbank.net
온키디닷컴	www.onkidy.com
매경E아카데미	www.helloacademy.com
참교	www.chamgyo.com
오픈에듀	www.openedu.co.kr
교육인적자원부	www.moe.go.kr

정보통신공무원교육원	www.icoti.go.kr
하버드 대학교	www.harvard.edu
MIT	www.mit.edu
보스턴 대학교	www.bu.edu
보스턴 칼리지	www.bc.edu
경희사이버 대학교	www.khcu.ac.kr
한국디지털대학교	www.koreadu.ac.kr
세종사이버 대학교	www.cybersejong.ac.kr
서울사이버 대학교	www.iscu.ac.kr
열린사이버 대학교	www.ocu.ac.kr
한국사이버 대학교	www.kcu.or.kr
서울디지털대학교	www.sdu.ac.kr
세계 사이버 대학	www.world.ac.kr
세민디지털대학	www.kcc.ac.kr
사이버게임대학교	www.cybergame.ac.kr
한양사이버 대학교	www.hanyangcyber.ac.kr
동서사이버 대학교	www.ewcu.ac.kr
아시아 디지털 대학교	www.asiacu.com
영진사이버 대학	www.yeungjin.ac.kr
숙명여자대학교	snow.sookmyung ac.kr
서울대학교	www.snu.ac.kr
남서울대학교	www.nsu.ac.kr

삼척대학교	www.samchok.ac.kr
서울여자대학교	www.swu.ac.kr
서강대학교 사이버 캠퍼스	multinet.sogang.ac.kr
Cyber MBA	www.cybermba.ac.kr
크레듀	www.credu.com
틴톡닷컴	www.teentoc.com
에듀프리	www.edufree.co.kr
아리스온라인코리아	www.arisok.com

참 고 문 헌

국내 서적

- 고형주 외, 「사이버대학의 제도적 개선방향」, 《한국컴퓨터교육학회 논문집》, 1999년.
- 교육부, 「평생교육법령(전문)」, 2000년.
- 김광용, 「인터넷을 이용한 원격교육의 효과분석」, 1998년.
- 김상홍, 「사이버교육 운영사례 kt.ppt 크레듀 e-learning 포럼 발표자료」, 2000년.
- 김연환, 「가상대학 체제의 구성과 프로그램 운영방안」, 《한국 디지털 도서관 포럼 주최 세미나 자료집》, 서울교육문화회관, 1998년.
- 김연환, 「디지털도서관은 가상대학 & 멀티미디어 교실의 심장부」, 《한국 디지털 도서관 포럼 주최 세미나 자료집》, 서울교육문화회관, 1992년.
- 김연환, 「가상교육체제의 구성과 성공적 운영을 위한 방안의 탐색」, 한국 교육공학회, 1998년.
- 김연환, 「원격연수매체 도입과 운영방안 개발」, 「교원원격연수시스템 구축과 활성화를 위한 학술 발표 대회」, 한국교원대학교 종합교원 연수원, 1998년.
- 김용호 · 여현덕, 「대하이 사이버 교육의 실태」, 《한국과 미국 대학지성》, 2000년.
- 김호근 · 최성, 《컴퓨터 사이언스》, 대영사, 1998년.
- 다사까 히로시, 이강호 옮김, 《인트라넷 경영: 스마트 코퍼레이션의 창조》, 삼호 미디어, 1996년.
- 박창현 · 송민정, 《미국의 정보 콘텐츠 산업》, 한국통신 경영연구소, 1998년.
- 변영계 · 김영환, 「Internet을 활용한 개별화 수업용 멀티미디어의 개발과 그 효과 – peer tutoring 방식을 중심으로」, 교육방송연구, 1997년.

- 신정철, 「가상교육과 유관 교육제도」, 98 원격교육 심포지움 발표자료, 방송대학, 1998년.
- 안재석, 《한국 경제 교육산업》, 한국 경제 신문사, 2001년.
- 에듀넷, 「미국 원격교육의 동향」, 《교육정보화백서》, 한국교육학술정보원, 2000년.
- 에듀넷, 「유럽에서의 원격교육」, 《교육정보화백서》, 한국교육학술정보원, 2000년.
- 에듀넷, 「한국 원격교육 사례」, 《교육정보화백서》, 한국교육학술정보원, 2000년.
- 이영조, 「정보통신혁명과 대학의 운영」, 〈대학지성〉, 2000년.
- 이채연, 「히이퍼미디어를 이용한 국어과 수업전략」, 《어문학 60집》, 한국어문어학회, 1997년.
- 임은모, 《정보통신 콘텐츠를 알면 21세기가 보인다》, 진학도서, 1998년.
- 유태영, 「동남아 국가의 교육방소에 대한 고찰」, 한국교육방송연구회, 1997년.
- 윤환철, 「사이버의 세계를 클릭한다」, 《목회와 신학》, 두란노, 1998년.
- 정관수, 「사이버대학에 대한 국가적 정책 및 전망」, 《대학지성》, 2000년.
- 정인성, 「가상교육 개요 "1주" 서울대학교(가상교육의 이론과 실제)부분원고」, 서울대학교, 1998년.
- 이채연, 「새로운 교육지평, 사이버 유니버시티 버전업」, 계간 《사이버문학》, 1997년.
- 최성 · 유갑상, 「가상대학교 구현에 관한 연구」, 《한국정보처리학회 시스템통합연구회 학술대회 논문집》, 1999년.
- 최정석 , 「사이버교육 경영」, 《대학지성》, 2000년.
- 최호성, 「가상대학, 지금이 시작이다」, 《대학지성》, 2001년.
- 한국대학신문, 「입시 특집」, 〈한국대학신문〉, 2001년.
- 허행량, 《멀티미디어 세상을 두 번 살게 한다》, 매일경제신문사, 1994년.
- Cornish, Edward S., 이관용 역 , 《사이버 충격》, 엘테크, 1997년.
- Cronin, Mary J., 장은영 역, 《기업인 인터넷 전략》, 세종서적, 1996년.
- Gates, William Henry, 안진환 역, 이규행 감역, 《빌 게이츠@생각의 속도》, 청림출판사, 1999년.
- Ohmae, Ken-ichi, 임승혁 역, 《21세기를 여는 7가지 키워드》, 한국경제신문사, 1997년.
- 다케무라 겐이치, 정경애 역, 《멀티미디어를 모르면 내일이 없다》, 매일경제신문사, 1994년.

국외 서적

- Barry, M. & Runyan, G. B., "A review of distance learning studies in the US Military," *The American Journal of Distance Education*, 1995년.

- Bricken, M., *Virtual worlds: no interface to design, In M. Benedikt (ed.) Cyberspace: first steps*. Cambridge, Mass: The MIT press.

- Brown, F. B. & Brown, Y., "Distance education around the world," In B. Willis(Ed.) *Distance education strategies and tools*, Educational Technology Publication., 1993년.

- Fridyiwek, Y., "Web-based course ware tools: where is the pedagogy?," *Educational Technology*, 1999년.

- Kaufman, R., "The internet as the ultimate technology and panacea," *Educational Technology*, 1998년.

- Kearsley, G., "Educational technology: A critique," *Educational Technology*, 1998년.

- Moore, M., & Kearsley, G., *Distance education: A systems approach*. Belmont, CA: Wadsworth., 1996년.

- Perraton, H., *Distance teaching north and south*. In J. Daniel, M. Stroud & J. R. Thompson (Eds.), *Learning at a distance: A world perspective*, Edmonton, Alberta: Athabasca university/ International Council for Correspondence Education., 1982년.

- Spitzer, D. R., "Rediscovering the social context of distance learning," *Educational Technology*, 1998년.

- Tsutomu, Yogi, *The Internet an Easy Guide*, Tokyo: Jung Kyun Pub. Co., 1995년.

- Westera, W., "Paradoxes in open, networked learning environments: Towards a paradigm shift," *Educational Technology*, 1999년.

- Willis, B., "Forward to Distance learning: The shift to interactivity," *Cause Professional Paper Series*, #11. Boulder, CO., 1997년.

- Willis, B., "Effective distance education planning: lessons learned," *Educational Technology*, 1998년.

●

21세기 사이버 대학 가이드

●

지은이 / 김호근 · 최성
펴낸이 / 김경태
펴낸곳 / 한국경제신문 한경BP
등록 / 제 2-315(1967. 5. 15)
홈페이지 / http://bp.hankyung.com
제1판 1쇄 인쇄 / 2002년 5월 5일
제1판 1쇄 발행 / 2002년 5월 15일
주소 / 서울특별시 중구 중림동 441
기획출판팀 / 3604-553~6
영업마케팅팀 / 3604-595, 597
FAX / 3604-599

●

* 파본이나 잘못된 책은 바꿔 드립니다.
ISBN 89-475-2379-8

●

값 11,000원

메가트렌드 2000

존 나이스비트 외 지음/김홍기 옮김
양장/9,800원

2000년대는 정치개혁과 경이적인 기술혁신 등으로 인류에게 지금까지와 전혀 다른 변화양상을 안겨줄 것이다. 이 책은 과거 어둡고 비관적인 세기말적 변화보다는 경제호전, 예술의 번영, 시장사회주의의 출현, 복지국가의 쇠퇴 등 밝고 새로운 흐름을 보여주고 있다.

메가트렌드 아시아

존 나이스비트 지음/홍수원 옮김
양장/9,500원

21세기에는 아시아가 미국주도의 상품과 소비시장에 가장 중요한 경쟁자로 떠오를 것이다. 저명한 미래예측가인 저자는 역동적으로 변화하는 아시아의 모습을 8가지 트렌드로 분석했다. 특히 한국에 나타나고 있는 폭넓은 변화와 앞으로의 역할도 살펴보고 있다.

하이테크 하이터치

존 나이스비트 지음/안진환 옮김
양장/15,000원

저자는 특유한 통찰력으로 소비재 기술과 유전자 기술에서부터 전자오락의 폭력성과 씨름하는 부모들의 골칫거리에 이르는 모든 것을 탐험하며, 과학 · 종교 · 군사 · 상업 · 정보 · 통신 · 예술 · 레저분야의 문제점과 변화양상을 적시하고 그 해결책과 대응책을 제시한다.

미래의 결단

피터 드러커 지음/이재규 옮김
양장/9,000원

현대 경영학의 대부, 피터 드러커는 이 책에서 「스스로를 다시 생각함으로써 회생할 수 있다」고 전제하고 기업의 5가지 치명적 실수, 가족기업을 경영하는 규칙, 대통령을 위한 6가지 규칙, 새로운 국제시장의 개발, 3가지 종류의 팀조직 등 바람직한 미래를 실현하기 위한 방안을 제시했다.

비영리단체의 경영

피터 드러커 지음/현영하 옮김
신국판/8,000원

선진국에서는 학교, 자선단체 등 비영리단체의 경영혁신이 선풍을 일으키고 있다. 이 책은 저자가 교수생활을 하면서 비영리단체에서 봉사했던 경험을 바탕으로 조직관리, 예산 등 경영전반에 대한 문제점을 심도있게 분석하고 개선방안을 제시했다.

21세기 지식경영

피터 드러커 지음/이재규 옮김
양장/13,000원

피터 드러커는 이 책에서 새로운 경영 패러다임이 경영의 원칙과 관련한 기본가정을 어떻게 변화시켜 왔는지, 또 어떻게 변화시킬 것인지에 대해 통찰하고 있다. 앞으로 수십년 동안, 아니 수년내에 틀림없이 일어날 여러 문제에 대처하지 못한다면 생존할 수 없다는 드러커의 마지막 경고!

미래의 조직

피터 드러커 외 지음/이재규 옮김
양장/13,000원

당대 최고의 경영학자, 실무자, 컨설턴트가 참여한 이 책에는 미래 조직이 존속하고 번영하려면 조직과 리더가 어떻게 변해야 하는지 실질적인 조언을 하고 있다. 특히 정부, 기업, 사회단체 등 모든 인간조직의 미래모습에 대해 통찰력 있는 비전을 제시하고 있다.

자본주의 이후의 사회

피터 드러커 지음/이재규 옮김
양장/9,000원

사회주의권의 몰락 이후 탈냉전 분위기 속에서 향후 세계 변화가 주요 관심사로 떠오르고 있다. 저자는 자본주의적 시장구조와 기구는 존속되지만 주권국가의 통제력은 약화되고 전문지식을 갖춘 지식경영자 중심의 글로벌화 사회가 될 것으로 예측하고 있다.

미래기업

피터 드러커 지음/고병국 옮김
양장/9,500원

우리 시대의 가장 뛰어난 사회·경영학자이자 미래학자인 드러커의 「변혁시대 기업생존전략 연구서!」. 세계경제가 빠르게 바뀌어감에 따라 기업의 새로운 경영전략 모델, 즉 5가지 변화조건을 분석했다. 사회·경제학 시각에서 세계경제 흐름을 통찰한 역저.

자본주의 이후 사회의 지식경영자

피터 드러커 지음/이재규 옮김
양장/10,000원

새롭게 도래하고 있는 미래조직에서의 효과적인 의사결정방법, 경영자가 직면할 도전, 지식근로자의 생산성 향상을 위한 동기 부여에 대해 조언하고 있다. 저자의 탁월한 역사적 지식과 도덕적 상상력으로 지식 경영자의 책임과 자세를 제시한다.

21세기 리더의 선택

피터 드러커 외 지음/한근태 옮김
양장/15,000원

피터 드러커, 찰스 핸디 등 뛰어난 사상가들과 탁월한 리더들이 쓴 글을 모은 이 책은 지식사회를 이끄는 리더의 과제와 사명에 대한 것이다. 더불어 새로운 정보경제 시대에 맞는 아이디어에 불을 붙이고 새 깃발을 올리고 갈등을 해소시켜 리더와 리더십에 관한 새로운 지평을 열어주고 있다.

피터 드러커 평전
-지식 르네상스인 피터 드러커

이재규 지음
신국판/9,800원

경영학의 아버지 피터 드러커의 삶과 학문을 추적함으로써 한 세기를 풍미한 그의 사상과 미래전망을 살펴볼 수 있다. 지식사회를 어떻게 살아야 하고 미래사회에 어떻게 대처해야 할 것인지 고뇌하는 이들이라면 꼭 읽어봐야 할 필독서.

20세기를 움직인 사상가들

기 소르망 지음/강위석 옮김
신국판/13,000원

20세기 사상계에 결정적인 영향을 끼친 사람들은 과연 누구인가? 프랑스의 저명한 경제학자이자 사회학자인 기 소르망이 29명의 생존해 있는 현대 최고의 사상가들과의 직접 인터뷰를 통해 그들 자신이 전생애를 바친 사상과 사색의 놀라운 통찰을 기록·정리했다.

자본주의 종말과 새 세기

기 소르망 지음/김정은 옮김
양장/13,000원

저자는 자본주의 체제를 위협하는 것은 「도덕적 불만」과 「자본주의에 대한 몰이해」라고 주장하고 러시아·중국·독일·인도 등 20여 개국의 자본주의의 현재 모습을 살펴보고 있다. 또한 현재의 자본주의의 위기를 극복하기 위한 구체적인 방안에 대해서도 통찰하고 있다.

열린 세계와 문명창조

기 소르망 지음/박 선 옮김
양장/13,000원

기 소르망은 서로 다른 문화가 충돌하는 유럽, 러시아, 중국, 일본, 아프리카, 라틴아메리카의 국경으로 우리를 이끈다. 통독 이후의 문제, 북한의 실상(본문의 「아홉번째 여행」 참조)과 우리의 미래, 미국화로 상징되는 맥몽드(McMonde)의 악몽 속에서 대응법을 찾아보자.

경영창조

톰 피터스 지음/이왈수 옮김
양장/9,000원

치열한 경쟁 속에서 기업이 슬기롭게 대처하려면 어떻게 해야 하는가? 저자는 다른 기업과 두드러진 차별성을 갖고 시장과 고객 앞에 나서야 한다고 처방한다. 기업이 안팎의 변화에 맞서 어떤 방법과 발상으로 접근해야 하는가에 대한 210개 항목이 기업 경영창조의 새로운 길을 열어준다.

경영파괴

톰 피터스 지음/안중호 옮김
양장/8,500원

이제 리스트럭처링·리엔지니어링으로는 급변하는 시대를 이길 수 없다. 기업의 조직은 상상을 초월하는 혁신적인 네트워크형이 되어야 한다. 세계적 경영컨설턴트인 저자가 번득이는 아이디어로, 경영자들이 재창조와 혁명을 향해 전진할 수 있도록 혁신방안을 제시한다.

경영혁명

톰 피터스 지음/노부호 옮김
양장/13,000원

정보화사회는 불확실성이 심화된 사회로 기업경영의 경기규칙과 새로운 경영스타일 등 생존을 위한 변화는 가히 혁명적이라 할 수 있다. 이 책은 전통적 사고에 도전하고 조직이 사람을 위해 존재할 수 있도록 변화를 유도하는 45가지 경영 실천전략을 제시한 기업경영자의 '비즈니스 핸드북' 이다.

혁신경영

톰 피터스 지음/이진 옮김
양장/15,000원

이 책은 혁신의 순환을 이루는 15개의 불연속적인 아이디어를 독특한 방식으로 설명하고 있다. 저자는 지속적으로 혁신을 추구할 수 있도록 극단적이지만, 실용성 있는 가이드 라인을 제시한다. 혁신이야말로 개인과 조직이 살아남는 최후의 생존전략이 될 것이다.

트러스트

프랜시스 후쿠야마 지음/구승회 옮김
양장/12,000원

한 나라의 경제는 규모만으로는 설명될 수 없다. 사회적 자본이 중요하며 그 핵심이 바로 신뢰다. 저자는 이 책에서 개인주의, 가족주의에 기반을 둔 저신뢰 사회의 특성을 혹독하게 비판하면서 신뢰는 경제와 사회, 문화를 아우르는 놀라운 가치라고 강조한다.

대붕괴 신질서

프랜시스 후쿠야마 지음/한국경제신문 국제부 옮김/양장/16,000원

산업사회에서 정보화사회로의 이행과정에서 나타나는 질서의 붕괴와 정신의 퇴폐는 인류사회에 필연적으로 「대붕괴」를 불러오고 있다. 이 현상은 언제까지 계속될 것이며 우리에게 남겨진 선택지는 무엇인가. 《역사의 종말》《트러스트》 저자의 놀라운 탁견!

코피티션

배리 J. 네일버프 · 아담 M. 브란덴버거 지음/김광전 옮김/양장/9,000원

비즈니스 게임은 끊임없이 변하므로 전략도 당연히 변해야 한다. 경쟁(competition)과 협력(cooperation), 양자의 장점을 결합한 코피티션 전략은 기존의 비즈니스 게임을 혁신할 혁명적인 신사고다. 저자들은 게임 자체를 변화시켜 이득을 최대화하는 5가지 요소의 비즈니스 전략을 제시했다.

편집광만이 살아남는다

앤드류 그로브 지음/유영수 옮김
양장/10,000원

인텔 불패 신화의 주인공, 앤드류 그로브의 경영과 인생! 경쟁에서 이기기 위한 키워드 「편집광」에 주목하라. 예리한 판단력과 관찰력을 겸비한 그로브는 첨단산업을 경영하는 데 필요한 자세와 방법에 대해 자세히 설명하고 있다. 〈퍼블리셔스 위클리〉, 〈뉴욕 타임스 북 리뷰〉 장기간 베스트셀러!

리스크
-리스크 관리의 놀라운 이야기

피터 번스타인 지음/안진환 외 옮김
양장/12,000원

현대 경영에서 빼놓을 수 없는 리스크 관리. 리스크를 이해하고 측정하며 그 결과를 가늠하는 방법을 밝혀내기 위한 인류의 노력은 눈물겹다. 그리스시대부터 현재까지 다양한 위기의 순간들과 이를 헤쳐나가는 과정을 역사와 철학, 경제학 관점에서 돌아보았다.

주식시장 흐름 읽는 법

우라가미 구니오 지음/박승원 옮김
신국판/5,500원

무질서하고 예측이 불가능해 보이는 주식시장도 장기적으로 보면 특정한 네 개의 국면을 반복하고 있다. 이 책은 이 네 개의 국면이 어떻게 순환되고 어떤 종목이 활약하는지 알 수 있는 안목을 제시해주고 주식투자시 리스크를 피하는 방법에 대해서도 설명하고 있다.

월가 천재소년의 100가지 투자법칙

멧 세토 지음/형선호 옮김
신국판/8,500원

10대 천재소년 멧 세토가 세운 뮤추얼 펀드의 연간 수익률은 단연 압도적이다. 17세에 억대 부자가 된 멧 세토가 100가지의 성공적인 주식투자 비법을 소개한다. 신선하고 반짝이는 그의 투자전략은 초보자들도 쉽게 이해할 수 있다.

증시테마 알아야 주식투자 성공한다

안창희 지음
신국판/9,800원

이 책은 주식투자자들이 어떤 상황에서 어떤 종목을 사고 팔아야 수익을 올릴 수 있는지 그 구체적인 방법을 제시하고 있다. 더불어 투자이론이 실제로 어떻게 적용되고, 앞으로 전개될 상황에서는 어떻게 대응해야 할지 분석했다.

주식@살 때와 팔 때

한국경제신문 증권부 지음
신국판/값 9,000원

증권투자는 사는 기술이 아니라 파는 예술이다. 기관투자가를 두려워할 필요는 없다. 한두번의 실패는 최후의 성공을 위한 수업료일 뿐. 한국경제신문 증권부가 개인투자가들을 지원하기 위해 펴낸 이 책을 통해 확실한 주식투자 성공의 길을 찾아보자. 10만 독자가 읽은 초대형 베스트셀러!

선물 옵션을 알아야 주식투자 성공한다

김용 지음
신국판/9,000원

이 책은 실제 매매에서 많이 부딪히는 상황에 대한 지표 분석과 선물, 옵션 투자의 기본원칙, 투자전략, 실전연습, 과거시장의 움직임을 차트화해 실어 초보자들이 실제 파생금융상품 시장에서 이루어지는 매매거래에 도움을 줄 수 있도록 했다.

시스템 트레이딩 가이드

정영근, 신흥증권 사이버전략부 지음
변형 4×6배판/15,000원(CD포함)

시스템 트레이딩은 주어진 가격과 거래량을 다양하게 조합함으로써 독창적인 사용자지표와 거래시스템을 이용, 거래하는 과학적 투자기법이다. 이 책은 컴퓨터가 최적의 매매 타이밍을 잡아주고 시장의 위험을 알려주는 시스템 트레이딩의 방법과 요령에 대한 모든 것이 실려 있다.

만화로 배우는
선물시장 흐름 읽는 법

현대선물 지음
신국판/7,500원

이제 선물을 모르고는 주식, 채권 등 투자를 제대로 할 수 없다. 그동안 어렵게만 느껴졌던 선물거래를 이해하기 쉽도록 만화로 꾸몄다. 선물거래의 기본개념에서부터 선물거래의 실전투자까지 재미있는 스토리를 곁들여 설명했다.

알면 대박 모르면 쪽박
-〈나홀로 증권투자〉 최신 종합편

박현철 글, 그림
신국판/8,000원

바둑에서도 수백 가지의 정석을 알고 있으면 승리할 수 있듯이 주식투자에서도 기본 정석으로 무장한다면 어느 상황에서건 자신 있게 대처할 수 있다. 기본을 모르고서는 주식투자는 절대 금물! 이 책에서 그 기본을 확실히 다질 수 있다.

알기 쉽게 풀어쓴
새노동법 해설(전면개정판)

윤욱현 지음
신국판/19,000원

2001년 7월까지 새롭게 개정된 노동법의 모든 것을 알기 쉽게 정리한 책. 현장에서 체험한 노사간의 문제점들을 살펴보고 개정 노동법 전반을 알기 쉽게 해설했다. 해당 법의 예시, 판례, 행정해석을 풍부히 실어 이해를 돕는다.

실전 부동산 경매

전철 지음
신국판/값 12,000원

등기부 읽는 법에서부터 물건 고르는 법 등 부동산 경매에 관한 전반적인 원리를 단 하루면 마스터할 수 있도록 알기 쉽게 설명했다. 특히 실전사례별 경매방법을 체계적으로 정리한 것이 특징이며, 경매 정보의 수집에서부터 법령 해설, 등기소 현황 같은 상세한 사항까지 두루 망라했다.

나는 부동산 리모델링으로
3억 벌었다

최문섭, 주택저널 지음
신국판/12,000원

부동산시장에서 새롭게 떠오르고 있는 리모델링에 대한 모든 것을 정리한 가이드북. 부동산 리모델링에 대한 개념부터 절차, 수익성 분석, 투자방법에 이르기까지 체계적으로 정리하여 부동산 리모델링을 통해 돈을 벌고자 하는 이들에게 완벽한 길잡이가 될 것이다.

골프란 무엇인가

김흥구 지음
양장/11,000원

세계에서 가장 쉽고 재미있는 골프책을 목표로 연애소설을 쓰듯이 재미있게 쓴 책이다. 80대 초반 굳히기, 70대 진입하기 등 현 수준에서의 구체적 도약 방법이 설명된다. 완결편은 통계나 속성 차원에서 접근한 상당한 수준의 골프 분석이다. 입문자와 프로골퍼 모두 재미있게 읽을 수 있다.

통쾌한 경제학

김덕수 지음/신경무 그림
신국판/값 9,000원

「한국적 경제학」의 새로운 지평을 연다는 목표로 우리 주변의 익숙한 사례를 찾아 숨겨진 경제원리를 쉽고 재미있게 풀어쓴 경제 이야기. 각종 도표는 물론 재미있는 유머와 경제상식, 그리고 조선일보 신경무 시사만화가의 삽화까지 곁들여 쉽고 재미있게 읽을 수 있다.

누가 경영을 말하는가

존 미클스웨이트, 에이드리언 울드리지 지음/ 박병우 옮김/양장/15,000원

때론 변덕스럽고 모순되기도 한 경영학 권위자들의 이론들. 〈이코노미스트〉 편집인인 두 저자는 혼란스러운 현대 경영이론을 철저히 분류해 그들 말 속의 핵심을 다시 정리했다. 누구나 이해하기 쉽도록 평이한 언어로 맹목적인 경영이론 추종의 위험성을 경고한다.

B2B

아서 스컬리, 윌리엄 우즈 지음/ 안경태 옮김/양장/ 12,000원

인터넷이 발달하면서 B2B 또한 기업의 모든 것을 바꾸며 나날이 시장을 넓히고 있다. 이 책에서는 기존의 성공적인 B2B 익스체인지로부터 끌어낸 사례를 통해 B2B의 정의와 성공모델을 살펴보고 있다. 앞으로의 기업모델을 송두리째 바꿀 B2B전략의 완벽 교본.

당신이 꿈꾸는 인터넷세상
월드와이드웹

팀 버너스리 지음/우종근 옮김
신국판/9,500원

현대생활의 양상을 극적으로 바꾸어놓은 월드와이드웹(www). 이 책은 창시자인 팀 버너스리가 웹이 만들어지기까지의 과정에 얽힌 이야기들을 최초로 공개한 책이다. 웹이 지닌 잠재적인 가능성 및 혁명적인 미래상 등 네티즌이라면 반드시 읽어봐야 할 필독서!

카리스마 VS 카리스마
이병철 · 정주영

홍하상 지음
신국판/9,000원

이 책은 한국 재계의 큰 별이라는 화려한 조명 뒤에 숨겨진 이병철과 정주영 두 거인의 진솔한 이야기를 담고 있다. 정주영의 할 수 있다는 도전 정신, 이병철의 치밀하고 꼼꼼한 분석과 판단력은 오늘의 우리에게 교훈과 용기를 고취시켜 준다.

아젠다
—기업혁신을 위한 21세기 행동강령

마이클 해머 지음/최준명 감역/ 김이숙 옮김/신국판/15,000원

'리엔지니어링'의 창시자, 마이클 해머가 제안하는 기업 생존의 새로운 길! 최고의 기업들이 급변하는 경영환경에서 살아남기 위한 방법의 기초가 되는 아홉 가지 비즈니스 개념을 조명한다. 미래의 기업 변화상을 꿰뚫어보려는 비즈니스맨들의 필독서.